新财经信息技术基础系列规划教材

流程管理与自动化

——RPA 数字机器人

○ 主　编　郝兴伟
○ 副主编　刘伟波　贾　凌

中国教育出版传媒集团

高等教育出版社·北京

内容简介

　　本书是新财经信息技术基础系列规划教材之一。本书以培养学生流程管理和流程自动化意识，提高学生信息技术高阶应用能力为目标。全书共分 6 章，主要内容包括：绪论、流程管理、信息孤岛与信息全流程管理、机器人流程自动化、数字机器人技术和典型应用场景案例。本书注重理论和实践相结合，能够使学生在学习流程管理与自动化知识的基础上掌握机器人流程自动化技术。

　　本书可作为高等学校计算机应用专业、管理类专业相关课程教材，也可作为企业管理人员学习流程管理与自动化知识的参考读物。

图书在版编目（CIP）数据

流程管理与自动化：RPA 数字机器人 / 郝兴伟主编；刘伟波，贾凌副主编. --北京：高等教育出版社，2023.12

　　ISBN 978-7-04-060955-4

　　Ⅰ. ①流… Ⅱ. ①郝… ②刘… ③贾… Ⅲ. ①企业管理系统-专用机器人-高等学校-教材 Ⅳ. ①F272.7 ②TP242.3

中国国家版本馆 CIP 数据核字（2023）第 141802 号

Liucheng Guanli yu Zidonghua

策划编辑	刘　艳	责任编辑	刘　艳	特约编辑	张　曦	封面设计	张申申　易斯翔
版式设计	杨　树	责任绘图	易斯翔	责任校对	窦丽娜	责任印制	赵　振

出版发行	高等教育出版社	网　　址	http://www.hep.edu.cn
社　　址	北京市西城区德外大街 4 号		http://www.hep.com.cn
邮政编码	100120	网上订购	http://www.hepmall.com.cn
印　　刷	河北鹏盛贤印刷有限公司		http://www.hepmall.com
开　　本	787 mm×1092 mm　1/16		http://www.hepmall.cn
印　　张	15		
字　　数	310 千字	版　　次	2023 年 12 月第 1 版
购书热线	010-58581118	印　　次	2023 年 12 月第 1 次印刷
咨询电话	400-810-0598	定　　价	33.00 元

本书如有缺页、倒页、脱页等质量问题，请到所购图书销售部门联系调换

版权所有　侵权必究

物　料　号　60955-00

前言

近年来，随着物联网、大数据、云计算、人工智能等新一代信息技术的快速发展，数字化、自动化已成为社会治理和企业运营管理的新趋势。流程，作为组织高质量发展的落脚点和运营的关键，需要在组织的不同岗位、部门和系统之间高效流转。在新时代，借助信息技术实现流程的数字化和自动化，加快流程运转速度，提高流程管理水平，是提升组织运营效率、增强组织市场竞争力的重要途径。

机器人流程自动化（robotic process automation，RPA）作为新兴信息技术支撑下快速崛起的一种新的自动化技术，在社会组织运行、企业生产等领域的应用正在不断推进，其强大的流程自动化处理能力越来越得到人们的认可和重视。相应地，社会对这方面人才的需求也越来越迫切。因此，培养学生的流程管理和流程自动化意识，掌握机器人流程自动化这门新兴技术，尤为重要。本书正是在这种背景下编写而成的。

本书着眼于信息技术、流程管理、流程自动化的最新发展趋势，是一本管理与信息技术深度融合的教材。本书将理论和技术结合起来，在介绍流程和流程管理知识的基础上，以国产 RPA 软件平台为基础讲解了机器人流程自动化技术，并通过丰富的案例，让学生逐步了解如何运用流程管理和流程自动化技术来提高企业的效率和效益。本书共分为 6 章，分别是：

第 1 章绪论。本章介绍了流程的定义、流程的组成要素、流程的特征、流程的分类，并初步介绍了流程管理的相关知识。此外，还介绍了流程标准化、信息化和自动化的概念及内涵，并对流程管理的新趋势做了简要介绍。

第 2 章流程管理。流程管理涉及组织管理的方方面面，包括流程描述、流程问题分析、流程优化与再造、流程配套体系设计，目的是让学生系统地理解并掌握流程管理的思想与方法。

第 3 章信息孤岛与信息全流程管理。在现代组织中，支撑不同业务的信息系统越来越多，如何将众多的信息系统有效连接起来并服务于流程，是组织亟须解决的问题。本章主要介绍了信息系统的概念、特征、功能及设计策略，信息孤岛的含义和类型，并指出通过流程管理信息化以及信息全流程管理，可以有效地消除信息孤岛。

第 4 章机器人流程自动化。机器人流程自动化是近年来发展起来的新的流程自动化技术，本章介绍了机器人流程自动化的定义、应用价值及适合实施机器人流程自动化的流程的特点。同时，以国产 PRA 软件平台为例，详细介绍了流程自动化设计器、控制台、机器人，以及无人值守机器人、有人值守机器人、桌面部署型机器人、服务器部署型机器人和云端部署型机器人等多种类型的 RPA 数字机器人。

第 5 章数字机器人技术。数字机器人技术是流程自动化运行的基础。本章以华为 WeAutomate 平台为例，介绍了 WeAutomate Studio 的界面布局，以及如何使用控件创建数字机器人，并介绍了变量、数据操作、流程控制结构，以及常用的流程自动化控件的使用方法。

第 6 章典型应用场景案例。案例是学生学习和掌握一门技术与方法的重要途径。本章以实际工作中常见的流程为例，介绍了办公自动化、用户界面自动化、邮件自动化、文件处理自动化、图像识别自动化等流程自动化关键技术，在人事信息处理、会议事务处理中的综合应用。

本书的编写分工如下：全书内容体系设计及统稿工作由郝兴伟承担。第 1 章、第 2 章和第 3 章由刘伟波编写，第 4 章、第 5 章和第 6 章由贾凌编写。该书是教育部首批新文科研究与改革实践项目"新文科数字化智能化融合发展，文科实验教学平台建设研究与实践"课题研究的一部分，也是东西部高等学校计算机通识教育创新发展联盟教材建设规划项目成果，并得到了教育部高等学校大学计算机课程教学指导委员会立项支持。在本书的编写过程中，我们收到了国内许多同行专家的建议，在此对他们的帮助深表谢意。由于时间紧促和作者水平所限，本书一定会存在问题和不足，敬请广大读者批评指正，以便我们在以后的版本中改进。

本书配备完整的实验素材文件，有需要的教师可与作者联系，联系邮箱为 hxw@sdu.edu.cn。

作者

2023 年 5 月

目录

第 1 章 绪论

【本章导读】

流程在生活中处处可见，并在政府或企业等组织中发挥着重要的作用。流程一般是指以特定的方式进行并导致特定结果的一系列连续有规律的活动，它具有六大组成要素和五大显著特征。根据流程功能和流程层级，可以将流程分为不同的种类，以方便流程管理。由于战略与目标、组织结构及流程现状不同，不同的组织进行流程管理的侧重点也有所不同。不仅如此，在快速发展的科学技术的驱动下，流程管理也在快速演进，不断发展。

【知识要点】

第 1 节：流程的定义、流程的组成要素、流程的分类。
第 2 节：流程分析的定义、流程资源配置、流程质量管理。
第 3 节：流程标准化、流程信息化、流程自动化。
第 4 节：流程管理与自动化、流程自动化新技术、流程管理与人工智能。

1.1 什么是流程

流程是一系列活动的集合，当人们或系统执行这些活动时，会产生有助于业务目标实现的结果。从新员工的入职面谈和离职面谈，到供应商采购和销售等，流程在组织中无处不在。每个流程都是可重复的活动以实现某种结果，其中一些流程必须严格按照规范化的要求执行，而另一些流程则更加灵活。这些流程随着输出的业务结果的优先级和重要性的不同而有所不同。流程在组织中起着重要的作用，如果没有正确地执行流程，组织就无法运作，组织的经营效果和绩效表现也会受到影响。本节将详细介绍流程的定义、组成要素和分类。

▶ ## 1.1.1　流程的定义

所谓流程，一般是指以特定的方式进行并导致特定结果的一系列连续有规律的活动。连续有规律是指流程中的活动存在先后顺序或并列关系，这种顺序可能因国情、组织文化、管理制度、目标或任务等不同而有所差异。导致特定的结果是指流程执行最终产生所需要的结果，具体而言是指流程执行产生有价值的有形产品或无形的服务，包括信息服务等。流程的根本目的是为组织创造价值，而价值体现在很多方面，包括组织运作效率提升、运营成本降低、产品质量或服务质量提高、销量提高或客户满意度提高等。流程涵盖了组织为实现可持续发展而执行的大部分工作。

图 1-1 展示的是新员工入职流程。新员工入职流程如下：① 流程开始，人力资源管理员确定新员工的报到信息；② 由办公室职员进行新员工接待管理流程；③ 人力资源管理员进一步核实新员工信息；④ 确认无误后为新员工办理入职手续；⑤ 由宿舍管理员为新员工安排宿舍；⑥ 由技安环保管理员对新员工进行入职安全教育；⑦ 人力资源管理员为新员工拟定实习部门，流程结束。

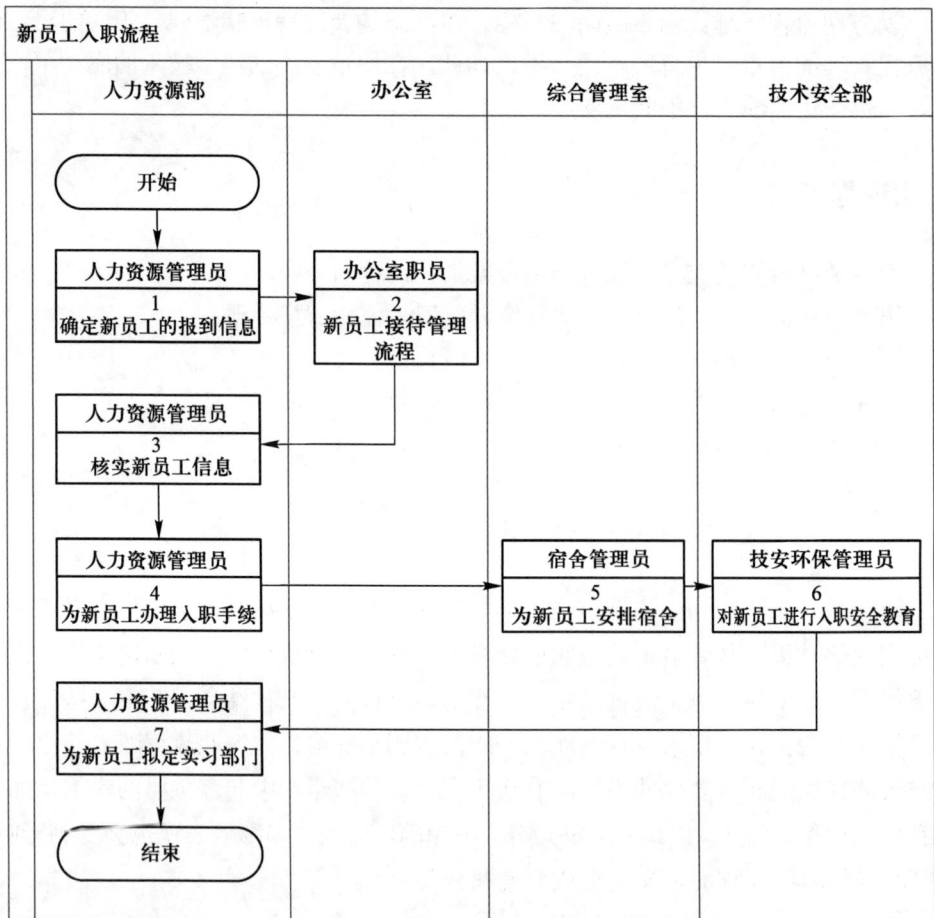

图 1-1　新员工入职流程

▶ 1.1.2 流程的组成要素

要更好地理解流程的含义，就必须了解流程的组成要素。通过梳理流程的输入输出及转换关系，可以将流程的组成要素分为流程输入、流程供应商、流程过程、流程执行者、流程输出、流程客户，如图 1-2 所示。

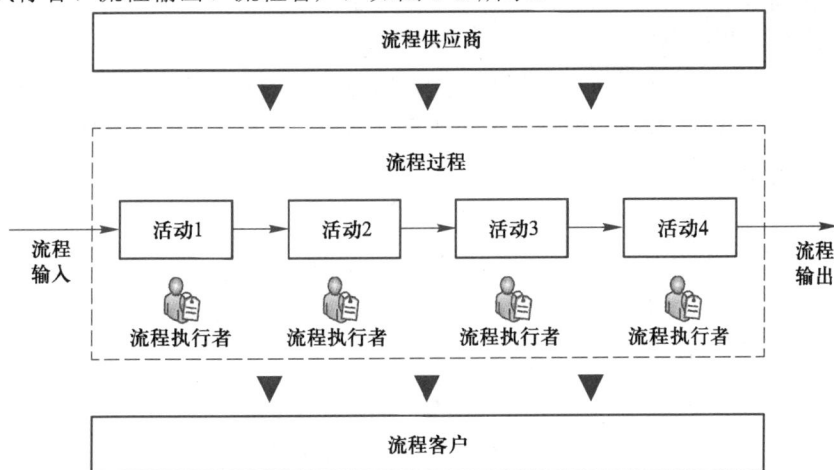

图 1-2　流程的组成要素

1. 流程输入

流程输入是指在启动流程之前需要投入的基本要素，它对于整个流程运作来说是必不可少的。流程输入在流程执行的过程中不断被转化和消耗，由初始投入要素转变为具有增值效果的输出，最终对整个流程产生影响。流程输入可以是流程执行所需要的任何东西，常见的流程输入有员工、设备、设备使用说明、原材料、知识、资金、时间、计划等。流程输入是否准确、是否及时、是否持续等都会对流程执行的结果产生影响。

2. 流程供应商

流程供应商是指为流程的执行提供流程输入，即流程所需要的原材料、资金、信息或其他资源的组织或个体。在流程的实际执行过程中可能存在多个供应商，甚至多级供应商。流程供应商是流程的基本组成要素，其提供的原材料、资金、信息或其他资源影响着流程执行的过程和结果。

3. 流程过程

流程过程是指为了实现流程目标、满足客户需求而持续进行的相关活动的集合。流程过程中的各个活动之间有严格的顺序，或者有并列、循环等逻辑关系。复杂流程可能涉及流程活动的层级化，即子流程。

4. 流程执行者

流程执行者是流程中具体活动的实施者，它既可以是从事某项工作的员工，也可以是部门或组织。流程执行者在实际运作中可能有一个或多个。流程执行者的数量与流程层级划分有着直接的关系。例如，一件商品的销售涉及组织的宣传部、市场部、销售部等多个部门和组织管理者，其中，组织管理者确定销售目标，宣传部根据目标制订宣传计划，市场部根据目标开发市场、获取订单，销售部直接向客户出售商品。这些部门作为流程执行者，在流程中扮演着不同的角色。同时，组织的每个部门下面还有员工，负责完成相关任务。流程执行者在组织整体流程中所处的位置与流程层级的划分有着紧密的关系。

5. 流程输出

流程输出是流程执行的最终结果。流程输出可以是具体的产品，也可以是信息、服务。在复杂的流程体系下，流程的输出同时可以作为其他流程的输入。流程输出是否达标，要看该流程执行的结果能否满足其他流程的需求或客户需求。

6. 流程客户

流程客户是流程输出的最终消费者。流程客户既可以是组织的外部客户（如客户、供应商和合作伙伴等），也可以是组织内部的员工或部门。在进行流程的设计、优化或再造时，需要准确地把握客户需求，以满足客户需求为导向设计出高效的且具有实际价值的流程。

▶ 1.1.3 流程的特征

从系统工程的角度看，流程具有以下几个特征：

1. 任务性

任务性，指每一个流程都是为了完成特定的目标而存在的，应该有明确、具体的输出。在设计流程之前就必须明确流程的输出，界定流程设计或流程优化中的客户需求，明确优化方向；否则，设计出来的只会是无效或低效的流程。

2. 普遍性

普遍性，指组织的所有经营活动都是由一个或一系列流程构成的。组织的所有经营活动背后都有一定的逻辑，有着清晰的导向性和明确的输出，而流程则是实现组织经营目标、将目标转换为结果的桥梁，也是支撑组织具体经营活动的框架，可以帮助组织实现价值的创造、增值和传递。

3. 整体性

整体性，指组织中的一系列流程具有统一的经营目标或经营思想。对于组织而言，这种经营目标或经营思想可以是组织的战略目标，也可以是对组织战略目标进行分解和细化所得到的分目标，还可以是基于组织的实际经营状况所凝练的经营思想。一个组织中的各个流程的经营目标或经营思想只有相互协调和统一，才能保证组织朝着同一个方向前进，并最终实现组织目标；否则可能会产生不必要的冲突或者内耗，影响组织目标的实现。

4. 动态性

动态性，指流程会受到组织经营的影响，需要根据组织经营所面临的实际情况的变化及时调整流程，对流程进行优化或再造。这种变化包括外部市场的变化、政治经济与社会环境的变化、组织实际经营效益的变化、组织战略目标的变化、组织职能结构的调整、组织技术水平的变化等。

5．层次性

层次性，指对于组织的一系列流程可以按照不同的层级进行划分，每一个流程都有自己的定位且发挥着不同的作用。流程根据层级的不同一般可以分为跨部门流程、跨岗位流程和岗位级流程。流程的层次性说明了上一级流程是下一级流程的指引，下一级流程是对上一级流程的细化和支撑。

▶ 1.1.4　流程的分类

在不同的组织、实体或单位中，流程的功能、层级各异，可以从不同的角度对流程进行分类。

1．按照流程功能分类

按照流程功能分类，是指根据流程在组织中所发挥的作用进行分类。例如，有些流程服务于组织的生产经营运作，与组织生产产品或提供服务相关；有些流程并不直接服务于组织生产产品或提供服务，如人力资源管理流程，而这类流程常常服务于组织的战略目标。按照流程功能，可以将流程分为业务流程、管理流程、辅助流程。

（1）业务流程

业务流程是指直接参与组织经营运作的流程，涉及组织的"产、供、销"环节。由于组织经营运作过程复杂，这类流程所涉及的流程众多，涵盖的组织员工较多，对经营管理具有重要的作用。业务流程通常包括：产品线规划流程、新产品开发流程、原材料采购流程、供应商管理流程、生产制造流程、销售订单管理流程、产品运输流程等。

（2）管理流程

管理流程是指与组织开展经营管理活动有关的流程。具体来说，管理流程是指组织通过计划、组织、领导、控制等职能协调组织资源，完成管理工作，实现管理目标，为组织生产与经营活动提供支撑。管理流程属于组织运行层面，并不直接为组织的经营目标负责，而是通过相关职能活动，合理分配、协调相关资源，间接地为组织创造价值。管理流程通常包括战略管理流程、人力资源管理流程、财务管理流程、项目管理流程、客户关系管理流程等。

（3）辅助流程

辅助流程是指为组织的管理流程和业务流程提供辅助服务的流程，具有后勤保障的作用。辅助流程同样不是直接为组织创造价值，而是通过提供合理的保障服务为组织间接创造价值。辅助流程通常涵盖组织的非核心流程，这类流程涉及的范围同样比较广泛，包括固定资产管理流程、维修流程、餐饮服务管理流程等。

2．按照流程层级分类

企业流程是一个复杂的、多功能的服务体系，不同流程之间有着不同的依赖关系和优先级，具有显著的层级特征。按照流程层级，可以将流程分为企业级流程、部门级流程、岗位级流程。

（1）企业级流程

企业级流程又称为跨部门流程，这类流程的显著特点是需要多个部门协调运作才能完成。显然，这类流程对企业的整体经营运作具有宏观、重要的影响。以供应商管理流程为例：供应商调查流程，涉及企业的采购部、工程部、财务部等部门；供应商定期评估流程，涉及企业的采购部、工程部、财务部等部门；供应商资料维护和变更流程，涉及企业的采购部、工程部等部门。

图1-3展示了企业绩效考核流程。在进行绩效考核时，参与绩效考核的人员

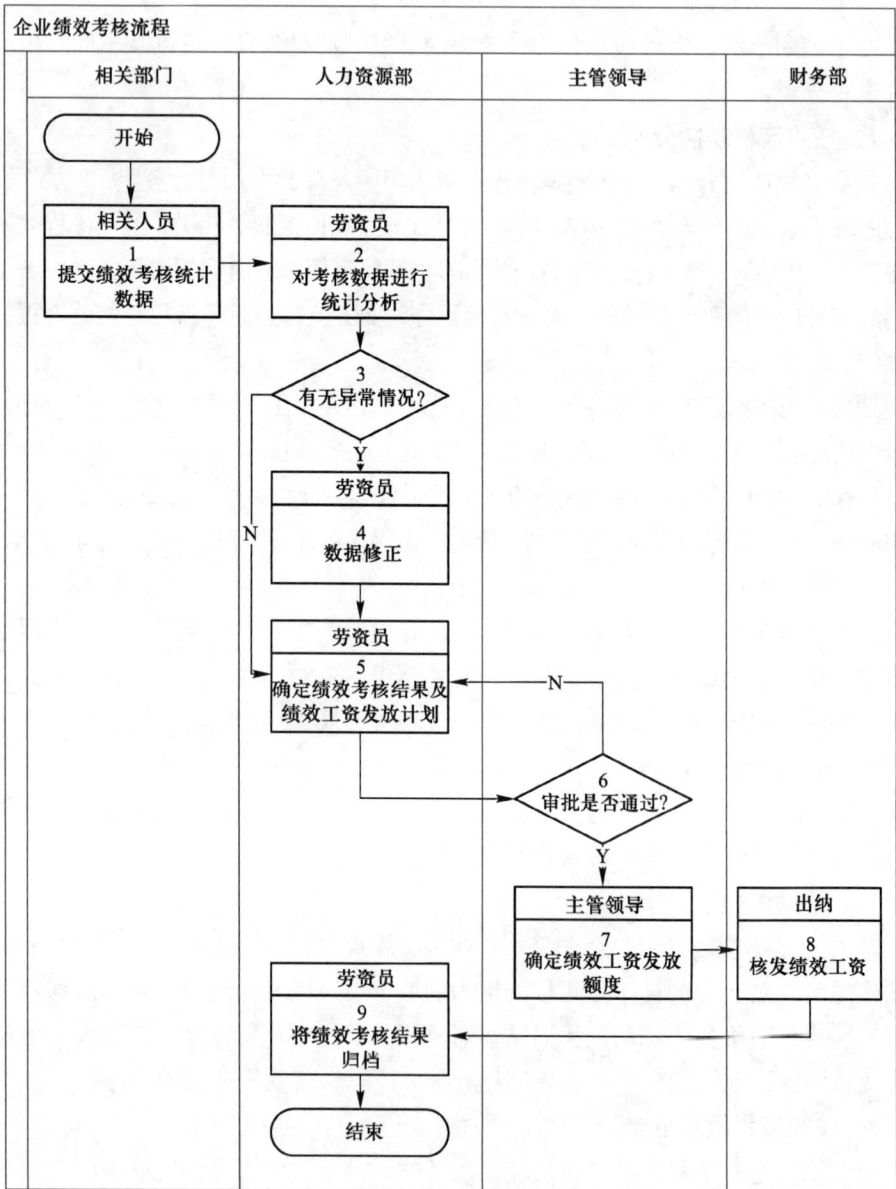

图1-3 企业绩效考核流程

需要向人力资源部提交绩效考核统计数据，人力资源部内负责绩效考核的劳资员对考核数据进行统计分析，并观察数据是否存在虚假错漏等异常情况。若有异常则进行修正，之后确定绩效考核结果及绩效工资发放计划，若没有异常则直接确定绩效考核结果及绩效工资发放计划，并将之提交给主管领导审批。如果审批没有通过，劳资员需要修正绩效工资发放计划并再次提交，直到审批通过，由主管领导确定绩效工资发放额度。主管领导再将之提交给财务部，由财务部核发绩效工资。最后劳资员将本次绩效考核结果归档，流程结束。

（2）部门级流程

部门级流程又称为跨岗位流程，涉及同一个部门内部的多个岗位，需要多个岗位协调配合完成任务，实现组织目标。例如，财务核算流程，该流程需要由财务部不同岗位的员工协作完成，包括销售会计、成本会计、税务会计、出纳等；再如员工招聘流程，该流程隶属于人力资源部，需要部门内部的招聘专员、招聘经理、人力资源经理等多个岗位的员工参与。

图 1-4 展示了人力资源招聘流程。在企业产生招聘需求后，首先由人力资源主管发布招聘公告，在招聘公告发布一段时间后，由招聘专员组织应聘者面试。面试结束后招聘专员对应聘者信息和面试信息进行整合，整理面试合格者的资料，并进行初步审核；人力资源主管向审核未通过的应聘者发送未录用通知，将审核通过的应聘者资料交由相关领导再次审批；领导审批通过后发布录用通知，否则发布未录用通知。对于发布录用通知的应聘者，应组织进行体检，体检结束后由人力资源部进行新员工入职流程。

（3）岗位级流程

岗位级流程又称为岗位操作规范，是指本岗位的具体作业程序和作业规范。办公用车流程就是一个典型的例子，其流程如图 1-5 所示。相关人员填写用车申请单，先交由部门领导审批，审批通过后交由相关行政领导审批，一旦审批不通过立即结束流程；若审批通过，则由车辆管理员统筹安排车辆，确定车辆后司机开始行动。司机首先进行登记，领取钥匙及证件；其次，科学规划行车路线，并且做到见单出车；再次，安全驾驶，直至抵达目的地；最后，安全返回，归还钥匙及证件，并进行本次出车登记。至此，本次流程结束。办公用车需要经过很多环节，该流程虽然烦琐，但却确保了用车的安全性、规范性、有效性和合理性。

人力资源招聘流程		
相关领导	人力资源部	应聘者

开始

人力资源主管
1
发布招聘公告

招聘专员
2
组织应聘者面试

招聘专员
3
整理面试合格者的资料

4
初步审核是否通过？ ——Y

5
领导审批是否通过？ ——Y→

人力资源主管
6
发布录用通知

新员工入职流程 ←Y—

7
体检是否通过？ —N

人力资源主管
8
发布未录用通知

结束

N

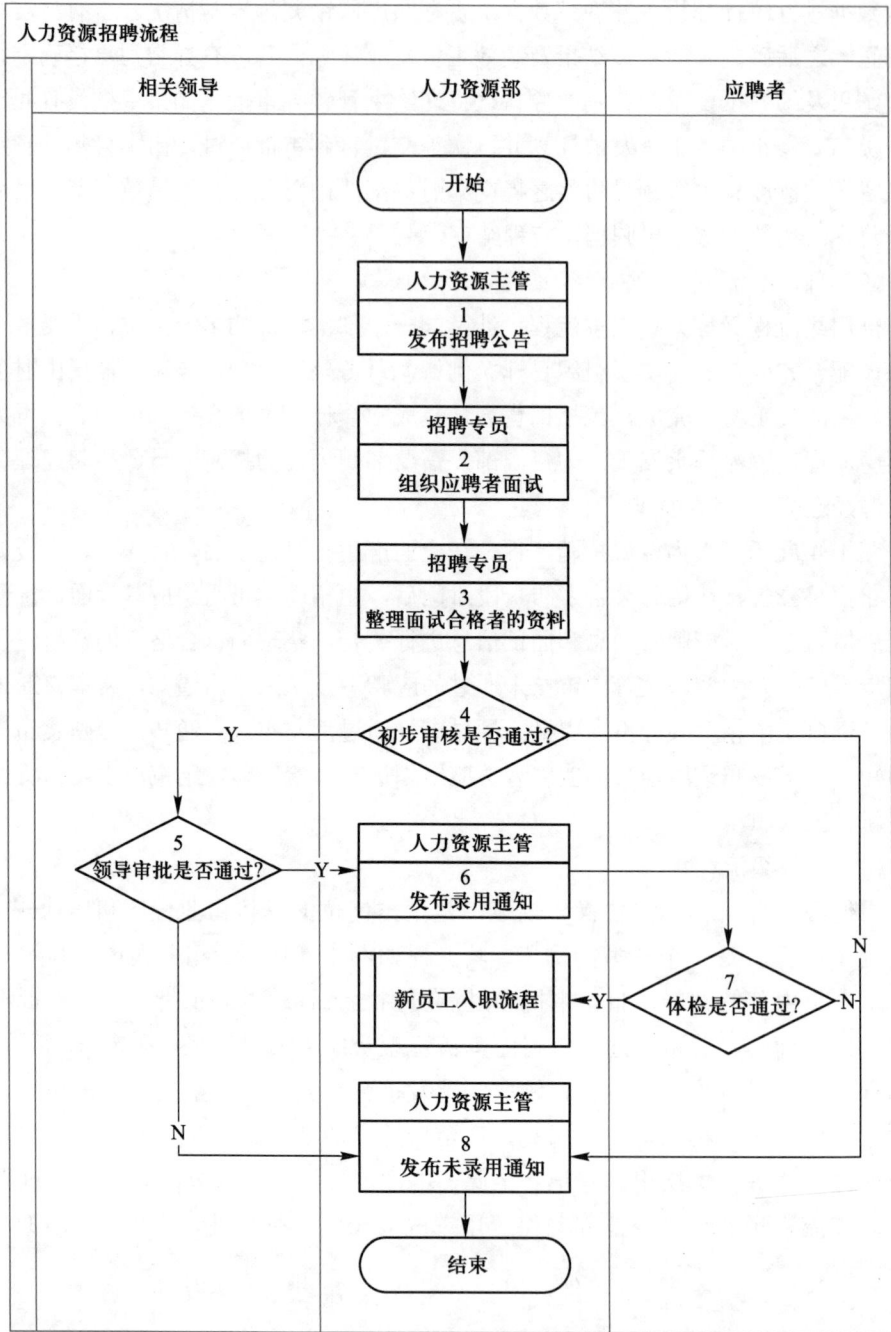

图 1-4　人力资源招聘流程

办公用车流程

相关领导	车管部	相关部门
		开始
		相关人员 1 填写用车申请单
3 行政领导审批 是否通过？	← Y ←	2 部门领导审批 是否通过？
↓ Y →	**车辆管理员** 4 统筹安排车辆	
	司机 5 登记，领取钥匙及证件	
	司机 6 科学计划行车路线， 见单出车	
	司机 7 安全驾驶，抵达目的地	
N	**司机** 8 安全返回，归还钥匙及 证件，完成本次出车登 记	N
	结束	

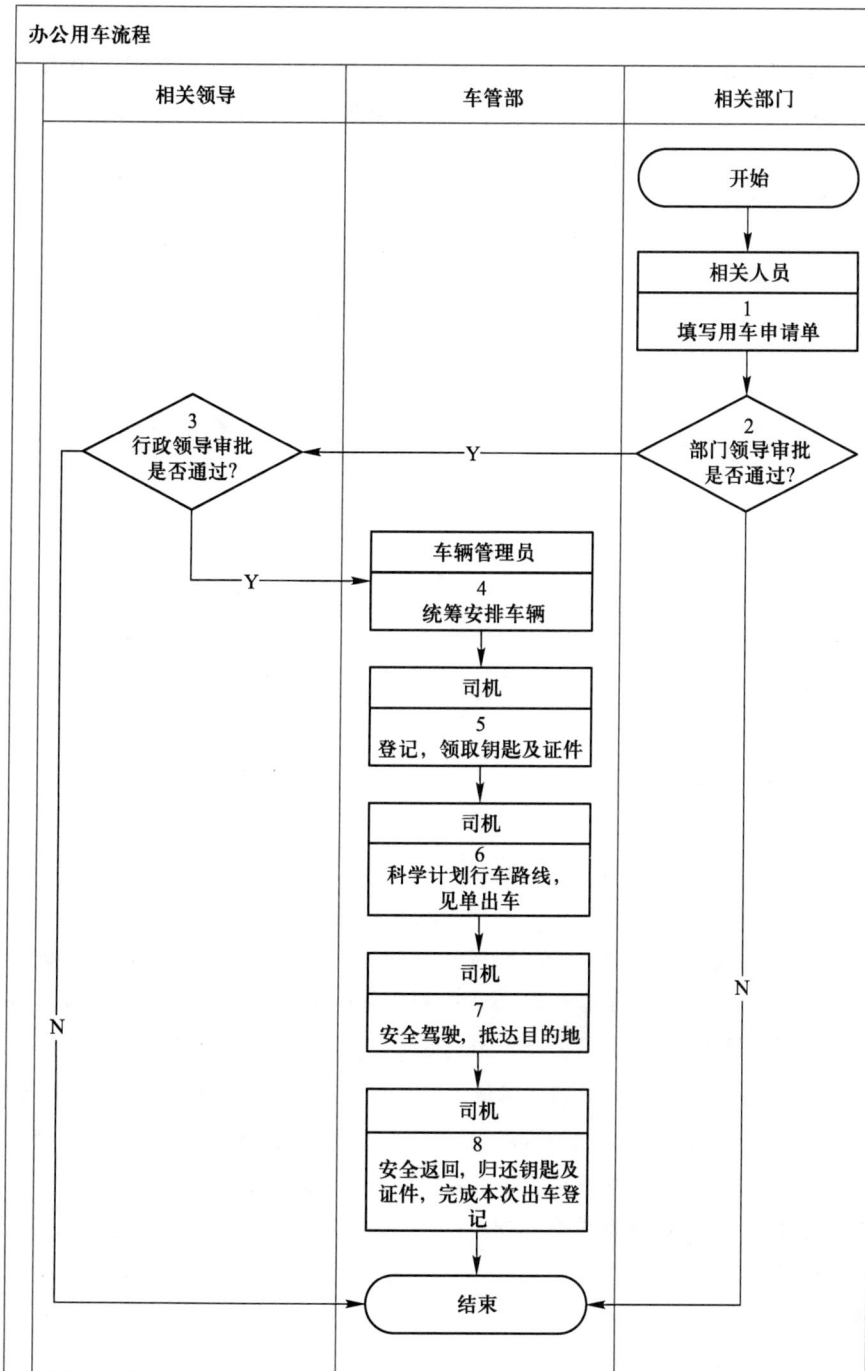

图 1-5　办公用车流程

1.2 流程管理概述

流程管理，顾名思义是对流程进行管理的过程。对于不同的流程，组织进行管理的侧重点也有所不同。在通常情况下，流程管理是对组织的流程进行监督、优化和再造的过程。为了对流程进行有效的管理，必须进行流程分析，掌握流程流转过程中所需要的资源，并合理配置资源。同时，为了保证流程的执行效率，流程质量管理也必不可少。

▶ 1.2.1 流 程 分 析

对于组织来讲，流程体系具有复杂、多层次的特点。对流程进行分析，确保流程体系中的每一个流程都有清晰的定位和功能，并使流程之间的衔接与流转顺畅，是流程体系有效运作的基础。

1. 流程分析的定义

流程分析是指对流程的目标、功能、定位进行清晰的界定，并在此基础上进行流程过程解析，包括流程活动、活动顺序、对接岗位、岗位职能与职责、流程风险、流程输入与输出、流程质量控制点等内容。

2. 流程分析方法

流程分析的方法有很多，常用的有层次分析法、功能分析法、差距分析法等。

（1）层次分析法

层次分析法可以帮助组织对不同层次的流程进行评估并确定其优先级。按照流程的性质，可以将流程分为战略级流程、运作级流程和支持级流程三个层次。战略级流程，涉及组织的长期发展和战略目标，如组织战略管理流程、管理层决策流程等。这些流程通常需要组织高层管理人员和相关岗位的员工参与。运作级流程，是组织日常经营活动和核心业务的实施部分，如销售流程、生产流程、客户服务流程等。这些流程可以直接为客户创造价值，提高客户满意度，需要参与人员高度重视。支持级流程，是为了保障其他流程顺利进行而存在的辅助流程，如后勤保障流程、人力资源管理流程等。虽然它们并非直接为客户创造价值，但对于组织的决策流程和运作流程的正常运行具有重要的保障作用。通过层次分析法，可以辨别不同流程在组织中的相对重要性，从而对流程进行有针对性的优化和改进，提高组织的运营效率和竞争力。

（2）功能分析法

功能分析法是一种根据流程的最终结果对流程进行分析和功能界定的方法。在明确分析对象，也就是要分析的某个流程之后，可以根据流程输出分析该流程在整个流程体系中所起的作用和所创造的价值，以及流程活动对流程输出的影响，判断该流程是否需要优化、是否能给组织带来利益。例如，在对某个流程进行分析时，首先判断该流程是属于管理流程、业务流程，还是属于辅助流程；其次，分解该流程并分析流程中的每一个活动，判断其产生的价值，将其与流程输出进行对比，发现流程中真正起作用的活动和需要优化的活动；最后，将流程输出与组织的经营目标相比较，判断该流程是否能直接或间接地为组织创造价值，从而决定是否优化或改造该流程。

（3）差距分析法

差距分析法是指发现并缩小流程所产生的绩效与组织想要实现的绩效目标之间的"差距"。在使用差距分析法时，首先分析当前流程能够实现的效果、为组织创造的价值、在组织中所处的位置等。其次，确定理想的流程绩效，也就是组织希望实现的绩效目标。可以通过头脑风暴或思维导图等方法找到理想的绩效目标。再次，找出差距。这一步需要分析流程 6 个组成要素之间的关系，识别冗余、无效的活动，发现不合理的任务时间安排和缺失的步骤。最后，制订并实施弥合差距的计划，对组织的流程进行优化或再造等。

▶ 1.2.2 流程资源配置

流程是连接战略与绩效的桥梁。战略决定了组织要做的事，绩效则是组织做事的实际情况，可以把流程视为将战略转化成为绩效的一系列活动的集合，所以流程"上接战略，下接绩效"。因此，在进行流程设计或流程优化时，需要先明确组织的战略目标，再根据组织的战略目标设计流程。流程本质上是组织事务的具体化，由岗位和角色借助组织中的设备、资金、物料、信息等各种资源执行流程。在这一过程中，组织要设计组织结构、岗位职能、运作方式等，以合理配置相关资源，并制定与组织内部资源有关的明确的制度和标准，确保流程执行的稳定性和效率。因此，流程管理实际上是对组织中的人力、物力、财力等资源进行合理配置，让正确的人使用正确的资源通过正确的途径做成正确的事。

▶ 1.2.3 流程质量管理

流程质量的好坏直接关系到流程执行结果的好坏。流程质量好，其执行结果表现为高效率、高质量、低成本、高客户满意度等；而流程质量差，其执行结果则表现为低效率、低质量、高成本、低客户满意度，甚至是客户流失等。例如，流程中有些活动的处理时间比预期长，导致流程中的客户不得不开始排队，最终的结果是流程中的客户因等候时间过久而产生不满情绪，从而使客户的需求无法得到及时有效的满足，降低了客户满意度。通过对流程执行结果的观察和分析，可以发现流程中存在的问题和不足之处，进而对流程进行优化和改进，提高流程质量。为了保证流程质量，需要对流程进行持续的监控，及时发现并解决流程执行过程中出现的问题。

流程监控是指通过对流程执行过程中产生的数据进行收集和分析，了解流程的实际执行情况和性能表现，并对其进行评估，以验证其是否符合规范、政策或法规等的要求。在流程监控过程中，通常采用事件记录集合的形式来收集和记录流程执行过程中产生的数据。每个事件都捕获并记录流程中的状态更改情况，如任务开始或完成、传入或传出消息、超时或升级等。事件记录集合又称为事件日志。流程监控将事件日志作为输入，并生成大量的工件，如流程图、报表、仪表盘等，以帮助流程执行者、分析员、流程所有者和其他管理人员了解不同级别细节的流程性能。一些流程监控技术允许人们检测实际执行的流程是否偏离了事先定义的流程模型。例如，财务人员在收到发票后未经财务部门审核和批准就直接付款，但通常情况下不应该如此。分析人员可以使用一些技术，来了解不同流程体系中流程性能的变化方式和变化原因。

流程监控大致可以分为两类：一类是提供流程的事后视图，重点关注已经执行的流程，又称为离线流程监控；另一类是提供动态视图，重点关注正在执行的流程，又称为在线流程监控。离线流程监控旨在对历史数据进行分析，以了解过去流程的执行情况；其输入是事件日志，包含了特定时间段（如一个月、一个季度或一整年）内各个活动的执行情况。在线流程监控旨在对实时数据进行分析，以监控当前的状态和情况；其输入是实时的事件数据，通常来自监控系统或数据流。

流程监控技术可以分为基于统计的技术和基于模型的技术。基于统计的技术主要通过收集流程执行过程中产生的数据，并分析这些数据的分布和变化来监控流程的执行情况。该技术可以利用聚合函数（如平均值、标准偏差、最小和最大循环时间以及处理时间等）对流程的平均执行时间等性能指标进行分析，并利用可视化技术将其展示出来。例如，利用基于统计的技术对正在执行的流程的时间周期分布与所有流程的时间周期分布进行可视化分析。通过比较两组数据的分布特征，了解当前流程的时间周期分布与总体分布是否相似，从而判断当前流程是否存在明显的性能问题。常见的基于统计的流程监控工具有业务活动监控（business activity monitoring，BAM）和流程性能度量（process performance measure，PPM）等。基于模型的技术则是基于流程模型来分析流程的执行情况。它不仅可以帮助人们更加深入地理解流程执行情况，也可以帮助人们建立流程模型，分析流程性能，发现流程中的问题。例如，它可以通过对事件日志中的数据进行分析，建立与采购订单、装运、交付和发票等相关的业务流程的模型，并在此基础上对业务流程的关键性能指标（如等待时间、执行时间等）进行可视化分析；然后利用关键性能指标和模型，发现业务流程中存在的问题，从而进行改进。常见的基于模型的流程监控工具有流程挖掘工具等。

1.3　流程标准化、信息化和自动化

21 世纪以来，随着规模的扩大和不断发展、市场环境和客户需求的不断变化，

组织对流程的重视程度不断增加。与此同时，人工智能、大数据、云计算等新兴信息技术的发展，也促使组织流程向着标准化、信息化和自动化的方向发展。

▶ 1.3.1 流程标准化

早在 1911 年，"科学管理之父"泰勒在《科学管理原理》一书中就提出了流程标准化的思想。流程建设的目标是使流程的操作步骤和要求规范化、统一化，形成标准化的工作流程，用来指导和规范企业的日常工作，实现降低成本、技术迭代、提高效率、明确责任等目标。标准化是一个活动过程，包括制定标准、宣传并贯彻标准、对标准的实施进行监督管理、根据标准的实施情况修订标准等。实现流程标准化的一个重要方法是绘制流程图，对流程名称、流程编号、适用范围、适用地点、流程步骤、流程执行者以及标准文件等进行清晰的定义并以图形化的形式展示出来。流程标准化是提升组织管理水平的关键手段之一。

流程制度化是实现流程标准化的基础。在流程标准化之后，需要完善配套制度以确保流程能够自上而下顺利推行，避免流程的"形式主义"。流程不按照制度执行就等于没有执行力，而流程执行力是提升组织运营效率和提高组织竞争力的关键。因此，组织管理层需要制定并落实相关的规章制度，保证所有员工都能遵守规章制度，同时实施奖惩措施，做到奖惩分明。

流程固化是使标准化流程能够可重复使用的重要保障。在实现了流程标准化、制度化之后，就需要将流程固化下来。流程标准化保证了流程的正确性和可执行性，流程制度化保证了流程能够获得组织在制度、结构和资源上给予的支撑，而流程固化则是使流程可重复和易于使用。流程固化将标准流程例行化、固定化，使不同的人员都能够遵循同一标准去执行流程，这样即使一些人员因为离职、调岗或其他原因而不在流程中，也能确保流程操作的同质性和连贯性。最后，流程监控是落实流程的根本，可以保证流程规范、有序地执行。

▶ 1.3.2 流程信息化

流程信息化是指将信息技术用于组织产品研发、制造、销售、维修及管理等各个流程，以强化流程执行能力，提高组织运营效率和运营风险管控能力，降低运营成本，促进组织管理科学化，确保组织持续经营。

随着组织规模的不断扩大，组织中的流程跨度、流程流量、流程流转等方面的规模和复杂度也随之增加，传统的流程管理模式已经难以满足组织科学化管理的需求。为了促进管理科学化、提升持续经营的能力，组织迫切需要流程信息化。快速发展的信息技术为实现流程信息化提供了支撑。

信息系统是信息技术在组织管理中应用的直接体现，它使得组织流程所涉及的物流、信息流等能够清晰地展现出来，并辅助组织监控流程执行的过程，从而提高了流程运作的效率，降低了流程运作的成本。过去 20 多年是组织信息化高速发展的时期，其间 ERP（企业资源规划）系统、MRP（物料需求计划）系统、MRPII（制造资源计划）系统、CRM（客户关系管理）系统、SCM（供应链管理）系统、PDM（产品数据管理）系统等诸多信息系统，在很多组织中实现了从无到有的突破。虽然这些信息系统的管理理念、应用场景、管理方法不尽相同，但它们的共同点是都采用了流程管理的思想。

例如，ERP 是由美国信息技术咨询和评估集团 Gartner 提出的一种供应链的管理思想，ERP 系统是一种典型的信息系统，其中的人力资源管理 ERP 系统能够将原来相互独立、相互割裂的信息连接起来，实现组织流程共享，其流程图如图 1-6 所示。

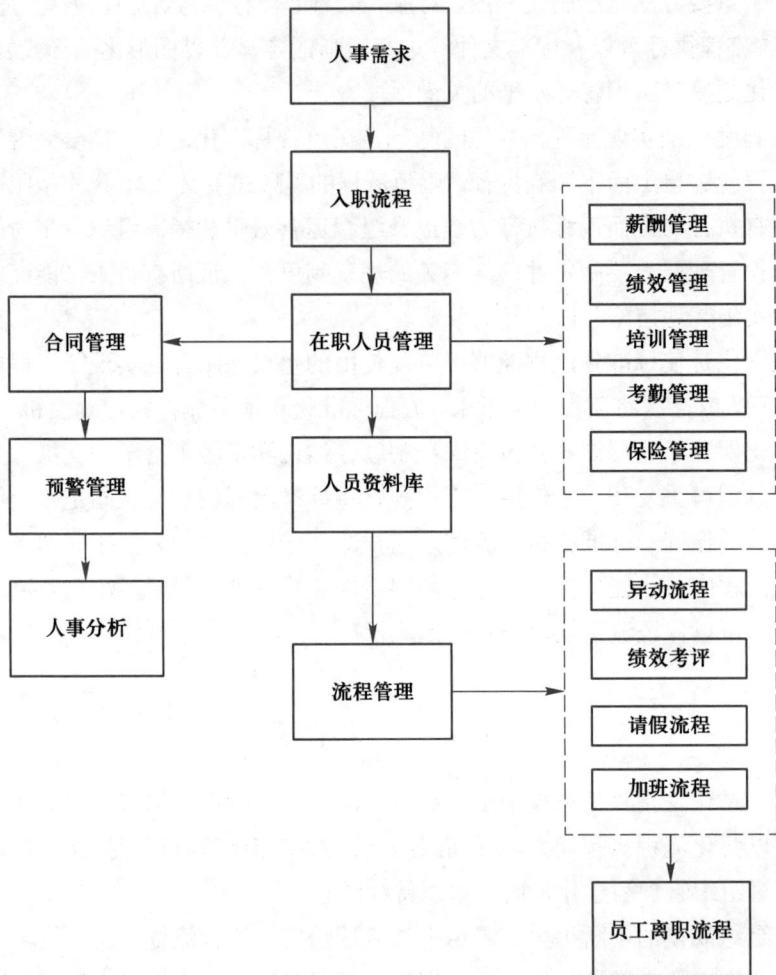

图 1-6 人力资源管理 ERP 系统流程图示例

经过多年的推广、建设与完善，一些企业的财务、人事、生产、销售、信息技术等部门的信息化和自动化水平已达到了很高的程度。国际数据公司（IDC）的相关数据显示，截至 2018 年，在中国 1000 强企业中，已有 50%以上的企业把数字化转型作为核心战略。信息与数据转型已经成为组织数字化转型的重要维度之一。显然，流程信息化将能够为组织带来多维度的优化和改善。

1．实现信息流通

流程信息化能够解决组织内部信息沟通不畅的问题，使得员工之间能够有效沟通，有助于提高员工之间的合作意识，增强组织的凝聚力。

2．实现知识共享

流程信息化能够将原本依赖员工经验和技术的流程转化成组织的固有资源，并将其显性化，这样既能提高员工的学习能力，激发其创新热情，同时也避免了因为员工流动而导致的工作延误或知识流失。

3．提高工作效率

流程信息化将原本纸质的、需要线下执行的流程转变成了电子的线上办公流程，从而避免了纸质文档流转所带来的工作延误，也减少了人员、时间的浪费，提高了整体工作效率。

4．实现高效管理

流程信息化后，组织管理者可以实时监测员工的工作状况，及时发现员工的错误操作或不当操作，随时了解任务的完成情况。这样一方面能够督促员工高质量、高效率地完成工作任务，另一方面也能够客观地评估员工的工作表现，避免主观性评价带来的不公平。

5．降低运营成本

流程信息化可以帮助组织从冗杂的手工工作中解放出来，同时也极大地降低了纸张费用、传真费用、长途电话等与传统办公模式相关的费用，从而减少了办公开支。此外，还能减少等待签字、审批、盖章、会签等传统办公流程所产生的时间成本、失误成本，降低了企业的显性成本和隐性成本。

6．突破时域限制

互联网、企业内部网、虚拟专用网（VPN）、移动办公等信息技术手段带来了办公方式的变革，使得办公能够摆脱时间和地点的束缚。员工可以通过各种信息系统和办公软件，借助网络实现随时随地办公。员工的办公环境更加自由，办公区域更加广阔，不能现场上班的员工也有了远程办公的机会。

▶ 1.3.3 流程自动化

流程自动化是指利用信息技术来自动化地完成具有特定功能或工作流的活动或服务。组织流程覆盖了销售、管理、运营、供应链、人力资源、财务和信息技术等环节。随着信息化水平的不断提升，越来越多的组织采用信息系统来规范和管理流程，这带来了很多好处，例如使组织的流程越来越规范等。但过多的信息系统和流程也产生了一些新问题，如某些流程需要员工进行重复操作，导致效率低下、资源浪费。可以利用流程自动化来解决这些问题，以使员工更高效地使用信息系统，从而消除低效岗位，为组织创造更多的价值。

流程自动化可以在组织原有的信息系统的基础上，依据事先设定好的规则和权限，自主地对数据结果和业务环节进行处理，从而实现流程的自主流转和自动化运行。整个过程无须人工介入，自动化程度高。一个流程结束之后，系统就能够智能触发接下来的业务步骤，从而实现组织流程的自动化执行。

例如，在申请一个项目时，申请人在系统中填写立项申请单，提交后会自动进入审批阶段。在审批阶段，系统会根据流程模板和规则，自动将立项申请单送至相应的领导或审批流程，等待审批结果。审批完成后，系统会根据审批结果自动判定项目申请是否成功。若项目申请成功，系统就会根据项目计划和任务分配方案，自动将项目任务和款项支付任务分配给相应的人员，以便跟踪任务进度和款项支付情况。在项目完成后，申请人可以通过系统提交结项申请，申请通过后系统会自动判定项目结束并进行留档保存。整个过程高度自动化，一个流程结束之后系统就自动触发下一个流程。申请人由于可以通过系统进行立项和结项申请，因此不再需要经历去办公室提交纸质文档、等待领导签字盖章等环节。与传统的人工处理方式相比，自动化的项目管理流程节省了信息传递的时间和费用，提高了信息处理的效率和灵活性，降低了项目管理成本。

需要说明的是，流程自动化并不是简单地将纸质表格、单据等转化为在线表格、单据，将出差申请、请假审批等环节转移到线上，将合同、手册等纸质文件变为电子文件，而是关注如何打通信息孤岛，提升数据传递的时效性、准确性、高效性和自动化，实现流程的全面自动化。例如，以前员工出差需要经历找财务借现金、找领导批报告、贴发票跑报销等环节，会浪费很多时间，消耗很多精力。而在报销流程自动化后，员工在出差结束后，只需要在系统中填写相应的信息和上传报销单据，并将相关的报销申请发送给财务部门进行审批即可。财务部门审批通过后，系统会自动将报销款项打入员工的账户，同时在其工资单中添加差旅补贴等信息。由此可见，流程自动化可以实现对全流程的管控，而不只是对单个环节的优化。

下面举例说明。得克萨斯大学工程学院计划到 2025 年将招生人数增加 65% 以上，这意味着该学院需要雇佣新员工来管理更多的学生。然而，传统的员工入职流程效率低且耗时，为了提高效率并简化员工的入职流程，该学院使用 Laserfiche 软件对新员工入职流程进行了自动化改造。利用自动化的新员工入职流程，该学院在一年多的时间里雇佣了 3 400 多名员工，并在全校范围内分享了相关经验，促使其他学院也开始重新设计自己的新员工入职流程。

得克萨斯大学工程学院新员工入职流程优化案例如图 1-7 所示。在流程自动化之前，新员工入职流程需要经历面对面会议、人工交付文件和人工跟踪进度等环节，导致文件重复保存，而且新员工需要花费数日才能完成入职程序。在这一过程中，管理者需要为应聘者安排面对面会议并完成相应的文书工作，人工交付文件可能导致延误，而通过电子邮件、电话或现场签到的方式进行进度跟踪也经常会出现信息不一致、进度滞后等状况，甚至会带来不必要的交流成本和管理难度。在实行流程自动化之后，应聘者可以通过电子表单完成入职申请，无须再进行面对面会议，而是可以在家中面试，从而减少了入职过程中的时间和交通成本。同时，采用自动化的文件传送、进度跟踪和存档，避免了文件重复保存等问题，而且新员工只需要 15 分钟即可完成入职程序。在整个过程中，学院的所有部门和应聘者之间的沟通更加透明和高效。可见，流程自动化方案使新员工入职流程得到了极大的改进，进而使整个流程更加规范、高效和透明；同时还节省了时间和人力成本，提高了流程的效率和效果。

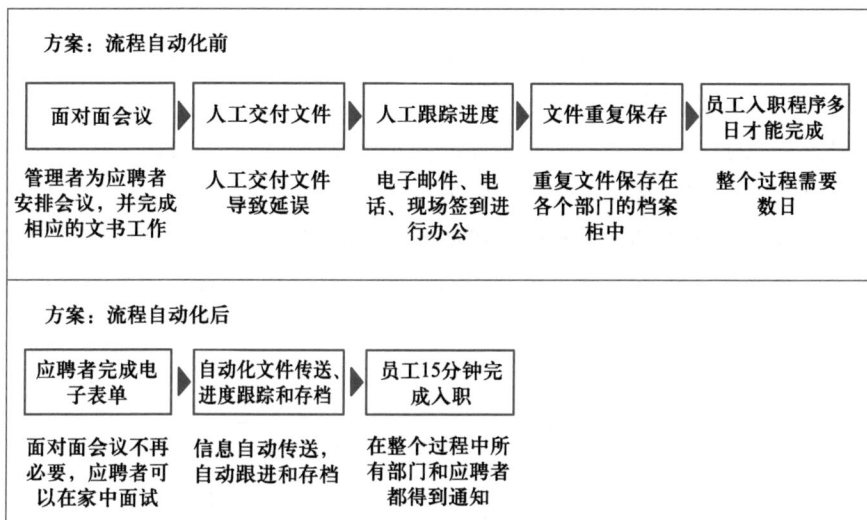

图 1-7　新员工入职流程优化案例

1.4　流程管理新趋势

过去由于技术限制，许多企业对于标准化、信息化的认识不深，再加上流程构建成本高昂，流程管理一度只适用于那些拥有庞大预算的跨国企业。近年来，越来越多的企业认识到流程管理对组织经营的重要性，同时随着信息技术的发展，流程优化的成本不断降低，流程管理越来越普及，许多组织都开始进行流程管理以应对不断增长的市场需求。流程管理正在不断见证技术创新、管理革新所带来的新趋势。

▶ 1.4.1　流程管理与自动化

流程管理是对组织整体流程或特定流程的全生命周期管理，包括流程梳理、流程建模、流程执行、流程监控、流程优化和流程再造等环节，涉及业务活动、组织结构、规章制度的调整，以及人力、设备、资金、物料等组织资源的全方位管理，旨在记录、分析、度量和改进流程。

随着信息技术的发展、行业环境的变化以及组织规模的扩大，一方面，劳动力支出在组织成本中所占的比例越来越大，组织普遍存在降本增效的需求；另一方面，快速发展的信息技术帮助组织实现了流程自动化，从而将大量的劳动力从烦琐、重复的工作中解放出来，分配到更需要创造力的工作中，提高了工作效率，降低了成本。因此，流程自动化已经成为许多组织降本增效的解决方案。

流程自动化属于流程管理的范畴，但是流程管理并不一定包含流程自动化。流程自动化可以使用特定的软件、系统或工具跟踪并改进一个或多个流程；而流程管理则是各种与规定和任务相关的业务所呈现的概述性策略，用于管理人工的或自动化的流程。例如，流程管理可以用来优化库存管理，而流程自动化则可以用自动化RPA 工具或库存管理系统来代替人工盘点库存。

在设计、实施符合组织战略和经营情况的流程时，组织可以将流程管理与流程自动化技术结合起来。如果只有流程管理策略而没有流程自动化技术，组织就需要在运营过程中花费更多的人力和时间；如果只有流程自动化技术而没有合理的流程管理策略，组织就无法解决运营过程中的瓶颈问题。只有将流程管理与流程自动化技术相结合，组织才能获得更大的收益。

▶ 1.4.2　流程自动化新技术

科技是第一生产力。在人工智能、机器人、云计算、物联网等新技术快速发展的背景下，组织必须充分利用新技术来实现流程自动化，以提高效率、降低成本和保持竞争优势。一项调查显示，61%的受访者认为流程自动化有助于改善客户体验，59%的受访者表示流程自动化有助于提高生产力，超过 50%的受访者认为流程自动化可以增强组织内的知识共享。过去组织主要利用 MRP、ERP 等信息系统来实现组织内部流程的自动化，但随着新技术的发展，流程自动化也出现了新趋势。

1．机器人流程自动化

目前，应用最广泛的流程自动化技术是机器人流程自动化（robotic process automation，RPA）。RPA 是基于数字机器人和人工智能的流程自动化技术，它将机器人或自动化软件作为虚拟劳动力，通过模拟人类在软件系统中的交互动作，自动执行基于规则的、重复的流程，以提升工作效率、减少人力成本。RPA 在执行不需要人工决策的基于规则的流程时最有效，一般用于单个任务的自动化。RPA 可以实现很多流程操作，包括数据录入、数据搜索、数据迁移、光学字符识别（OCR）、信息审核、上传下载、筛选统计等。因此，RPA 可以用来取代那些机械的、低价值的、能由机器来完成的人机交互任务，从而提高组织的自动化和数字化水平，并将员工从大量重复的、机械的、低价值的工作中解放出来，集中精力做那些更具创造性和高价值的工作，以增强组织的核心竞争力。目前 RPA 的应用范围越来越广泛，市场上也出现了很多 RPA 软件，如 WeAutomate、UiPath、UiBot、容智、金智维等。本书后面的章节将对 RPA 软件及其应用案例进行详细的介绍。

2. 无代码或低代码平台

流程自动化的另一个发展趋势是无代码或低代码平台。无代码和低代码平台使用可视化表单编辑器、拖放界面以及点击式向导的预构建集成等功能来取代程序设计。这使得用户即便是非专业程序员也能够快速构建可重复使用的表单、工作流和日常任务（例如，请假请求、采购订单和旅行请求）的业务规则。用户不再受计算机专业知识的限制，只需要少量的信息技术知识就能快速构建数字应用程序，大大提高了应用程序开发的灵活性和敏捷性。这意味着当业务环境发生变化时，用户可以立即响应并调整或重新构建应用程序。根据客户关系管理软件服务提供商 Salesforce 发布的一份报告，76% 的信息技术企业领导者表示，低代码的解决方案有助于改善他们与业务合作伙伴间的关系。

▶ 1.4.3 流程管理与人工智能

人工智能（artificial intelligence）是一门新的技术科学，用于研究与开发模拟、延伸和扩展人类智能的相关理论、方法、技术及应用系统。1956 年，约翰·麦卡锡首次提出了人工智能的概念，并将其定义为"制造智能机器的科学与工程"。此后，美国斯坦福大学的尼尔逊对人工智能进行了定义："人工智能是关于知识的学科——是怎样表示知识以及怎样获得并使用知识的科学。"美国麻省理工学院的温斯顿认为："人工智能就是研究如何让计算机去做过去只有人才能做的智能工作。"这些定义表明，人工智能的核心在于构建智能的人工系统，这个人工系统要么可以像人类一样学习并使用知识，要么可以像人类一样进行自主思考，具有感知和自我意识，能够自发地学习知识。

早在 20 世纪，人工智能就已经出现并逐渐发展起来。近年来，随着硬件和神经网络技术的发展，人工智能迎来了新一轮发展热潮，也为流程管理带来了新的发展机遇。人工智能正在引领流程管理的发展潮流，推动组织流程的数字化转型。人工智能对流程管理的促进作用主要体现在以下几个方面。

1. 数据驱动流程管理

数据驱动的流程管理是指以数据为基础，通过对数据的分析和应用，优化和管理组织流程。人工智能技术，如机器学习和自然语言处理技术，能够实时收集和分析各类数据，包括处理结构化和非结构化数据，提取有效信息，并能够将其转化为对组织有价值的知识，从而帮助组织识别流程中的瓶颈问题，提高效率和生产力。

2. 流程自动化

人工智能是机器人流程自动化（RPA）等流程自动化技术快速发展的基础。传统的 RPA 软件主要是辅助人工处理数据输入、应用调度等单一的、重复的、预先定义好的流程。在这一过程中，往往需要人进行监控，以确保实施的准确性。而在引入人工智能技术之后，RPA 软件可以打破只能按照特定规则处理业务的局限，完成复杂的系统操作和数据获取任务，并具备自学习、自适应等功能，能够不断优化、改进自身的业务处理能力，提高效率、准确率和智能化水平。

3. 决策自动化

人工智能可以通过逻辑推理和预测性分析帮助组织进行自动化决策，减少人为因素对流程决策的影响。例如，决策树和神经网络等人工智能算法，可以帮助组织解决在描述特定数据集的属性时所面临的表述模糊、数据缺失等问题，使他们获得更准确、更全面的信息，从而进行更加有效的决策。

4. 洞察客户行为，改善客户体验

基于人工智能的流程管理，可以通过对大量与客户交互产生的数据进行分析，来洞察客户的行为，并据此预测客户的消费趋势。通过对这些数据进行分析，组织的客户服务部门可以更好地了解客户的需求和喜好，为其提供个性化的服务并改进客户体验，从而增强客户的忠诚度。此外，这些数据还可以用于开发更优质的产品和服务，并优化组织的营销策略，帮助组织更好地吸引和保留客户。典型的人工智能支持的客户服务的例子是聊天机器人，它使用自然语言处理和机器学习算法，创建了一个透明的沟通平台，可以自动回答客户的常见问题，协助客户解决问题，为客户带来了更加个性化的服务，改善了客户体验。

总而言之，基于人工智能的流程管理正在帮助组织提高工作效率和质量。人工智能不再是一种令人生畏且难以采用的技术，随着时间的推移，将会被越来越多地应用在流程管理中，为组织带来多方位的优化和改进。

习　题　一

1. 什么是流程？流程的特征是什么？
2. 流程的组成要素包括哪些？可以按照哪些方式对它们进行分类？
3. 流程管理的定义是什么？常用的流程分析和流程监控方法有哪些？
4. 为什么说流程"上接战略，下接绩效"？
5. 什么是流程自动化？流程自动化与流程管理之间的关系是什么？
6. 流程自动化技术有哪些？其发展趋势是什么？流程管理的发展趋势又是什么？

第2章 流程管理

【本章导读】

流程管理不仅仅是对流程进行描述和显性化,更重要的是通过对流程进行梳理,帮助组织进行资源配置优化、组织结构优化、管理制度优化,从而实现提高效率、降低成本、增加利润等目标。流程管理是一个闭环的过程,流程问题分析、流程优化与再造、流程配套体系设计是对流程管理的进一步深化,本章将对这些内容做重点介绍。

【知识要点】

第1节:流程描述、业务流程图、数据流程图、泳道图、事件驱动流程链、流程描述工具。

第2节:流程成熟度模型、访谈和问卷调查、流程绩效分析和管理、作业现场调查。

第3节:流程优化、流程再造、流程优化与流程再造的区别。

第4节:职位体系设计、关键绩效指标体系设计、信息技术体系设计。

2.1 流程描述

流程描述是指在完成基本的流程梳理工作之后,对流程框架中的流程做出的具体描述,形成能指导组织日常活动运作的流程文件。流程描述需要遵循特定的规范、语言、规则和方法。

▶ 2.1.1 流程描述及规范

1. 流程描述

流程描述是指用一系列标准的符号、图形以及文字说明,清晰、生动地将流程中的各个环节以及输入、输出、角色、活动等各要素完整地展现出来。流程描述是流程管理中的一项重要工作，它的前提是流程问题分析。流程描述融入了工作界面梳理、流程优化、权限分配、记录表单优化等工作。好的流程描述能够为流程的顺利推行打下坚实的基础。

流程描述的意义体现在以下几个方面：

① 能够明确流程中相关工作的责任人以及重要控制点。这样不仅能减少工作责任不明确所导致的低效率问题，加强各部门之间的沟通与协作，还能为绩效考核提供支持。

② 通过流程描述，责任人可以更好地理解并分析组织核心活动背后的关键细节。这些细节平时可能容易被忽略或执行不到位。例如，某公司在对物资出库做流程描述时，发现物资领用单签批手续混乱。在签批的物资领用单中，有些由物资领用人所在部门的负责人签字，有些由物资管理部门的负责人签字，有些是公司分管领导签字，有些甚至没有签字。针对这一情况，公司对物资做了分类管理，重新设计了出库流程，并明确了各类物资的签批手续。

③ 流程描述可以对相关工作的记录表单等数据文件进行系统梳理，如将缺失的记录表单补充完整，将新出现的记录表单或偶尔使用的记录表单在系统中固定下来。

2．流程规范

流程规范是指对组织各项管理业务的范围、内容、程序和处理方法进行规定，即制定业务标准，把组织中千头万绪的工作与相应的部门及人员联系起来。规范的业务流程是流程管理和信息系统开发的基础。有了规范的业务流程，各有关部门和人员就可以按照统一的程序和方法处理业务，各司其职，相互配合，使业务从头至尾顺畅地进行，从而避免了凭个人经验办事、工作标准互不统一的混乱状况。

不同领域、不同组织的业务流程存在差别。为了保证组织业务流程的规范化，应尽可能考虑不同领域、不同组织的不同需求，并根据这些需求来制定标准的业务流程，努力形成适用于不同行业、不同类型组织的通用业务指南。目前，组织常见的业务流程主要包括战略管理流程、市场管理流程、研发管理流程、销售管理流程、财务管理流程、服务管理流程、人力资源管理流程等。其中，研发管理流程框架如图 2-1 所示。从图 2-1 中可以看到，研发管理流程分为三个部分：预研/技术/平台开发流程、产品开发流程、研发运营管理流程。每一个部分又可以细分为多个环节，每个环节又可以进一步分为若干个活动。例如，产品开发流程可以分为开发立项、需求管理、计划管理、设计实现、测试验证、产品发布等环节，而设计实现环节又可以进一步分为概念设计、原型制作、知识产权开发等活动。每一个部分、环节和活动都要有具体的流程管理标准。例如，知识产权开发的基础流程管理标准是"明确专利申请类型、申请地域及时间""由产品开发负责人编写知识产权申请材料"等。

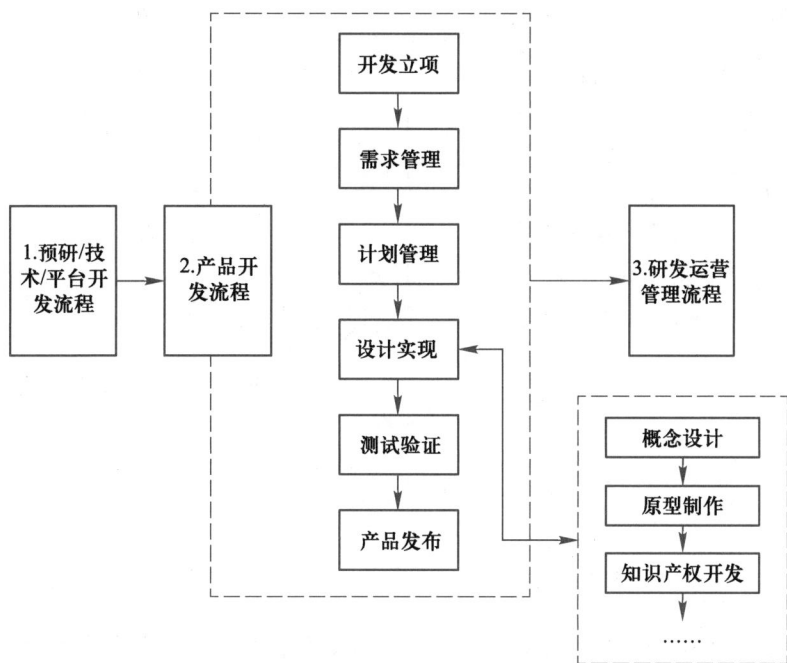

图 2-1 研发管理流程框架

▶ 2.1.2 流程描述语言

1. 流程建模与流程图

流程建模是在流程框架下对业务进行讨论与分析，并使用标准化技术和绘制软件展现业务运行逻辑的过程，是流程描述的可视化呈现。

流程图是流程建模的主要工具，是对流程的图形化描述。流程图用文字、符号、线条描述流程的具体步骤，是流经一个系统的信息流、数据流或物流的可视化表示。流程图包含4种结构：顺序结构、条件结构、循环结构和分支结构。可以借助 Microsoft Visio、Process On 等专业绘制工具来绘制流程图。

2. 流程语言

在正式绘制流程图之前，组织要使用共同的流程语言，以确保所有员工对于流程的理解和表达方式是一致的。所谓共同的流程语言，就是采用规定的符号记录作业过程，以便于员工进行交流和合作。在流程图中，不同的符号代表着不同的含义，也代表着不同的工作模式。采用清晰、规范的符号绘制流程图，可使流程中的各种活动、决策、工作流向以及表单、文档等变得一目了然。典型的流程图符号及说明如表 2-1 所示。

表 2-1　典型的流程图符号及说明

符号	名称	说明
	流程开始或结束	用来表示流程的开始或结束
	活动	用来表示流程中的某个工作步骤，一般用动宾短语命名
	文件/表单	活动中用到的文件或表单
	判断/决策	在需要进行判断决策时使用，判断结果有且只有"是"与"否"
	连线/路径	连接两个图形之间的关系，箭头代表了流程的方向
	资料库/电子存档	与信息系统相关的工作表单，以电子文档的形式存储
	已定义的过程/引用的流程图	引用的已经被定义过的其他流程图

通过表 2-1 中的符号就可以将流程直观地表现出来，为流程的具体执行提供依据。图 2-2 所示的是用这些符号绘制的线上商品采购流程图。

此外，在绘制流程图时需要注意以下事项。

① 一张完整的流程图包含开始框和结束框，而且在一般情况下，开始框和结束框各只出现一次。

② 为了使流程图直观且逻辑清晰，一般会遵循从上到下、从左到右的顺序来绘制流程图。

③ 流程图可以出现包含和并列关系，但一般不会出现交叉关系，除非给予适当的说明。

④ 对于判断框需要有两个或两个以上的执行条件，而且每一个执行条件都要有相应的注释和执行结果。

3．流程说明文件

流程图承载的信息有限，不能为流程中的各个角色执行活动提供详细的指导。此外，流程图也难以明确流程中各个活动的输出标准。因此，还需要编制流程说明文件。流程说明文件一般包含流程说明和模板/操作指导书等。

流程说明是对流程图的进一步细化和说明，包括流程目的、相关术语解释或定义、流程适用的范围、关键绩效指标（KPI）、角色和职责、流程活动的详细描述、上下游流程的描述等。组织在面对复杂的流程活动或者对流程活动的输出有明确的要求时，还需要编制模板/操作指导书。模板/操作指导书的内容和格式根据组织或者流程活动执行者的具体需求来确定。

为了确保流程说明文件的有效性，可以根据需要对其进行修订。

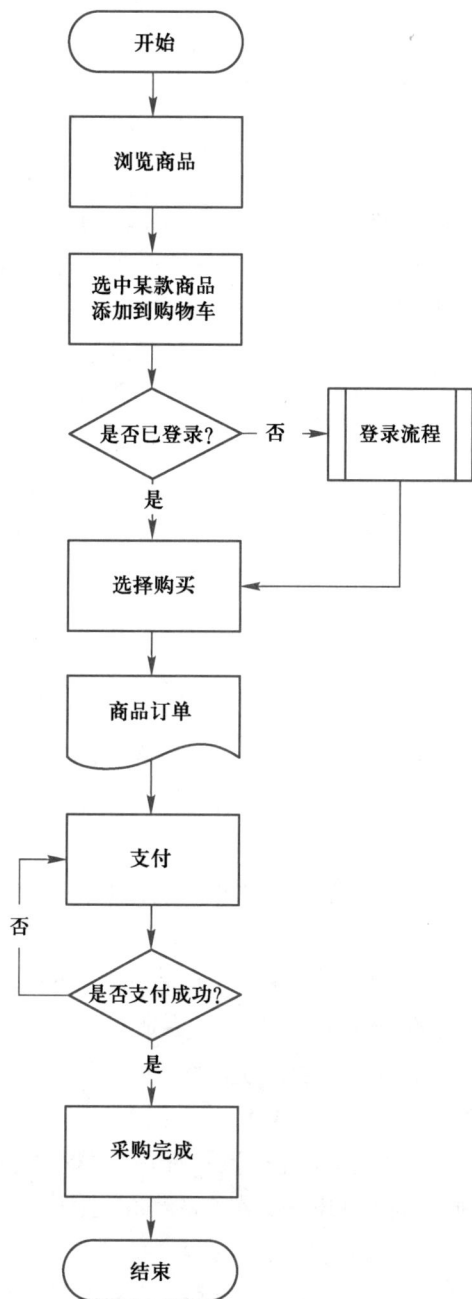

图 2-2 线上商品采购流程图

▶ 2.1.3 流程描述方法

流程描述方法并不唯一，常见的有文本法、表格法和图形法。文本法通过文字来详细描述流程各个活动的输入、输出和工作内容等。表格法则将流程的角色、活动等通过二维表格的形式展现出来，它比文本法更直观。图形法用特定的符号来表述流程的活动，并辅以必要的文字说明。它比文本法和表格法都要清晰，是最常见的流程描述方法。前面介绍的流程图就是图形法的典型应用。由于流程内容和工作需求不同，流程图也逐渐发展出多种类型，下面介绍几种典型的流程图。

1．业务流程图

业务流程图是一种描述系统内各单位、人员之间的业务关系、作业顺序和管理信息流向的图表。它使用规定的符号及连线表示某个具体业务的处理过程，帮助分析人员找出业务流程中的不合理流向。业务流程图基本上按照业务的实际处理步骤和过程绘制，是一种用图形方式反映实际业务处理过程的方法。它所用的基本符号与表 2.1 中的符号一致。

业务流程图主要描述的是业务走向。例如，患者就医的完整流程，包括排队挂号、看病开药、药房领药和回家等。业务流程图以业务处理过程为中心，一般不涉及数据。业务流程图作为一种系统分析人员都理解的语言，用于描述组织结构和业务流程。因为业务的概念较为宽泛，可以包含工作、任务，所以也可以将工作流程图看作业务流程图的一种。

2．数据流程图

数据流程图是一种描述系统数据流程的工具。它使用一组符号来描述整个系统中信息的全貌，能够综合地反映信息在系统中的流动、处理和存储情况。数据流程图显示了数据处理方式，这在设计或分析系统时非常有用。数据流程图可用于分析任何类型的数据流，如数据在组织中的移动方式。

与业务流程图相比，数据流程图的突出特征是抽象性。它尽可能地去掉具体的工作场所、组织机构、物流等，只保留信息和数据的存储、流动、使用以及加工情况。它具有高度的概括性，能够将系统对各种业务的处理过程联系起来，形成一个整体。数据流程图所采用的符号与业务流程图有所不同。

图 2-3 所示的是一个销售系统的数据流程图，其基本成分包括外部实体（如用户）、处理过程（P1～P4）、数据流（用箭头表示）、数据存储（商品信息库、用户信息和商品信息表）。在这种情况下，数据就是整个流程的主体，影响着每一个活动的执行。要详细展示流程的数据走向及其关系逻辑，就需要借助专业的数据流程图绘制工具。

3．泳道图

泳道图又称为跨职能流程图，旨在分析和展示各个部门在流程上的不同进程，明确流程活动所属的阶段、流程活动负责人、相应的组织机构或部门。它能够清晰地描述某个流程活动发生在哪个部门，涉及哪些人员，有助于研究流程中人与人或部门与部门间的交互行为。

泳道图的绘制可以分为三个维度：部门维度、阶段维度和活动维度。一般用横轴表示部门维度，用纵轴表示阶段维度，用纵轴和横轴交会形成的格子表示活动维度。在绘制泳道图之前，需要明确流程共有哪些阶段，涉及哪些部门、活动和具体工作。泳道图适合记录那些需要与组织的不同部门交互或需要不同团队之间进行协作的过程。软件研发流程泳道图如图 2-4 所示,它展示了各部门、人员之间的协作方式,以及他们在软件研发的各个阶段是如何交互的。

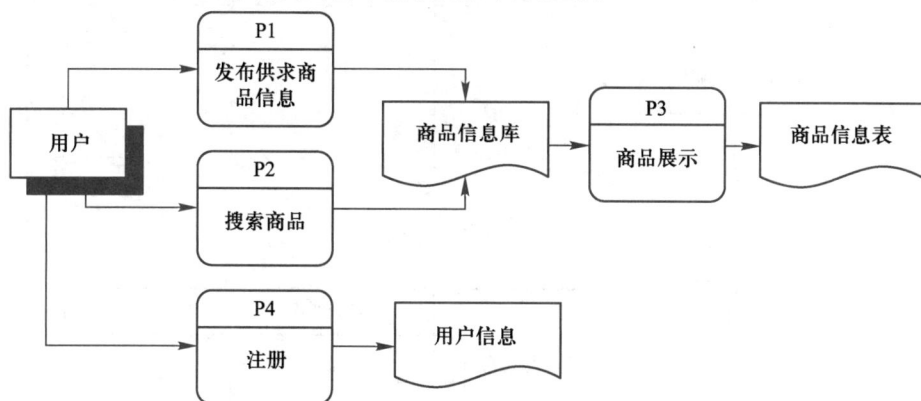

图 2-3 销售系统的数据流程图

4.事件驱动流程链

事件驱动流程链(event-driven process chain,EPC)于 20 世纪 90 年代初被提出。事件驱动流程链认为流程是由一系列事件触发的,且针对该系列事件的行为又会引发新的事件。EPC 模型将业务流程中的静态资源,包括系统、组织、数据、信息等有机地结合在一起,形成一个能够完成特定任务或流程的动态模型。EPC 适用于描述那些有严密过程控制和结果导向的流程。

事件驱动流程链的核心要素包括事件、功能、规则和信息/数据。

(1)事件

事件指的是环境的一种特定状态,当环境转变为这种状态时,相应的流程就会被触发。例如,"客户订单到达"这类能够触发某个流程的外部环境,或者"产品制造完毕"这类流程内部处理状态的实现,都属于事件。事件一般用六边形表示。

(2)功能

功能指的是业务流程中的某个行为或者完成特定任务的活动。这些功能可以由人或计算机系统来执行,通常用动宾短语来表示。例如,输入订单和计算成本,通常用圆角矩形表示。

(3)规则

规则是用于关联事件和活动的逻辑连接,包括与(AND)、或(OR)、异或(XOR),通常用特定的运算符号来表示。

① 与(AND):同时激活流程中的所有路径,用"∧"表示。

② 或(OR):激活流程中的一个或多个路径,用"∨"表示。

③ 异或(XOR):同一时间仅激活流程中的一条路径,用"XOR"或"⊕"表示。

(4)信息/数据

信息/数据代表来自现实世界的信息、材料或资源对象,它们可以是功能的输入,也可以是功能的输出,如客户信息、电子订单等。通常用矩形表示。

27

软件研发流程				
阶段	产品经理(产品部)	用户界面设计师(设计部)	开发人员(开发部)	测试人员(测试部)
项目启动	项目立项			
系统分析	需求梳理 项目资源分配 项目计划制订	设计任务拆解 用户界面设计	需求评审 设计评审	
系统设计	项目计划完善 项目计划实施 风险记录与管理		开发任务拆解 页面与功能开发	测试任务拆解 编写测试用例 测试用例评审
系统测试	产品评估与意见反馈	用户界面评估与意见反馈	组织测试 问题修复	测试评估与意见反馈
上线发布			上线发布	

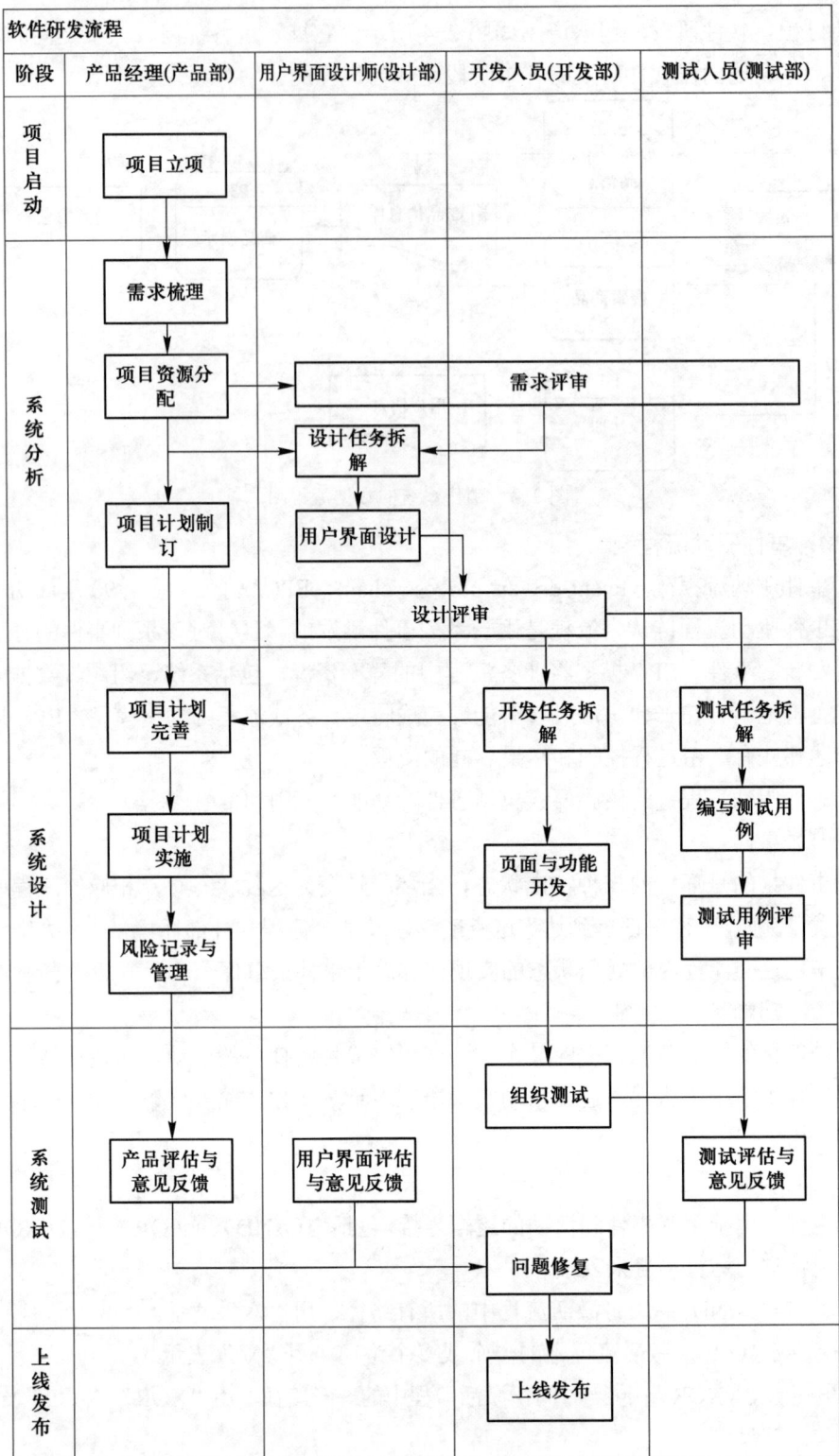

图 2-4 软件研发流程泳道图

图 2-5 所示的是一个货物接受检查的事件驱动流程链。

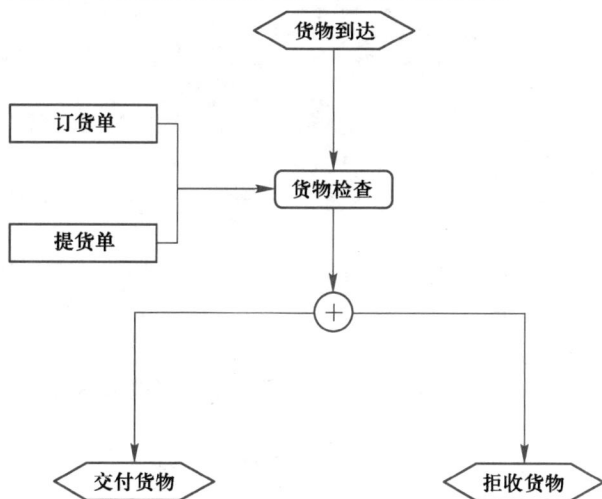

图 2-5　货物接受检查的事件驱动流程链

当然，流程描述方法还有很多，并不只有上面提到的几种，还有其他方法，例如适用于软件开发流程管理的集成定义（integrated definition）方法、Petri 网，以及更宏观的价值链法等。我们在选择流程描述方法时不能仅关注方法本身，而是要从组织的需求出发，判断各类方法的适合程度，从而选择最适合的流程描述方法来满足实际的流程管理需求。必要时，还可以使用多种方法的组合，这也是创造新的流程描述方法、促进流程描述方法更新和发展的有效途径。

▶ 2.1.4　常用的流程描述工具

流程描述工具即流程图绘制软件有很多，下面介绍几种国内外常用的流程图绘制软件。

1. 国内流程图绘制软件

亿图图示是一款优秀的图形图表绘制工具，其流程图绘制示意图如图 2-6 所示。它提供了丰富的实例和模板，可以帮助用户轻松创建流程图、网络拓扑图、组织结构图、商业图表、工程图、思维导图、软件设计图和平面布局图等。它通过向用户提供特色实例库和图形模板库，最大限度地减少用户的工作量。

博思白板（BoardMix）是一款数字化实时协作与表达工具，它集合了各种常用的办公工具，如文档、思维导图、流程图、便签、画笔、幻灯片、表格等，其流程图绘制示意图如图 2-7 所示。同时，它支持多人实时在线协作、一键生成分享链接、多终端打开和实时更新内容，方便组织各级管理人员协同绘制流程图。它还有在线评论和回复功能，方便组织中的各级管理人员在绘制流程图的过程中进行沟通和协商。此外，它兼容多种主流文件格式，如 PPT、PDF、DOC 等，支持导出 PNG/JPEG 格式，支持单独导出选定区域，支持调整导出分辨率。

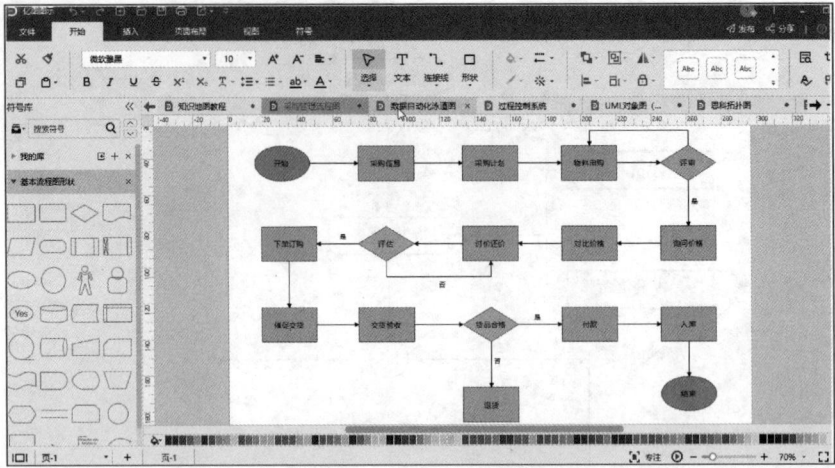

图 2-6　亿图图示流程图绘制示意图

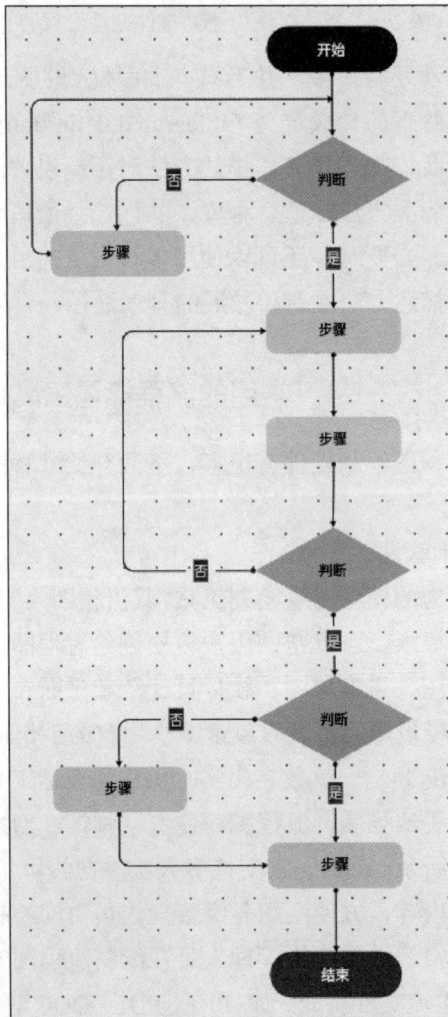

图 2-7　博思白板流程图绘制示意图

2．国外流程图绘制软件

Office Visio 是 Office 软件系列中的一款软件，专门用于绘制流程图和示意图，可以帮助 IT 人员和商务人员对复杂信息、系统和流程进行可视化处理和分析。Office Visio 的界面如图 2-8 所示。

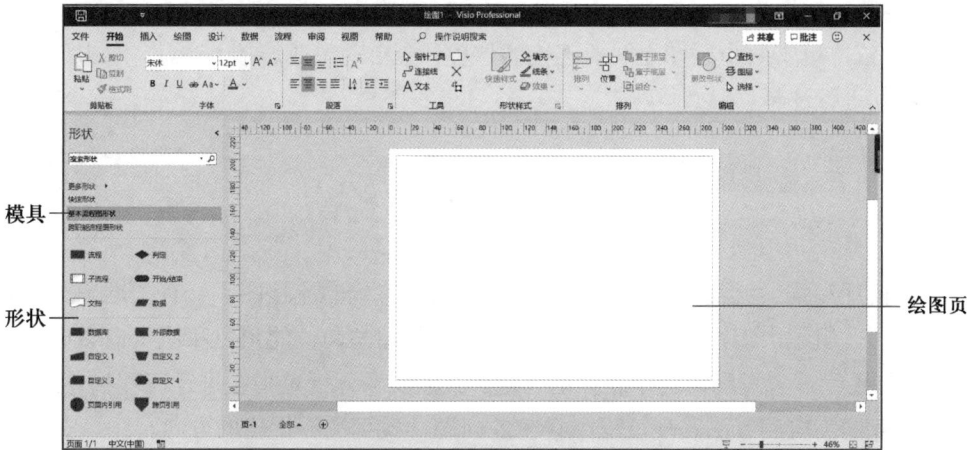

图 2-8　Office Visio 的界面

Office Visio 有三个要素：模具、形状和模板。模具是与模板相关联的形状的集合，利用模具可以快速生成相应的图形。形状是可以用来反复创建绘制的图形。模板是一组模具和绘图页的设置信息，利用模板可以方便地生成用户所需要的图形。

使用 Visio 绘制流程图，通常需要以下步骤：

① 打开 Office Visio 软件，选择想要制作的图形模板类型，如图 2-9 所示。在打开的相应类型的模板列表中选择模板，单击"确定"按钮，创建模板。

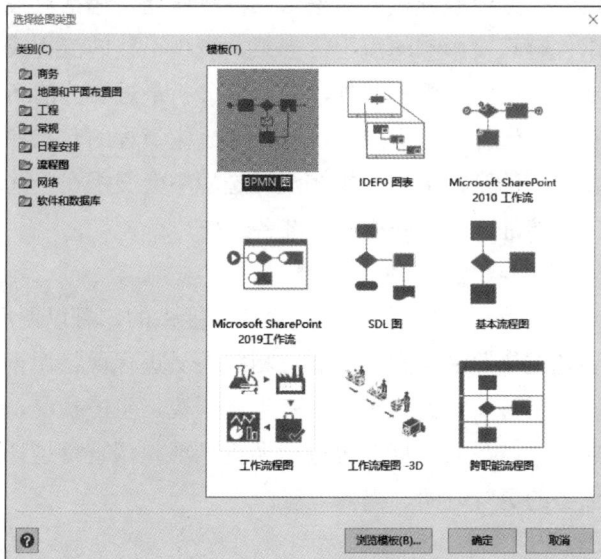

图 2-9　Office Visio 图形类型

31

② 用鼠标将所需要的形状拖动到绘图页上，构建框图；设置框图内图形与文字的颜色，以及文字的字体与大小。

③ 添加了多种形状后，就可以调整框图的大小与角度了。调整时，绘图页上会出现绿色的箭头线，提示各个形状之间的距离，方便形状的对齐与排列。

④ 双击框图内的空白部分，在其中添加文字，描述流程活动。

⑤ 依次单击两个框图之间要连接的位置，会自动生成连接。注意，双击连接线可以对其进行注释。

2.2 流程问题分析

在梳理和描述流程后，就可以绘制出准确、有效的流程图了。有了准确、有效的流程图，组织中流程的运行可以更加顺畅，部门与岗位的角色和职责也会更加明确，也便于管理者发现流程中存在的问题。流程问题分析是指在进行流程描述之后，通过专业的手段和方法发现流程中存在的问题，找到流程优化的方向。

▶ 2.2.1 流程问题分析的步骤

流程问题分析在流程梳理和描述工作完成之后进行，是对现有流程的进一步检查，可以使一些隐藏的问题显露出来，便于之后对流程进行优化和改造。进行流程问题分析也需要遵循一定的程序，一般可分为以下 5 个步骤进行。

1. 根据目标需求确定分析流程

流程问题分析的第一步是明确要分析的流程，这与前期的流程梳理密切相关。人们往往把关键流程作为流程分析的对象，关键流程通常包括对最终产品、收入、支出和其他关键组件有直接影响的流程。当然，表现不佳的流程或存在明显缺陷的流程也可以作为流程分析的对象。此外，还可以分析最近实施的新流程，以确保其按照设计目标运行。在选择要分析的流程时，要确定流程的起点和终点，明确流程的业务范围。需要注意的是，很多流程在流转过程中会交织在一起，为了避免在后续的分析工作中出现混乱，要做好相应的准备工作。

2. 通过现状调查收集需要的信息

在确定了要分析的流程之后，就需要收集尽可能多的信息以便后续的流程分析。在此步骤中，主要通过浏览文档和采访业务相关人员进行现状调查。以产品生产的作业流程为例，在分析该流程前必须对现有生产规模、生产状况、设备配置、作业内容、物料需求状况、产品质量标准等进行调查。现状调查得越详细、越周全，就越可以节省后续业务的运行时间，提高效益。

3. 绘制并完善流程图

准确地绘制流程图，可以将正在处理的流程可视化，使组织能够更好地了解各个业务利益相关者的角色和职责,而且能够更容易地看到有效的方法和无效的方法,以及流程中各个活动的风险和业务流程概况。

流程图的类型很多,可以根据业务的需求选择适当类型的流程图,并借助流程图绘制软件绘制流程图。与手工绘制流程图不同,流程图绘制软件允许组织实时跟踪流程,查看是否有滞留或延迟现象,还支持一定程度的自动化,以确保流程能够及时完成。

4.运用流程问题分析工具进行分析

在收集了所需要的流程信息并绘制了流程图后,就可以进行流程问题分析了。在进行流程问题分析时,可以使用流程问题分析工具,也可以使用价值链分析法、客户关系分析法等更宏观的方法。流程问题分析完成后,会生成流程分析报告,帮助管理者找到潜在的优化方案。为了找到更多的优化方案,可以重点关注以下几个问题:

① 该流程最重要的组件是什么?它们对整个流程有什么影响?仅对这些组件进行改进就足够了吗?

② 在该流程中是否存在系统性的延迟或问题?能找到导致这些情况出现的原因吗?有没有办法解决它们?它们对输出的影响有多大?

③ 流程的某个特定组件是否依赖太多的资源?有办法改变吗?

5.确定流程改进方案

流程问题分析的最终目标是找到潜在的流程改进方案,因此应结合前面步骤中发现的问题,找出缺陷并提出潜在的流程改进方案。采取何种改进方案取决于业务流程应用场景的具体情况,没有一种一刀切的解决方案。同时,要注意改进方案所带来的长期影响。在短期内看似利大于弊的改进方案,最终可能会产生灾难性的后果。例如,提高处理速度,虽然节约了处理时间,但可能使缺陷率提高一倍。因此,如何权衡效率与风险也是确定流程改进方案需要考虑的问题。

▶ 2.2.2 流程问题分析方法

流程问题分析方法有很多,如流程成熟度模型、访谈调查和问卷调查、流程绩效分析和管理、作业现场调查等。

1.流程成熟度模型

流程成熟度模型综合反映了组织在流程管理规划、设计、应用、保障、理念、文化等方面的水平,是评估组织流程管理现状的常用工具。流程成熟度模型用于组织判断流程管理所处的阶段、了解流程管理现状并分析其弱点,为后期改进提供方向。

迈克尔·哈默在 2007 年发表的《流程再造新工具:PEMM 框架》中,提出了流程和企业成熟度模型(process and enterprise maturity model,PEMM)。他认为成熟度主要由两个方面的因素决定:一方面是与单个流程有关的流程能动因素;另一方面是适用于整个组织的企业能力因素。迈克尔·哈默按重要程度挑选了 5 个流程能动因素：流程的设计、执行、负责人、基础设施和衡量指标；同时确定了 4 个企业能力因素：领导力、文化、专业技能和治理。

通过综合考虑这两个方面的因素，可以对流程进行评估，并将其成熟度分为 P0～P4 这 5 个级别：P0 级为不稳定流程，这种流程无法持续稳定运行；P1 级为基于部门的专业流程，其流程较为可靠、容易预测；P2 级为卓越绩效流程，企业已开始面向客户端到端地设计流程；P3 级为最优流程，企业高级管理者在战略目标的统领下整合了企业内部的各个流程；P4 级为最佳流程，流程已经可以超越企业的边界，延伸到价值链的上游供应商、合作伙伴和下游客户。

与 PEMM 模型相近的还有业务流程成熟度模型（business process maturity model，BPMM），该模型将流程管理成熟度划分为 5 个级别：初始级、重复级、可定义级、量化管理级和优化级。其中，初始级：流程不可预测，可控性和反应很差；重复级：流程以项目的形式被管理；可定义级：流程在组织内被有效地管理；量化管理级：流程被量化和控制；优化级：聚焦于持续的流程改进。业务流程成熟度模型如图 2-10 所示。

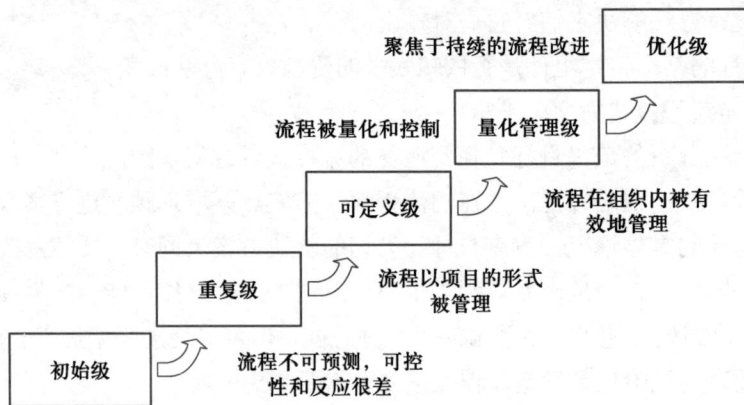

图 2-10　业务流程成熟度模型

2．访谈和问卷调查

像医生给患者"问诊"一样，流程问题分析也可以通过"问"的方式来收集流程中的问题和相关人员的反馈。下面主要介绍访谈和问卷调查。

（1）访谈

访谈是一种常用的调查方法，它通过与流程中各环节的相关人员进行面对面的交流，了解流程运作的真实情况和存在的问题，进而分析产生这些问题的原因，寻找相应的解决方案。访谈是双向沟通的过程，实施起来比较灵活，获取的信息也往往比较准确，同时又便于相关人员深入交换意见。在访谈过程中，需要对访谈内容进行详细记录。

（2）问卷调查

问卷调查可以获得相对全面、客观的信息。标准化的问卷，可以引导组织各个部门的相关人员从多个方面去反映其对流程运作的看法与评价。与访谈相比，问卷调查的效率更高，能够在较大的范围内进行，但问卷中的问题相对固化，缺少开放性的问题，也容易收集到虚假数据，有时不能真实地反映实际情况。因此，问卷调查一般需要结合访谈等其他方法一起使用。

3．流程绩效分析和管理

像人要定期体检一样，对于流程也需要用一定的指标来检查，以分析其绩效。一方面，要定期检查流程运行的情况以发现问题；另一方面，要持续跟踪对某个关键流程的改进情况，使流程改进所带来的价值显性化。对流程进行绩效分析，可以分为两个步骤：① 设定流程的绩效测评指标；② 进行流程绩效测评和分析，并对流程进行改进。其中，设定流程的绩效测评指标是前提和关键。

面向流程的绩效管理通常以战略目标为导向，通过确保组织中关键的端到端流程的有效执行，来保障组织战略目标的实现。不同于传统绩效管理按照垂直部门维度对目标业绩进行分解，面向流程的绩效管理是沿着"战略目标—关键流程—流程关键绩效指标（KPI）—具体岗位 KPI"的方向对目标业绩进行分解，形成关键绩效指标。例如，某公司确定了一年要实现多少销售额的总战略目标，并将其进一步落实到销售流程上。假设该公司的销售流程有产品销售流程、软件服务销售流程等，将年销售额目标分解到产品、软件服务等不同的销售流程上，就形成了相应流程的关键绩效指标。

4．作业现场调查

另一种流程问题分析方法是作业现场调查。这种方法是指问题分析人员亲自到作业现场，通过现场模拟或实际参与来对流程进行查看和检测。在作业现场，可以采用测时法对流程中每个活动的耗时进行测量与记录，然后分析耗时最长的活动或存在时间浪费的活动，找出影响流程效率的因素。还可以通过观察实际作业活动，并询问相关作业操作人员，来寻找流程中可能存在的问题。这种基于实际参与的方式能够加深问题分析人员对流程的理解，并使得出的结论更加真实。

▶ 2.2.3 流程中的常见问题

流程问题分析的目的是发现流程中存在的问题。流程中存在的问题有一定的共性。以下是流程运行中经常出现的几个问题。

1．流程繁多，层次不清

组织中的流程数量繁多，既有与人员相关的人力资源管理流程，也有与业务相关的生产制造流程，还有与产品推广和营销相关的销售流程等。如果组织有大量的流程，却没有对流程进行体系化的分级管理，就会影响流程的执行效率，增加流程管理难度。因此，需要在流程分类的基础上对流程进行分级，使流程层次分明，易于管理。

流程分级没有统一的标准和方法，一般将四级分类法作为基础方法。以组织结构作为流程起点，即一级流程；将设置每个组织或部门中的业务岗位作为二级流程；将每个岗位所从事的事务性工作作为三级流程，如物料经理需要负责物料的采购和配送；将完成每一项事务性工作所需要进行的活动作为四级流程。

2．流程与实际运作脱节

组织始终处在瞬息万变的环境中。如果外界环境发生重大变化，而组织的流程管理规范却没有更新，流程就会与组织的实际运作脱节。因此，组织需要及时对流程进行优化和改进，使流程与组织的实际运行相适应。当然，组织在流程梳理阶段就应该对未来可能发生的困难进行预测，做到未雨绸缪。

3．流程之间缺乏协调

在流程执行过程中，往往缺乏合理的协调机制，导致流程与流程之间、部门与部门之间信息割裂、活动割裂。例如，如果组织中的各个部门都封闭在自己的小圈子里，以自身的利益为重，更注重本部门的业绩，就会出现部门之间相互"扯皮"、推卸责任的情况，导致流程运行不畅，成为流程管理的一大障碍。从而造成组织资源的浪费。

4．流程实施缺乏力度

流程实施是实现流程管理目标和效果的关键一步，但大部分组织虽然制订了详细的流程管理内容，却没有彻底执行，导致流程管理形同虚设。此外，流程在实施过程中常常会遇到来自各个方面的阻力。例如，流程中的角色熟悉了原有的流程，不愿意执行新的流程；或新的流程的实施降低了部分工作的效率等。如果流程实施缺乏力度，前期的流程梳理和流程描述等工作就会事倍功半。因此，组织需要明确流程实施负责人，由他对流程运作和结果负责；必要时还要组建专门的流程实施团队，制订流程实施计划并做好宣传工作，对重点人员进行业务的培训，确保新的流程能够在组织内顺利运行和推广。

5．岗位操作流程重复性高

在组织中，部分岗位操作流程存在内容简单、重复性高、容易引起操作人员疲劳等问题，使得流程执行效率较低。但是这些流程往往构成了员工的主要工作内容。这类重复性流程，限制了员工创造性和主动性的发挥。例如，新员工信息录入流程、客户信息查询与更新流程等，是组织日常管理工作的重要内容，但这些流程的工作量大且重复性高。为了激发员工的创造性和主动性，有必要对员工的岗位操作流程进行信息化、自动化或智能化改造，提高流程执行效率，让员工从事更加有创造性的工作，为组织创造更多的价值和利润。

2.3　流程优化与再造

流程管理是一个动态的过程。由于流程设计不合理、组织战略变化、外部环境变化等各种原因，既定的流程体系可能不再符合组织需求，因此需要对流程进行优化乃至再造，以获得最佳的效果。流程优化与流程再造的主要区别如表 2-2 所示。

表 2-2　流程优化与流程再造的主要区别

比较项	流程优化	流程再造
变化速度	量变、渐变	质变、突破
变化方式	维持现有框架	打破原有框架
战略变化	战略保持不变	战略发生变化
变化范围	变动小、见效快的局部优化	范围广、程度深的整体流程再造

▶ 2.3.1　流程优化

1. 流程优化的概念与内涵

流程优化指的是组织以提升绩效和运营效率为目标，对现有流程进行梳理、分析，并对其中存在的问题加以纠正、改进，从而使流程得到发展、完善，保持组织竞争优势的过程。流程优化是一种策略，它不仅指做正确的事，还包括如何正确地做这些事。它是一种变动小、见效快的局部优化。

具体而言，可以将流程优化的内涵概括为：在不改变组织现有战略框架的前提下，对现有流程进行的调研、梳理、分析、改进和完善。流程优化的过程就是不断识别问题、补齐短板的过程。在流程优化的过程中，可以利用流程问题分析方法将流程中无效和不增值的业务活动、重复性的工作、无效的等待时间等降到最少，同时强化部门之间的沟通，打破部门之间的信息壁垒，提升组织对外部环境变化的反应能力。

组织在对流程进行优化时需要密切关注流程的运行情况，快速确定哪些流程需要优化、何时优化等一系列问题。流程优化的驱动力来自客户（内部或外部）反馈、事故检讨、执行人员的建议、监控审计以及组织的年度规划等。

2. 流程优化的原则

流程是组织执行复杂运营活动的基础支撑，是一个复杂的、多层次、相互关联的系统。组织在进行流程优化时应遵循以下几个原则。

（1）以客户为中心

流程管理的重要目标之一是满足客户的需求，实现客户价值的最大化。这里的客户包括内部机构、个人，以及外部客户等，是流程输出的使用者。因此，组织在进行流程优化时，要始终牢记以客户为中心。在流程实施过程中，应强调客户满意而不是领导满意，并注重内外部客户满意相统一。

（2）基于现实、循序渐进

流程优化要对组织现状，如资源能力、管理基础等进行科学分析，避免闭门造车，脱离实际。因此，组织需要充分掌握现有流程的实际情况，并以此为基础对流程进行优化。此外，流程优化要循序渐进，不能一蹴而就。在对现有流程进行初步优化后，再进一步发现问题，进行改进。只有对流程不断分析、持续改善，才能达到最佳的效果。

（3）以价值增值和流程结果为导向

流程优化的核心目的是帮助组织实现增值，加强流程增值的环节，弱化甚至取消非增值的环节。一个完整的流程，它的终点是客户，因此流程输出要满足客户的需求。理想的流程要做到用最低的成本和风险保证流程以最高的质量输出。这就需要组织建立合理的流程评价与管理体系，并借助信息技术手段实现流程信息化集成管理。

（4）以人为本

员工是企业创造价值的源泉，流程优化需要组织各级员工共同参与和努力。尤其是高层管理者，他们对流程优化的推动和支持是必不可少的。流程优化，还需要做好各个部门之间的分工和协调工作，并明确相关部门和人员的职责。随着管理工具和手段的不断更新，组织可以采用扁平化的组织结构，并考虑适当分权，减少管理层级，以充分发挥员工的作用。

3. 流程优化的主要步骤

流程优化的主要步骤包括明确优化目标、分析流程现状、设计优化过程、实施流程优化、评估优化效果。明确优化目标是了解现有流程的关键指标，并收集相关数据；根据收集到的数据确定流程优化的范围和目标。分析流程现状是对流程现状进行调查和分析，找出其中存在的问题和需要改进的关键节点。设计优化过程是根据前面的分析结果，确定流程优化的内容和关键步骤。实施流程优化是对流程进行优化，并将优化后的新流程付诸实践；在此过程中相关部门和人员要配合完成新流程。评估优化效果是对新流程的实施效果进行评估，针对新流程执行过程中存在的问题进行分析和改进。流程优化是一个闭环，是一个动态优化的过程。可以说，只要组织有需求，流程优化就会持续进行。流程优化的主要步骤如图 2-11 所示。

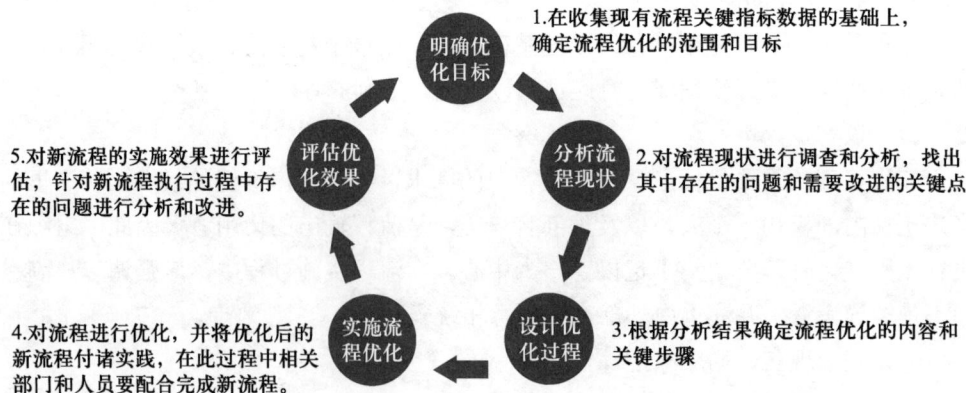

图 2-11　流程优化的主要步骤

4．流程优化的方法

针对不同的流程及其具体的应用场景，有不同的流程优化方法。在实践中，需要灵活地使用它们，不能生搬硬套。下面介绍几种常用的流程优化方法。

（1）标准化和模块化

俗话说，"没有规矩，不成方圆"，流程优化也需要标准和规范。将已经证明行之有效的流程优化方法作为标准，让员工照着去做，能够节省时间和成本。要实现流程优化的标准化，就要明确流程的侧重点，制作标准化的流程操作规程并对相关人员进行培训。需要注意的是，标准化的要领是模块化，即对流程进行模块化管理。通过标准化和模块化，将流程的运作习惯、实施程序等固化，避免因为不同人员对同一件事的不同理解而产生的人为沟通和干扰成本。

（2）剔除非增值活动

剔除非增值活动，就是要减少流程中的冗余活动，从而简化流程，提高流程的质量。一般情况下，剔除非增值活动可从以下几个方面入手：简化流程中的相关文件，如合并表格；简化语言，对专业术语进行清晰的定义，尽量少使用新的术语或行话；简化程序，聚焦于实际的业务操作，尽量剔除重复工作，减少等待时间。

（3）优化流程顺序

优化流程顺序，即根据流程的侧重点对流程活动的执行顺序进行调整，使流程运作更加符合客观规律，有更加理想的效率或输出。优化流程顺序的方式主要有两种：一种是将串行工作转换为并行工作，即将具有严格先后执行次序的工作转换为可同时开展的工作组合；另一种是对可以合并的角色、活动、输出进行合并，减少工作过程中的传递或交接环节，从而提高流程的效率。

（4）流程信息化与自动化

随着信息化管理手段在组织内部扮演着越来越重要的角色，越来越多的组织运用信息化和自动化技术来实现流程优化。这些技术比较适合处理那些枯燥且重复性高的工作，把人员从这类工作中解放出来，在提高效率的同时避免员工因为长期进行重复性工作而产生厌倦情绪。更先进的信息化和自动化技术甚至可以完成数据的自动采集、传送和分析工作，实现流程活动的自动连接或重复操作，使流程得到大幅度的优化。

▶ 2.3.2 流程再造

1．流程再造的概念与特点

与在现有的基础上对流程进行局部调整的流程优化不同，流程再造需要从根本上反思现有的产品或服务提供方式，并对流程进行重新设计。流程再造往往伴随着战略调整、组织结构改变等组织变革，对组织中包括管理流程、业务流程和辅助流程在内的所有流程进行重新设计与构建，是一种范围广、程度深的整体流程改变。

流程再造具有三个特点：根本性、彻底性、显著性。

（1）根本性

在进行流程再造时，必须从价值的角度去思考关于流程的根本问题：为什么要执行这套流程？这套流程是否有存在的必要？其工作目标是什么？如何实现该工作目标？如何以更高效的方式进行流程再造？这表明流程再造关注的是流程中核心或关键的问题，是对现有流程进行的根本性思考和重新组织。

（2）彻底性

彻底性意味着流程再造不是对组织中的流程进行小修小补，而是去探索将业务工作重新组织起来的新模式，对流程结构提出与过去完全不同的见解、创意，或借助新技术、新理念进行彻底改变。因此，流程再造往往意味着创新，需要独辟蹊径，重新设计业务路径。

（3）显著性

组织进行流程再造的目的是显著提升组织绩效和流程绩效，这种提升不是轻微或渐进的。这就要求改革大刀阔斧，破旧立新。流程再造的预期效果是组织整体与全局的优化，而不是单个部门或局部的优化，因此流程再造的效果应该是显著的。

2．流程再造的原则

流程再造是一项富有创造性的工作。在进行流程再造时，任何组织都无法找到一套一成不变的模式去完全照搬。因此，流程再造既是一门科学，也是一门艺术。它需要立足实际，不能好高骛远。很多学者对于流程再造的原则进行了总结。例如，迈克·哈默总结了流程再造的 8 个原则，阿什利·布拉干扎总结了流程再造的 10 个原则，乔·佩帕德和菲利普·罗兰则提出了流程再造的 15 个原则。下面主要介绍几个主要原则。

① 流程再造需要在组织全体成员充分认同的基础上展开。其中，高层管理者的支持和推动尤为重要。

② 要根据绩效或目标来设计流程，而不是根据单个任务来设计流程。

③ 要充分调动和发挥组织中人的作用，做好人与人之间的沟通工作，以便于创造性思维的产生。

④ 要抓住信息技术手段带来的机会，技术可以成为流程再造的强大推动力。

⑤ 只有当跨职能变革成为组织变革的动因时，才有可能成功地实现流程再造。

3．流程再造的主要步骤

流程再造的主要步骤包括战略澄清、标杆确定、流程诊断、新流程设计、新流程实施、流程评估与完善，如图 2-12 所示。

（1）战略澄清

战略澄清的关键是建立战略愿景，进行流程再造决策并选定再造流程。进行战略澄清一般要从三个方面考虑：严重性、重要性和可实现性。也就是说，选定的再造流程应该是存在严重问题的重要流程，且具备一定的再造可行性。

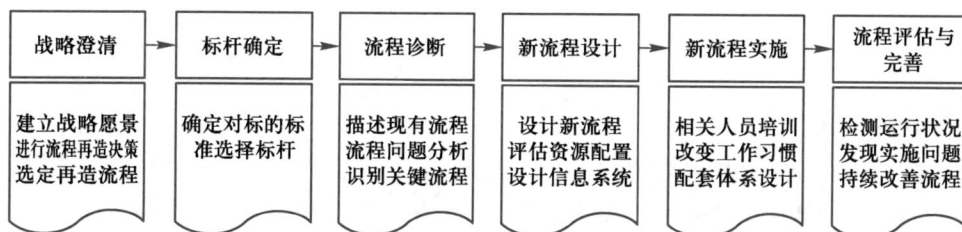

图 2-12 流程再造的主要步骤

（2）标杆确定

标杆确定是流程再造的重要环节。组织需要确定一个对标的标准，然后选择标杆。组织选择的标杆可以是组织内部现有的成功流程，也可以是来自外部的竞争对手或行业领先者的成功流程。这里的行业不仅仅限于同行业，不同行业的优秀流程也可以被用作标杆。

（3）流程诊断

流程诊断依靠流程图等工具，描述现有流程的功能、运行状况，分析其中主要存在的问题，识别关键流程。在这个过程中，不必去关注流程的所有细节，要基于客户的真正需求，构思新流程的设计思路。

（4）新流程设计

新流程设计是对人员能力要求最高的步骤，这部分工作要求参与者具备足够的想象力、逻辑推理能力、归纳总结能力以及设计思维，所以需要流程再造小组的成员群策群力，高效沟通。新流程设计需要组织重新评估资源配置，必要时要设计新的信息系统。

（5）新流程实施

新流程实施包含多个方面的内容。首先，需要对相关人员进行培训，帮助他们了解新流程，接受工作习惯等方面的改变。其次，要根据新流程设计与更新配套体系。新流程在实施之前，可以进行小范围或小规模的试运行。

（6）流程评估与完善

流程评估与完善是流程再造的必备环节。评估主要是检测新流程的运行状况，检查对应的指标是否达到预期，及时发现并纠正新流程实施中存在的问题。流程的完善应该是持续性的，外部环境千变万化，要保持随时发现新流程中的问题的警惕性。

2.4 流程配套体系设计

为了保障新设计的流程顺畅运行，组织需要根据流程运行的目的和需求进行配套体系的设计，并搭建流程运作的基础平台。流程配套体系设计的主要内容包括职位体系设计、关键绩效指标体系设计和信息技术体系设计等。

▶ 2.4.1 职位体系设计

1. 职位体系设计概述

职位体系设计又称为岗位设计，是根据工作需要定义组织中每个岗位的职能、职责及其与其他岗位的联系，并通过满足员工与工作有关的需求来提高工作效率的一种管理方法。职位体系设计是否合理，对于提高员工满意度、提高工作效率都有重大的影响。在进行职位体系设计时，要把组织的战略目标、业务目标分解到各个员工身上，以提高组织的运行效率，保证战略的有效执行。需要注意的是，如果在组织结构调整或流程变革中没有对岗位、岗位职能及职责进行相应的改变，那么这种调整或变革注定是不会成功的。

图 2-13 显示了组织职位体系设计的过程。在组织战略目标的指导下，要准确定位组织职能，并基于此进行组织结构设计及职位体系设计，然后进行相应的工作分析，合理分配岗位职能和职责，最终完成责任落地。

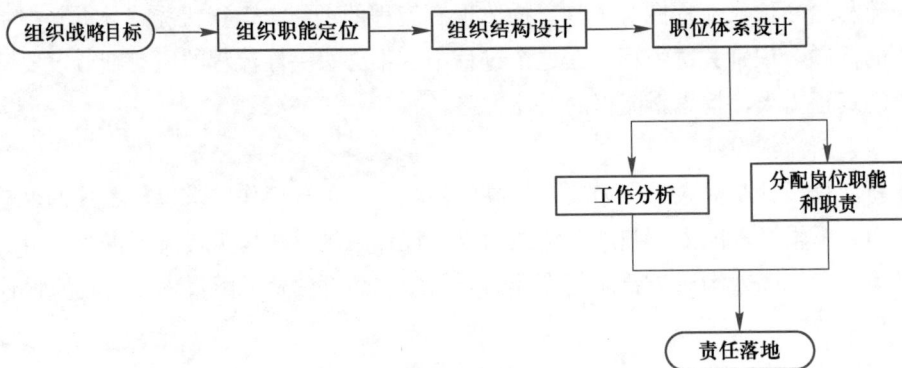

图 2-13 组织职位体系设计的过程

职位分类是进行组织职位体系设计的重要内容，如图 2-14 所示。职位分类可以为流程管理，特别是流程绩效考核提供更加清晰的标准。

2. 职位体系设计的原则

职位体系设计的好坏决定了责任落地能否得到有效支撑，也决定了组织运行效率及组织管理水平的高低。为了更好地进行职位体系设计，需要遵循以下原则。

① 少量原则。确定最少的职位，以最大限度地节约人力成本，同时提高职位之间的信息传递效率、沟通效率，以及组织对环境的适应能力。

② 因事原则。确保"并事定岗、以岗定人"。职位的设置要着眼于组织的发展战略和内部业务流程，并以促进组织持续发展为目标。

③ 客户原则。职位体系设计要以客户需求为准则，这是现有流程改进的基础。需要说明的是，这里的客户包括流程外部客户和内部客户。

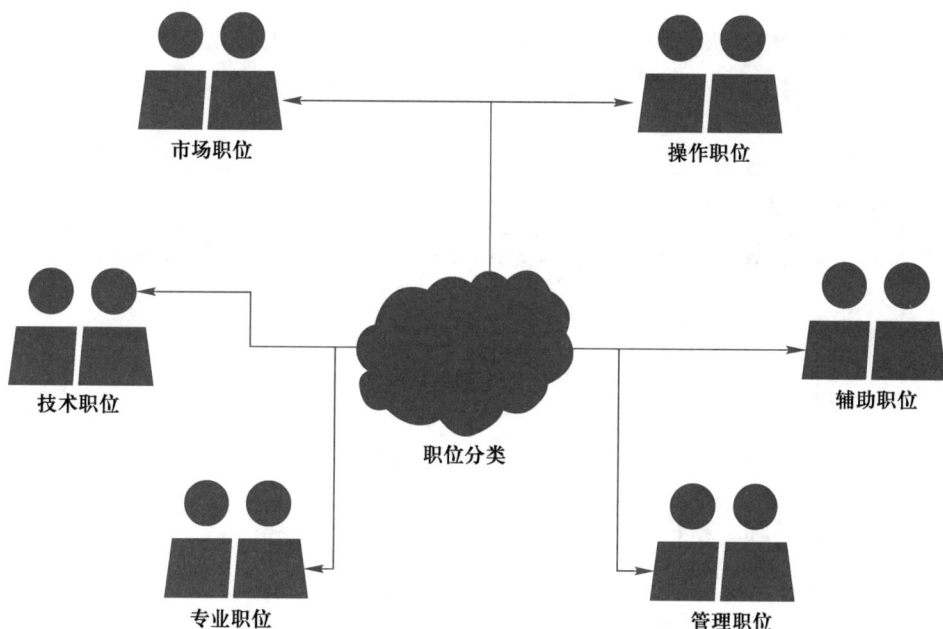

图 2-14 组织的职位分类

④ 分合原则。要在整体规划、业务流程完整且清晰的基础上进行职位分工，然后在职位分工的基础上进行职能和流程的整合，以促进组织协作，发挥组织整体优势。

⑤ 规范化原则。职位体系设计要有一套完整、可靠的流程，对于职位名称及职责范围描述，均要进行规范。

3. 职位体系设计流程

职位体系设计不应只考虑组织架构的设计，还应考虑流程实现。这是因为根据组织架构进行职位体系设计，往往会造成部门壁垒，妨碍部门之间的沟通或协调。以流程实现为导向的职位体系设计，更加符合组织战略实施的要求。因此，基于流程的职位体系设计更加合理，如图 2-15 所示。

（1）定义职位体系设计流程

可以按照以下要求，定义职位体系设计流程。

① 基于组织核心业务流程进行设计。一个职位在组织中的位置如同一颗螺丝钉在机器中的位置。组织核心业务流程涉及组织的方方面面，很多职位都与这个流程有关。不同的职位有不同的职责，员工工作的侧重点也不同，在进行职位体系设计时，如果把组织的核心业务流程考虑进去，会加强职位之间的协作与配合，促进责任落实，增强组织的凝聚力。

② 以工作定职位，职位不同则职责不同。在设计职位体系时，不仅要考虑部门之间的横向联系，还要考虑部门内部的纵向联系。以销售流程为例，在组织的销售部门中，不同职位的员工，所承担的职责有很大的差异。例如，同是销售部门内的招标活动，不同的职位所承担的职责有所不同。销售部门经理主要负责监控整个招

标活动的成效；销售人员主要负责对接客户，确定客户需求，联系技术部门；后勤人员主要负责跟进招标客户、完成市场分析和竞争对手分析，并与客户保持良好的关系。

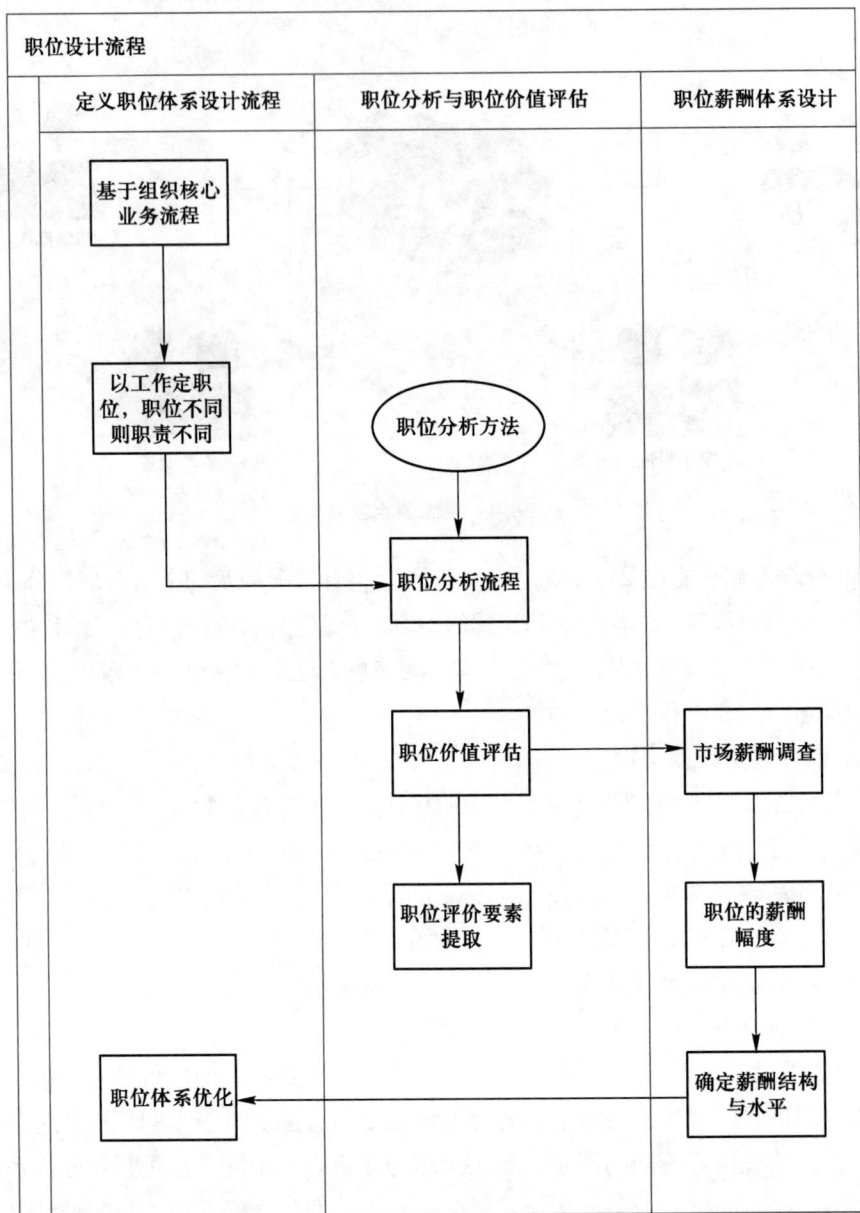

图 2-15　基于流程的职位体系设计

（2）职位分析与职位价值评估

① 职位分析流程。职位分析是通过研究某一职位，确定该职位的任职要求、任务、职责以及与其他职位关系的过程，也是人们收集和确定职位信息的过程。目前有三种比较成熟的职位分析流程：

- 岗位导向型；
- 成员导向型（以人为核心，前提条件是人岗匹配）；
- 过程导向型（以生产过程为核心，依靠流程的科学性）。

② 职位分析方法。在职位分析的过程中，人们必须借助一定的工具和方法实现分析的目的。目前使用得较多的职位分析方法有职位分析问卷、工作要素法、临界特质分析法、任务清单分析法、职能工作分析法和关键事件分析法等。

③ 职位价值评估和职位评价要素提取。职位价值评估是进行薪酬设计、确定职位重要性的前提。职位价值评估首先要提取职位评价要素。提取职位评价要素时，通常要考虑专业/管理难易程度、职权与责任、管理层级与幅度、工作负荷与强度、工作环境这 5 个要素。职位价值评估表如表 2-3 所示。

表 2-3 职位价值评估表

要素	定义	等级说明及评分标准	
		等级	分值
专业/管理难易程度	是指专业知识和技能掌握、运用的难度，以及管理员工和处理事务的难度	1. 对专业/管理能力要求极低，很大部分依赖上级	1
		2. 对专业/管理能力要求较低，大部分依赖上级	2
		3. 对专业/管理能力要求不高，一半依赖上级	3
		4. 对专业/管理能力要求高，小部分依赖上级	4
		5. 对专业/管理能力要求很高，极小部分依赖上级	5
职权与责任	是指职位职权的大小、工作失误造成的影响的范围及程度	1. 职权较小，工作失误对本部门影响小	1
		2. 职权较小，工作失误只对本部门有一定影响	2
		3. 职权大，工作失误对本部门有很大影响	3
		4. 职权较大，工作失误对组织有一定影响	4
		5. 职权很大，工作失误对组织有重大影响	5
管理层级与幅度	是指管理下属员工的层级数及管理辐射范围	1. 无下属员工，管理辐射范围很小	1
		2. 只有一级下属员工，管理辐射范围较小	2
		3. 有两级下属员工，管理辐射范围较大	3
		4. 有两级下属员工，管理辐射范围很大	4
		5. 有两级以上下属员工，管理辐射范围很大	5
工作负荷与强度	是指承担的工作的压力、脑力消耗与体力消耗的强度	1. 工作压力小，脑力消耗与体力消耗的强度较小	1
		2. 工作压力小，脑力消耗小、体力消耗的强度大	2
		3. 工作压力小，脑力消耗较大、体力消耗的强度较小	3

续表

要素	定义	等级说明及评分标准	
		等级	分值
工作负荷与强度	是指承担的工作的压力、脑力消耗与体力消耗的强度	4. 工作压力较大，脑力消耗较大、体力消耗的强度较小	4
		5. 工作压力很大，脑力消耗很大、体力消耗的强度小	5
工作环境	是指工作环境对人员身心健康的影响程度	1. 绝大部分时间在办公室里办公，环境舒适	1
		2. 一部分时间在办公室里办公，外出频率小，对身体基本无影响	2
		3. 一部分时间在办公室里办公，外出频率大，对身体影响小	3
		4. 室内工作，但对身体影响大	4
		5. 室外工作，对身体影响大	5

（3）职位薪酬体系设计

职位薪酬体系设计是职位体系设计的重要组成部分。职位薪酬等级依据每个职位的相对价值来确定，一般通过市场薪酬调查来确定每个职位的薪酬幅度，进而确定薪酬结构与水平。职位薪酬体系设计的基本原则是：不同的职位具有不同的相对价值，相对价值越高的职位对组织的贡献就越大，因而理应获得更高的报酬。

职位薪酬体系设计的关键在于科学、合理地确定能够反映职位相对价值的因素、指标和权重，并形成相应的职位说明书，清晰地对每个职位的相对价值进行客观评价。职位薪酬体系为员工的发展规划出一条科学、清晰的路线，有助于员工的自我发展和进步。需要注意的是，过于清晰、单一化的晋升路线容易忽略员工的个性特征，从而影响员工个人职业生涯的发展。

▶ 2.4.2　关键绩效指标体系设计

组织的关键绩效指标（key performance indicator，KPI）是一种目标式量化管理体系，它通过对组织内部流程输入端和输出端的关键参数进行设置、取样、计算、分析来衡量流程绩效。KPI 是把组织的战略目标分解为可操作的工作目标的工具，是绩效管理的基础。

KPI 建立的过程是一个组织进行战略思考的过程，它最终表达的是组织各层次的战略目标。作为一种战略语言，KPI 首先要回答一个基本的战略问题：组织如何成功？也就是说，组织需要通过哪些关键因素来取得哪些关键结果，从而促成组织战略愿景和目标的实现。这里引入关键结果领域（key result area，KRA）的概念，即组织为了达成业务目标，而必须取得满意结果的领域，如市场占有率、客户满意度、产品创新、组织文化等，KPI 就是用于衡量取得这些结果的关键因素的指标。

KPI 可以帮助部门主管明确主要责任，并以此为基础对部门与员工的绩效进行衡量和评价。建立明确可行的 KPI 体系，是做好绩效管理的关键。KPI 体系设计包括以下几个步骤。

（1）确定战略重点（组织级 KPI）

利用头脑风暴法和因果分析法寻找组织的关键业务，明确组织的战略目标，确定各业务领域的关键绩效指标。

（2）分解并制定部门 KPI（部门级 KPI）

各部门的主管依据组织级 KPI 确立各部门的绩效指标，并对相应部门的绩效指标进行分解，确定关键的绩效驱动因素（如技术、组织、人），明确能够实现目标的流程，分解出部门的关键绩效指标，为 KPI 体系的建立做准备。

（3）定义员工 KPI（员工级 KPI）

各部门的主管和员工共同对部门的关键绩效指标进行进一步的分解，将部门的关键绩效指标分解为更细的关键绩效指标和各个职位的业绩衡量指标。这些业绩衡量指标就是员工考核的关键因素和依据，它们便构成了 KPI 体系。

（4）确定标准

KPI 体系确立后，还需要针对其中的指标设定测评标准。指标是指以什么方式衡量或评价工作，处理"评价什么"的问题；而标准指的是在各个指标上分别应该达到什么水平、解决"被评价对象怎样做，做多少"的问题。

（5）审核 KPI

审核 KPI 可以确保 KPI 能够全面、客观地反映被评价对象的绩效，而且易于操作。每一个职位都会影响某个流程中的一个或多个活动。在制定 KPI 及进行绩效考核时，应考虑职位的任职者是否能控制相关指标的结果；如果任职者不能控制，则相关指标就不能作为任职者的业绩衡量指标。例如，应该将部门级指标作为部门主管的绩效考核指标，而不能作为基层员工的绩效考核指标。

KPI 体系建立和测评本身，就是引领全体员工朝着组织战略目标努力的过程，必将对组织的绩效管理工作起到很大的促进作用。

近年来，越来越多的组织开始关注面向流程的 KPI 体系。面向流程的 KPI 体系强调，在流程正式执行之前，组织要深刻理解流程优化的原则，并在此基础上制定符合组织战略目标和内外部现状的 KPI 体系。而且在制定 KPI 体系时，组织要与被评价对象进行反复沟通，充分征询相关部门主管和员工的想法与建议，并使他们对流程和 KPI 体系的内容达成共识，以减少后续流程执行的阻力。

▶ 2.4.3 信息技术体系设计

1. 信息技术的作用

随着时代的不断变革和信息技术的发展，越来越多的管理者意识到信息技术对流程的重要支撑作用。目前流程与信息技术的结合主要包含两个方面：一是组织通过引入信息技术来调整流程，提高效率和效益，如信息系统；二是组织通过变革流程体系和信息技术体系的管理方式，以及建立新的规范来约束员工行为，提高效率与效益。信息技术的应用拓展了流程的改进空间，推动了流程的实现和组织的变革。信息技术对组织的变革主要体现在以下几个方面。

（1）信息技术改变沟通方式

组织内部存在下行沟通、上行沟通、横向沟通和越级沟通四种沟通方式，但通常来说组织内部正式的沟通方式仅有上行沟通和下行沟通，而且多为面对面沟通。这些沟通方式的沟通成本通常较高，并且信息传递路线过长，有信息失真、信息漏传、信息错传的风险。信息技术则可以让信息进行多方向的传递，从而避免上述沟通方式的弊端，使得沟通更加顺畅、高效。

（2）信息技术改变作业方式

传统的业务流程活动需要各职位员工的深度参与，自动化水平较低，出错率较高。有统计数据表明，员工在进行文档处理、数据分析等工作时，出错概率为 0.04% 左右。随着信息技术及自动化技术的发展，很多业务操作可以通过数字机器人、自动化业务操作程序等来完成，这显著地提高了组织流程运作效率，降低了组织的运营成本。

（3）信息技术改变职能分配

信息技术让组织的职能更加分散，改变了以往信息特权只掌握在组织高层管理者等少数人手中的局面。信息技术让普通员工也能参与到组织的信息挖掘、信息处理、信息管理、信息应用等工作中。随着职能的分散，组织结构逐渐扁平化，信息技术替代了中层管理人员的部分作用，中层管理人员的职能被弱化。

（4）信息技术改变组织结构

组织理论表明，在组织规模确定的情况下，管理层次与管理幅度成反比关系。管理幅度是指上级管理人员直接管辖的下级人员的数量，体现了管理职位的复杂程度。当管理幅度较大时管理层次较少，组织结构倾向于扁平化。信息技术对组织结构的影响，首先是通过改变管理幅度实现的，管理者可以运用信息技术管辖更多的下级人员，从而扩大了组织内部的管理幅度，减少了管理层次。另外，由于信息技术使信息共享成为可能，员工可以直接从数据库中获得所需的信息，从而减少了管理人员的工作量，为管理幅度的进一步扩大打下了基础。信息技术改变了管理幅度，也就减少了管理层次，实现了组织结构的扁平化。

2．基于流程的信息技术规划

（1）流程管理与信息技术规划

流程管理是确保信息技术在组织中有效发挥作用的关键。信息技术规划要基于业务部门的需求，而信息技术功能的实现，也要有相应的流程作为支撑。在组织整体的流程管理中，信息技术是必不可少的一部分。信息技术应该与组织中的各个流程紧密结合，这样才能使信息技术更好地服务于组织的发展。因此，信息技术规划不仅是信息部门自己的事情，也是业务部门和管理部门的事情。

越来越多的企业开始关注基于流程的信息技术规划，如图 2-16 所示。

① 组织在进行信息技术规划之前，要先对流程进行梳理，即对流程进行调研和评估，明确流程层级；然后对流程进行整合，即进行流程诊断、流程接口规划、流程对接等，设计流程总图。

② 组织在流程总图的基础上进行信息技术规划，包括分析流程的信息技术支撑现状，以及流程对信息技术的要求，进行基于信息技术的流程创新，绘制信息技术应用蓝图，并制订信息技术规划实施计划。

③ 实施信息技术规划，进行基于软件产品的流程创新，设计解决方案，录入数据，并实施配套措施。

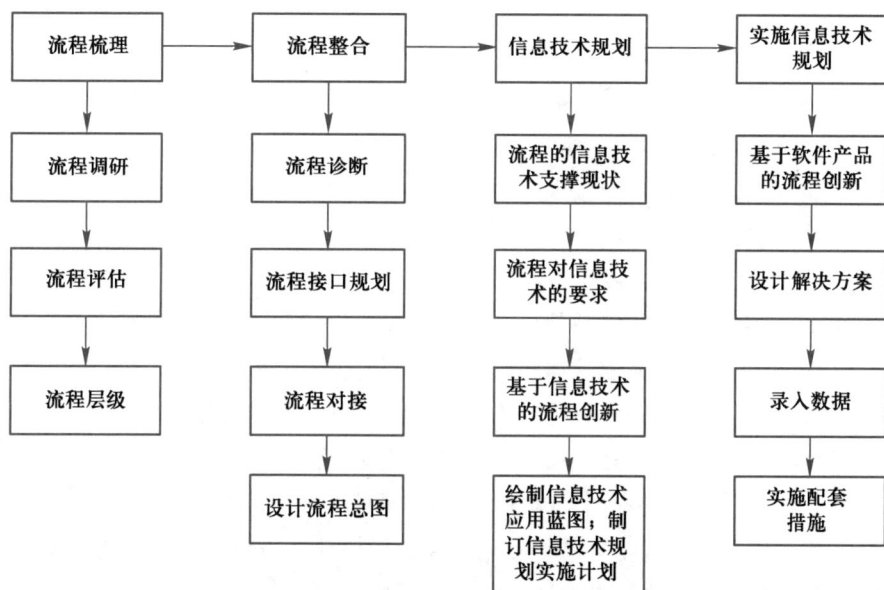

图 2-16 基于流程的信息技术规划

（2）基于流程的信息技术规划方法

① 流程信息收集与汇总。信息技术规划人员要通过收集流程管理文件、对流程开展问卷调查、对相关人员进行访谈等方式，对流程名称、支撑系统等信息进行收集。为了确保信息收集的准确性和完整性，信息技术规划人员要做好与各相关部门人员的沟通工作，对所收集的流程信息进行检查和分析，若发现有缺失信息，要及时与相关部门人员联系，以便补漏。

② 流程对接与整合。流程对接与整合工作要按照先内后外的顺序进行，先做好部门内部的流程对接与整合工作，再进行部门之间的流程对接与整合工作。流程之间的关系可以分为两种类型：一是串行流程，二是并行流程。串行流程是指一个流程的各个环节必须按照严格的顺序依次执行，每个环节的完成都是其下一个环节的前提条件；并行流程是指一个流程的各个环节可以同时进行，而不需要等待前一个

环节完成。在组织中，流程可能不是完全串行或完全并行，于是就会产生某个阶段是串行而另一个阶段是并行的混合情况，因此会比较多地涉及串行环节和并行环节的对接与整合。

③　流程与信息技术应用蓝图的匹配。基于流程总图，设计信息技术应用蓝图，对于那些尚处于手工处理状态、缺乏必要的信息技术支持的环节或活动，信息技术应用蓝图应予以重点关注，以确保组织流程中的每个活动都实现与信息技术的结合，使流程与信息技术应用蓝图相匹配。

习　题　二

1. 流程描述的概念和意义是什么？
2. 绘制流程图时需要注意哪些事项？
3. 举例介绍几种典型的流程图。
4. 流程问题分析的方法有哪些？请简要说明。
5. 流程问题分析的主要步骤有哪些？
6. 流程优化的概念与原则是什么？常见的流程优化方法有哪些？
7. 简述企业在进行流程管理的过程中遇到的主要问题。
8. 什么是流程再造？流程再造的三个特点是什么？请详细说明。
9. 流程再造的主要步骤有哪些？请详细说明。
10. 职位体系设计的原则有哪些？常用的职位分析方法有哪些？
11. 什么是关键绩效指标体系？关键绩效指标体系设计的主要步骤有哪些？
12. 流程与信息技术的结合主要体现在哪些方面？
13. 基于流程的信息技术规划方法是什么？请详细介绍。

第 3 章　信息孤岛与信息全流程管理

【本章导读】

信息系统是组织进行信息化管理和自动化管理的重要支撑，它能够为组织提供全方位的信息支持，帮助组织更好地管理流程，提高资源使用效率和客户服务质量。作为信息技术发展为流程管理带来的新方法和新工具，信息系统可以使流程管理变得更加智能化、高效化、系统化，帮助组织协调、执行、控制和优化流程，加快流程发展速度。信息系统还可以实现流程自动化，降低流程的复杂度，减少人工干预和错误率，并通过自动化流程、流程监控和分析等功能来帮助组织识别和处理流程断点问题，提高流程的完整性和准确性，保证流程顺畅、高效地运营。本章将详细介绍信息系统及其构成、信息孤岛和信息全流程管理。

【知识要点】

第 1 节：信息系统的概念、信息系统的特征、信息系统的基本功能、信息系统设计。

第 2 节：信息孤岛、流程管理信息化。

第 3 节：流程设计、面向流程管理的信息系统规划。

3.1　信息系统及其构成

随着计算机和互联网的发展，信息系统被更多地应用于组织管理之中。信息系统通过连接和处理大量的信息，为组织提供更好的管理和决策支持。最初，信息系统在组织中以单机应用为主，在这一阶段它仅应用于组织内部管理，只能处理少量的数据和流程，而且只是将纸质流程转化为电子化流程，依然需要人工干预。但是随着技术的不断进步，信息系统也经历了从单机向网络、从电子化向数字化与自动化、从内部管理到向外部拓展等多个阶段的演化：网络化的信息系统使得组织中位于不同地域的人员能够协同工作，大大提高了工作效率和速度；数字化与自动化的信息系统则可以通过优化流程管理，进一步提高流程管理的效率和质量；向外部拓展的信息系统，使组织能够与客户、供应商、股东等外部相关方进行联系，成为组织与外部环境有效沟通和合作的桥梁。本节将介绍信息系统的概念、特征、基本功能和设计方法。

▶ 3.1.1　信息和系统

在介绍信息系统的概念之前，有必要了解信息和系统的定义。

1．信息的概念

从狭义上讲，信息（information）是指具有关联性和目的性的结构化、组织化的数据，它反映了某种客观事实。信息论的创始人香农（Claude Elwood Shannon）提出了更为广义的概念，即信息是能够消除不确定性的东西，是关于环境事实的可通信的知识。在哲学上，信息被描述为物质的一种普遍属性、本质属性，事物在运动中发出一定的信号，这些能够被其他事物所感知的表征该事物特征的信号，即为该事物向其他事物所传递的信息。

信息一般具有以下几种性质。

（1）客观性

信息是对客观世界事物特征的反映，事物无时无刻不在运动、发展、变化，信息也就无所不在。由于事物的发展和变化不以人的主观意识为转移，所以信息是客观的。

（2）依附性

信息不是具体的事物，也不是物质，而是客观事物的一种属性。信息必须依附于某个客观事物（媒体）才能存在。同一个信息可以借助不同的媒体表达，如文字、图形、图像、声音、影视和动画等。

（3）时效性

信息随着时间的推移可能会失去使用价值，变成无效信息。信息的时效性是指信息从信息源发出，经过传递、加工、接收等过程，直到用于决策的这段时间间隔及其使用的效率。时间间隔越短，信息使用效率越高，就说明信息的时效性越好。

（4）价值性

信息经过加工可以形成知识，辅助管理者决策，指导人的行动，并对生产经营活动产生重要的影响。因此，信息也可以被视为一种资源，它是有价值的。

2．系统的概念

系统是由若干个部分相互联系、相互作用形成的有机整体，具有特定的功能。系统论创始人贝塔朗菲认为，系统是相互联系、相互作用的诸多元素的综合体。这一定义强调了元素间的相互作用以及系统对元素的整合作用。可以按照多种方式对系统进行分类。按照系统的构成要素和属性，可以将系统分为自然系统、人工系统和复合系统。自然系统由客观世界的自然物构成，如天体系统、生理系统、气象系统。人工系统是人为了满足某种需要，通过劳动创造的由各种要素组成的系统，如生产系统、管理信息系统、计算机操作系统。复合系统是自然系统和人工系统相结合的系统，如农业系统、环境保护系统、无线电通信系统等。

系统的基本特征包括集合性、相关性、目的性和动态性等。

（1）集合性

集合性是指系统由两个或两个以上可以相互区别的要素（或子系统）组成。单个要素不能构成系统，完全相同的要素再多也不能构成系统。

（2）相关性

系统内的每一个要素或子系统是相互依存、相互制约和相互关联的。由于它们之间存在某种"关系"，某个要素发生了变化，其他要素也往往会随之变化，并引起系统变化。

（3）目的性

人工系统和复合系统都具有明确的目的，即系统表现出的某种特定功能。系统的目的和功能又决定了系统的组成。一般情况下，一个系统可以有多重目的。

（4）动态性

系统的活动是动态的，它与其所在的环境相互交流、相互影响，并进行物质、能量和信息的交换。系统也具有生命周期，即系统本身也处在孕育、产生、发展、衰退和消亡的变化过程之中。

3．信息系统及管理信息系统

（1）信息系统

信息系统是指由计算机硬件和软件、网络和数据资源、通信设备组成，用于信息的组织和管理的人机一体化的系统。信息系统属于人工系统，它利用计算机技术实现对信息的采集、加工、存储和传输。

信息系统能够实现五种基本功能：输入、存储、处理、输出和控制。输入功能取决于系统设计所要达到的目的和信息环境的许可，是指信息系统对数据的采集和获取。存储功能是指信息系统保存各种信息和数据资料的能力。处理功能借助数据处理工具对信息进行加工，如基于数据仓库技术的联机分析处理和数据挖掘技术。输出功能即对结果的输出和呈现。控制功能是指对构成系统的各种信息处理设备进行控制和管理，通过各种程序对输入、存储、处理、输出等各个环节进行控制。

信息系统也有多种分类方式。按照处理的对象，可以将信息系统分为作业信息系统和管理信息系统两大类。按照信息系统的发展和特点，可以将信息系统分为数据处理系统、管理信息系统、决策支持系统、专家系统和虚拟办公室等类型。按照发展阶段，可以将信息系统分为电子数据处理系统、事务处理系统、管理信息系统和决策支持系统等。

随着计算机和网络技术的发展，信息系统在很多领域都得到了广泛的应用。例如，信息系统在组织中应用广泛，一个组织的管理职能，即计划、组织、领导、控制，都离不开信息系统的支持。

（2）管理信息系统

20 世纪 50 年代，西蒙提出了管理依赖于信息和决策的思想。盖尔认为，管理将以较低的成本得到及时准确的信息，做到较好的控制。1970 年，肯尼万给出了管理信息系统的定义，即以口头或书面的形式，在合适的时间向经理、职员以及外界人员提供过去的、现在的、预测未来的有关组织内部及其环境的信息，以帮助他们进行决策。1985 年，戴维斯进一步定义了管理信息系统，即管理信息系统是一个利用计算机软硬件资源、模型和数据库进行分析、计划、控制和决策的人机系统。它能够支持组织的运行、管理和决策。自此，管理信息系统逐渐应用于各种组织机构。

通常认为，管理信息系统（management information system，MIS）是一个以人为主体，通过计算机硬件、软件、网络以及物联网设备进行信息收集、传输、分析、处理、存储、更新、拓展和维护的系统，以便政府、企业或其他组织有效地配置和利用资源。

组织可以根据自己的需求，自行开发或邀请第三方开发满足自己需求和应用场景的管理信息系统。管理信息系统有多种类型，按照组织职能，可以将管理信息系统分为办公系统、决策支持系统、生产系统和信息系统；按照信息处理层次，可以将管理信息系统划分为面向数量的执行系统、面向价值的核算系统、报告监控系统、分析信息系统、规划决策系统等。

▶ 3.1.2　信息系统的特征

信息系统是一个复杂系统，它具有以下特征。

1. 信息性

信息性是信息系统的显著特征，也是信息系统区别于其他系统的主要特征。信息是信息系统的核心要素，对信息进行加工处理是信息系统的主要功能。信息系统旨在产生对外部系统有用的信息，与环境相互依存、相互作用，共同构成一个有机的信息网络。信息系统为决策服务，能够根据管理需求及时提供组织所需要的信息，帮助决策者做出科学的决策。

2. 综合性

信息系统的综合性体现在以下几个方面。

（1）兼具技术性与社会性

信息系统不仅是社会系统，也是技术系统。信息系统具有显著的社会性，其作为组织系统的一个子系统，服务于组织目标，并参与组织管理。组织的管理者、业务人员是信息系统的主导。同时，信息系统又是一个汇集各种技术和方法的系统，计算机、通信、数据库、智能处理等现代信息技术无一不在信息系统中发挥作用，由此可见，信息系统还是一个复杂的技术系统。

（2）兼具信息和物质两种元素

信息元素是信息系统的主体，物质元素则是存储和处理信息的条件。这两个元素在信息系统中紧密交织在一起，构成了一个全面的信息系统。

（3）兼具与内外部环境的联系

所有的信息系统都是开放的系统，它们不仅服务于组织内部，与组织内部环境紧密结合，还与组织外部环境进行沟通与物质协调。信息系统集成了对信息的输入、存储、处理、转换、传输、输出等环节。

3．集成性

集成是指多个相对独立的部件，根据目标的要求组成一个协调、兼容、相互关联的整体。信息系统以集成的方式构成，集成的方式有系统集成、平台集成和信息集成。系统集成是指由多个子系统集成的信息系统。例如，企业信息系统集成了生产、计划、供应、销售、人力资源、财务等多个子系统。多个相对独立的信息系统也可以集成为一个更大规模的信息系统。例如，可以将大庆油田、辽河油田、渤海油田、胜利油田等油田的信息系统集成到我国石油行业的综合信息系统中。平台集成是指在不同的软硬件平台上形成逻辑和界面一致的信息系统。信息集成是指将来自组织内部和外部的多种来源、多种形式、多种用途的信息整合成一体化的信息资源。

4．演化性

随着组织目标、环境和需求的变化，信息系统将成为一个持续发展变化的开放系统。信息系统的内涵和外延也在迅速发展和变化。如果在信息系统的应用实践中仅仅使用信息技术来提高处理速度而缺乏先进的管理方法，那么信息系统就只是减轻了操作人员的负担，其发挥的作用十分有限。运用现代信息管理思想和方法进行信息处理，为管理提供科学有效的决策支持，已经成为信息系统开发的新趋势。

5．人机结合

信息系统只能用于辅助决策，最终的决策还是要由人来做，所以信息系统必然是一个人机结合的系统。在信息系统中，各级管理人员既是系统的用户又是系统的组成部分。因此，在信息系统的开发过程中，要正确地界定人和计算机在系统中的地位和作用，设计合理的人机交互方式，充分发挥它们各自的优势，使系统的整体性能达到最优。

▶ 3.1.3　信息系统的基本功能

信息系统作为组织的一个特殊子系统，具有信息的收集、输入、传输、处理、存储、加工、输出、维护等功能，它负责收集数据并向组织的管理人员提供决策信息，与管理人员一起在整个组织中发挥着控制作用。组织通常会将系统划分成多个子系统，每个子系统为了追求自身利益最大化，都会将自己的局部目标置于整体目标之上，导致出现各子系统之间利益不一致、行动不协调等问题，最终使组织的整体利益受到损害。因此，需要协调组织内部各子系统的行动，使整体利益达到最优。

1．信息收集和输入

把分布在组织各职能部门中的信息收集和汇总起来并不难，难的是确定收集哪些信息。由于信息的不完全性，想要收集反映客观世界的所有信息是不可能的，也没有必要。以需求为导向进行信息收集是一种行之有效的方法。要根据系统目标从客观条件出发确定信息需求，根据信息需求确定信息收集的范围。确定信息需求主要有下面两种方法：

（1）决策者识别

决策者最清楚系统目标，也最清楚信息需求。可以用问卷调查或访谈的方法对决策者进行调查。

（2）系统分析员识别

决策者有时对自身的决策过程不是很清楚，不能准确地说明其信息需求，这时系统分析员可以从了解其工作过程入手，从旁观者的角度分析信息需求。

2．信息传输

信息传输包括计算机系统内部和计算机系统外部的信息传输，本质上是一种数据通信。信源、编码、信道、噪声、信号序列、信宿等是信息传输的重要组成部分。

（1）信源

信源是指信息的来源。

信息从信源发出后，一般以某种符号（如文字、图像等）或某种信号（如语音、电磁波等）的形式来呈现。

（2）编码

编码是将需要传输的信息转换成信号。

所谓"码"，是指按照一定规则排列起来的、适合在信道中传输的符号序列。这些符号的编排过程就是编码过程。

（3）信道

信道就是信息传递的通道，是传输信息的介质，如电缆、无线、微波、人工传送等。信道承担着信息的传输任务，信道容量是信道的关键参数。

（4）噪声

噪声是指信息传输过程中出现的杂音或干扰。在人工信道中，噪声可能包括由人的主观因素引起的噪声。

（5）信号序列

信号序列经过输出端的输出，被翻译成文字、图像等形式，成为接收者需要了解的信息，这一过程称为译码。译码是编码的反变换，其过程与编码相反。

（6）信宿

信宿是指信息的接收者，可以是人、机器，也可以是另一个信息系统。

3．信息处理

信息处理是信息系统最基本的功能之一，其目的是将各种信息处理成组织经营管理所需要的信息。信息处理包括计算、统计、查询、汇总、建模、排序、优化等。

4．信息存储

信息存储设备是用于存储信息的设备，通常是指将数字化后的信息利用电子媒体、磁性媒体、光学媒体等加以存储的设备，以方便用户需要时使用。在组织中，信息存储设备用于存储快速变化的控制信息和业务信息，它主要包括内部存储器和外部存储器。内部存储器存取速度快，能够与中央处理器（CPU）直接进行数据交换。外部存储器的存储容量较大，但外部存储器中的数据只有被调入内存，才能被中央处理器所使用。外部存储器一般有软盘、硬盘、光盘、移动硬盘和 U 盘等。

5．信息加工

信息加工的范围很广，从简单的查询、排序、合并到复杂的模型调试和预测，都属于信息加工的范畴。人们在信息加工的过程中使用了许多方法和工具，涉及多个领域的知识，如数学、运筹学、经济学、管理学等。许多大型系统都配备了方法库、模型库以及数据库。人工智能、大数据等技术的发展极大地提升了信息加工能力。

6．信息输出

信息系统将经过加工的信息输出，才能在组织的生产经营和管理中发挥作用。信息可以通过多种途径输出，如输出到显示屏、打印机，或者输出到硬盘、光盘、U 盘等存储设备上，或者输出到其他信息系统中。信息可以有多种输出形式，如文本、图形、报表等。

7．信息维护

将信息保持在共享状态称为信息维护，这是信息系统的重要功能。从狭义上讲，信息维护是指持续更新存储器中的数据，以保持其时效性。从广义上讲，信息维护包括系统建成后的所有信息管理工作。信息维护的主要目的是保证信息的准确性、及时性、安全性和保密性。信息的准确性，要求首先确保数据处于最新状态，其次确保数据在合理的误差范围内。信息的及时性，要求信息系统能够及时提供信息。为此，有必要合理地组织和存储信息，将常用的信息放在容易访问的地方，各种设备均应处于良好的状态下，操作规程完备，操作人员操作熟练。信息的安全性，要求采取有效措施，保护信息不被意外或人为破坏。万一损坏，修复过程也不能太麻烦。信息的保密性，要求采取一定的技术措施，如硬件加密、软件加密、口令等，并建立严格的管理制度，以保证信息内容不被非授权用户所知悉。

8．信息使用

从技术上讲，信息使用主要是指为用户提供高速度、高质量的信息。系统的输出结果应易读易懂，直观醒目。信息的输出格式应尽可能地接近用户的使用习惯。从更深的层次上讲，信息使用是指实现信息价值的转化，提高工作效率，使组织能够利用信息进行管理、控制和决策。

▶ 3.1.4　信息系统设计

信息系统通常是一套复杂的系统，要设计完善的信息系统，就要遵循一定的系统设计原则、系统设计策略和系统设计方法。

1．系统设计原则

信息系统设计是指在系统分析的基础上，将用户需求的逻辑模型转换为可以具体实施的信息系统物理模型，解决信息系统"怎么做"的问题。信息系统设计需要遵循以下原则。

（1）系统性原则

信息系统设计要从全局角度出发，做到标准统一、标准规范、代码一致，以便于实现信息和数据的共享。

（2）灵活性原则

为了有较长的生命周期，信息系统要具有开放性和结构可变性，从而具有良好的环境适应性。因此，在系统设计的过程中应尽量采用模块化结构，提高数据和程序模块的独立性，以便于模块的修改和增删，使系统升级更便捷。

（3）可靠性原则

设计的信息系统要具有可靠性，即具有抵抗外界干扰的能力和受干扰后的恢复能力。可以通过多种措施来提高信息系统的可靠性，如备份和恢复、风险管理、保密性和安全性措施等。同时，还要对系统进行定期的维护和升级，以保证其性能和功能的稳定与优化。

（4）经济性原则

在达到设计目标和满足设计要求的前提下，应尽量减少系统开发和运作的费用。一方面，选择系统硬件时要避免盲目追求技术上的先进性，而应以满足系统应用为前提；另一方面，设计系统模块时要尽量做到简洁，避免复杂化，以降低人力和时间成本。

2．系统设计策略

信息系统的设计与开发主要有两种基本策略，一是"自上而下"的策略，二是"自下而上"的策略。

（1）"自上而下"的策略

"自上而下"的策略，强调先从整体上对系统做出结构性的划分，然后从整体到局部，从高层到低层，从长期到近期，从一个组织的功能、任务、机制到内部的每一个经营管理活动的细节，对系统进行具体的分析与设计。这种策略需要很强的逻辑性，实施难度较大。它基于系统的整体性特点，即一个系统虽然由许多子系统组成，但又是一个不可分割的整体。

（2）"自下而上"的策略

"自下而上"的策略，是指从业务的实际状况出发，先开发出一个具体的功能模块，再逐步从低层到高层构建功能模块，直至建立完整的系统。这种策略一般是从某个具体任务出发，开发基本的应用功能，并根据需求逐步增加管理和控制方面的功能。它通常比较适合小型信息系统的开发和设计，可以规避大规模系统建成后可能出现的运行不协调的风险。但是由于不是从整体开发的角度考虑问题，随着系统设计工作的深入，可能会面临重大修改甚至重新规划的问题。

3．系统设计方法

信息系统的设计方法有很多，这里主要介绍结构化方法、原型法、面向对象的方法三种设计方法。

（1）结构化方法

结构化方法将整个信息系统的开发过程划分为若干个相对独立的阶段，并逐层将系统划分为多个大小适当、功能明确、具有一定独立性、易于实现的模块，从而将复杂系统的设计转变为多个简单模块的设计。

结构化方法是目前应用最广泛的一种开发方法。它注重开发的整体性和全局性，并在整体优化的前提下考虑具体的分析和设计问题，对于整体和部分的分析都较为透彻。这种方法严格划分工作阶段，在每个工作阶段都可以及时发现并纠正错误，总结经验，从而避免混乱和浪费。但是结构化方法过程烦琐，开发周期往往很长，一旦环境发生变化，调整的难度较大。

（2）原型法

原型法是指在系统开发初期不必明确系统的全部功能要求，即不需要对系统进行全面的分析和调查，而是依据系统开发人员对用户需求的理解，先快速构建一个原型系统，并在此基础上与用户进行交流，然后通过后续的反复修改和完善来实现最终的系统功能。

运用原型法的基本过程如图 3-1 所示。首先，用户对系统提出新需求，系统开发人员对用户需求进行总结，并据此开发出一个原型系统。其次，进行原型系统的试运行。用户和系统开发人员将根据原型系统的试运行情况确定是否有修改意见，如果有修改意见，则对原型系统进行修改；如果没有修改意见，则探讨是否增加新功能。如果需要修改或增加新功能，则对原型系统进行修改或完善，直到用户对系统满意为止。原型法的优点是开发周期短，效率高，能够有效地了解用户需求，降低成本和风险。原型法的缺点是缺乏对系统全面的认识，因此不太适用于大型信息系统。

（3）面向对象的方法

随着信息系统规模的不断扩大，面向对象的方法自 20 世纪 80 年代起开始流行，并逐渐成为主流的开发方法。面向对象的方法认为客观世界是由各种对象组成的，任何事物都是对象，每一个对象都有自己的运动规律和内部状态，都属于某个对象类，是该对象类的一个元素。复杂的对象可以由相对简单的对象以某种方式构成，不同的对象组合及相互作用就构成了系统。

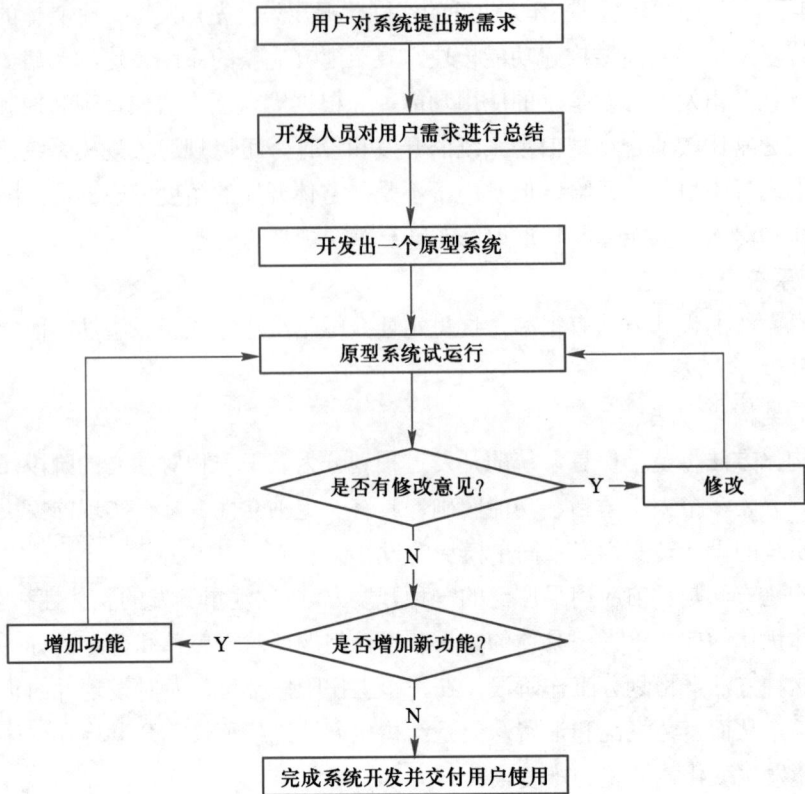

图 3-1　运用原型法的基本过程

　　面向对象的方法使系统的描述及信息模型的表示与客观实体相对应，符合人们的思维习惯，有利于系统开发过程中用户与系统开发人员交流和沟通，缩短开发周期。对象固有的封装性使得对象内部与外界隔离，具有较强的独立性，因此也能够很好地解决代码复用的问题，使得系统易改进、易维护、易扩充。然而使用这种方法开发大型信息系统具有一定的局限性，所以目前一些大型信息系统的开发，通常是将结构化方法和面向对象的方法结合起来，即先使用结构化方法自上而下地对系统进行划分，然后采用面向对象的方法自下而上地进行系统开发。

3.2　信息孤岛和流程管理信息化

　　当前，信息系统已成为组织在激烈的市场竞争中迎接挑战、实现管理变革、获取竞争优势的强有力的工具和手段。互联网等信息技术的发展，促进了跨平台、跨组织、分布式应用的迅速发展，组织信息系统的规模和复杂程度与日俱增。由于组织所采用的信息系统多是通过不同方式开发的，如自行开发、委托开发、联合开发，或购买现成的软件包进行二次开发等，加上开发的时间也不同，不同的信息系统不兼容、不匹配、互不沟通等现象日益凸显，形成了一个个信息孤岛，这就意味着组织中众多信息系统不能在不同的应用场景之间共享信息，难以实现有效的协调，不能对外部环境的剧烈变化做出快速有效的响应，从而影响组织业务的正常开展。为此，信息系统要与流程管理相互配合，实现信息化的流程管理，提高组织运营管理的效益。

▶ 3.2.1 信息孤岛的含义和类型

1. 信息孤岛的含义

信息孤岛是指各种信息系统之间功能不相关、信息不共享、信息与流程及应用脱节的现象。信息孤岛会使组织内部各个流程之间无法互通，业务处理流程出现中断，物流、资金流、信息流脱节，导致出现账实不符、管理效率低下、资源浪费、盈利能力下降等问题，影响组织运作效率。

2. 信息孤岛的类型

信息孤岛一般可以分为以下 4 种类型。

（1）数据孤岛

数据孤岛是最常见的信息孤岛类型，存在于所有需要互相联通的信息系统之间。由于不同部门之间的系统数据无法共享和交换，组织日常经营运作中所需的各项数据（如设计、生产、销售、维修、管理等方面的数据）之间出现脱节现象，导致组织需要在多个信息系统中重复输入相关数据，引发严重的数据冗余、效率低下等问题。

（2）系统孤岛

系统孤岛是指所有需要集成的信息系统之间无法互联互通。由于信息技术的发展和信息化的推进都是循序渐进的过程，组织在不同信息化阶段开发的信息系统是相互独立且不联通的。虽然组织可以通过对原有系统进行升级改造，在一定范围内实现系统之间的互联互通，以及业务的跨部门开展，但是随着时间的推移，还是会有新的系统孤岛问题产生。

（3）业务孤岛

业务孤岛是指一个完整的业务流程必须通过多个部门的系统协作完成，没有统一的业务流程管理。出现业务孤岛的原因主要是各个部门的业务都是独立进行的，彼此之间没有联通。例如，财务管理中核销问题的出现，往往就是因为采购、销售等涉及财务的业务流程与财务系统内的财务流程独立进行，导致账实不符，增加了大量的无效劳动。业务孤岛的出现，使得组织的业务流程无法正常执行和完成，给组织带来了相当大的损失。

（4）管控孤岛

管控孤岛是指控制系统和信息系统之间脱节，影响控制系统发挥作用。组织的管理者与普通员工之间需要沟通和交流：普通员工需要向管理者传递企业经营信息，同时接收上层指令；管理者也需要根据既定的信息和经营环境确定正确的战略方向和实施计划。然而，一旦出现管控孤岛，信息就无法及时共享，管理层在确定战略方向和实施计划时就会难以决断，从而阻碍了组织的建设和发展。

3. 信息孤岛产生的原因

（1）信息化发展的阶段性

信息技术的发展不是一蹴而就的，而是阶段性发展的过程。信息化建设更是随着信息技术的发展而循序渐进地开展，它经历了从初级阶段到中级阶段再到高级阶段的过程，具有明显的滞后性和阶段性。在发展过程中，由于缺乏整体规划和前瞻性不足等问题，组织往往是在某种信息技术出现后才针对某项业务活动进行信息化改进和升级，进而引入一个新的信息系统；但是引入的新信息系统常常会引发系统兼容及信息共享问题，从而导致信息孤岛不断产生。

（2）系统不统一

随着信息化的发展，不同阶段的信息系统，甚至同一阶段的不同信息系统所使用的技术、标准、应用软件、操作系统和数据库等都有可能不同。同时，这些信息系统由不同的部门开发和管理，可能存在信息标准和数据编码不兼容的问题，导致两个系统之间难以互相联通，共享信息。

（3）决策者问题

在进行信息化建设时，有的组织决策者缺乏全局观和前瞻性，仅仅针对某一流程进行信息化改造，忽视了流程的整体性和一致性，出现"头痛医头，脚痛医脚"等问题。同时，部分决策者缺乏对信息化的充分认识，盲目配置大量硬件和软件，忽略了信息资源的共享与建设问题，导致信息资源的共享与建设远远落后于信息基础设施建设，导致信息孤岛问题产生。

▶ 3.2.2　信息系统与流程管理信息化

信息孤岛严重地影响了组织中流程的高效运作，导致组织内部以及组织与外部环境信息流通不畅、信息交互成本过高。为了消除信息孤岛现象，要将流程管理信息化，即将信息技术应用于组织的流程管理工作中，通过信息化手段实现流程的自动化、集成化、智能化，进而实现信息资源的整合和协同，提高组织的工作效率和管理水平。

1. 信息系统与流程管理

（1）信息系统与流程管理之间的关系

在组织中，信息系统是为了支持和协调组织运营而设计和实现的软件系统。它包括各种应用系统和平台，并提供各种支持和服务功能，如数据管理、信息共享、决策支持等。信息系统为组织进行流程管理提供了必要的工具和手段，让组织能够更加高效地运作。流程管理需要信息系统的支持，而信息系统的价值就在于它能够为流程管理提供其所需的各种工具和资源。两者如果不能很好地结合在一起，就会出现信息孤岛现象。为了避免出现信息孤岛现象，组织需要正确认识信息系统的作用，将其纳入流程管理的框架。两者只有协同工作，才能开启组织高效运作的大门。在流程管理过程中，组织需要切实关注信息系统的作用，将其充分利用起来，从而打破传统流程管理中不合理的规则，提高组织管理效率，增加组织竞争优势。

流程管理系统本身也是一种信息系统，它是辅助流程管理的软件系统。流程管理系统，一方面能够监控流程的执行情况，自动执行流程的一些任务，提高流程管理的效率和准确性，避免因人为因素而出现流程执行错误的情况；另一方面，能够帮助组织定义和部署流程模型，并能够将流程模型从具体的软件实现中抽象并分离出来，且用一种统一、客观的方法对其进行描述，从而使组织能够快速集成各种应用程序，灵活地构建基于流程的信息系统，以适应不断变化的业务需求。

（2）信息系统对流程管理的支撑作用

信息系统是流程管理的重要支撑系统，其作用主要体现在以下几个方面。

① 数据收集与处理。组织进行流程管理的第一步是对各个环节所涉及的数据进行收集、处理和整合。信息系统可以快速、准确地收集各种数据，自动化地进行处理，并将结果反馈给相关人员，帮助组织更好地掌控各类流程。

② 数据共享与协作。组织各部门之间的协作需要数据共享。信息系统可以将技术和流程整合在一起，使得各部门之间可以很好地共享和传递信息，提高流程管理效率。

③ 流程优化与控制。组织进行流程管理的目的是优化流程、减少环节、提高效率。信息系统，一方面可以可视化监控流程的执行情况，对流程执行过程中出现的意外进行提示或处理；另一方面可以提供流程模拟与分析工具，对流程执行的情况，包括效率、成本、瓶颈、负载等进行统计和分析，并根据统计分析结果对流程进行评估，指导组织进行流程优化与控制。

④ 流程设计可视化与执行自动化。信息系统可以为组织提供可视化的设计工具，帮助组织针对具体的业务场景设计高效的流程。在流程设计过程中，信息系统可以模拟流程执行的情景，对流程进行分析、优化和持续改进。此外，信息系统还可以把流程需求转化为自动化的任务列表，自动化地协调各个流程，而且即便是错综复杂的细节工作，也能够自动化地完成，从而节约了流程执行的时间和成本，提高了流程执行的质量。

2. 流程管理信息化的功能

流程管理信息化是指组织将各种信息技术应用于流程中，对流程进行全方位的管理。流程管理信息化的核心在于将信息系统与流程管理工作紧密结合，它具有以下功能。

（1）设计合理的工作流程

分析组织内部的流程，对不同部门的流程进行统一的规划和设计，在流程的整个生命周期中实现信息的无缝对接和共享。

（2）流程自动归档和查看

流程归档和查看功能，可以将已经处理的流程自动归档，并将流程中的各种角色和动作记录下来，使得流程发起者和管理人员可以查看和参考，并监控整个流程的运作，在需要时对其进行调整和优化。这种透明化的流程管理方式也可以帮助组织完善内部流程，更好地满足客户需求。

（3）流程后台自动化运作

流程后台自动化运作功能，可以实现文件收发、出差申请和财务报销、项目申请、合同审核等流程的系统内自动化流转。同时，流程中的审批、跟踪、查询、归档和委托等功能也可以实现后台自动化运作。该功能可以确保流程得到严格执行，并避免了手动操作所带来的误差和差错，从而大大降低了组织的人力成本，加快了流程的处理速度。

（4）授权和安全特性

流程管理员通过流程角色对用户进行授权和动作设计。不同的流程角色具有不同的操作和填写表单权限；同一用户可以拥有多个角色，也可以参与多个流程。系统通过采取对用户权限进行合理分配、密码确认、内部数据加密传输、注销等安全措施，避免数据被窃取和篡改，保证数据的保密性、完整性和可用性，保障系统安全。同时，系统的安全特性也为流程的高效管理提供了保障，让管理人员和员工能够更加安心地使用系统，不必担心信息被泄露或遭到破坏。

（5）流程提醒

流程提醒功能，能够通过多重提醒的方式，帮助员工及时处理未处理的流程，以保证流程流转的及时性；能够在新流程到达时自动提醒员工，以帮助员工及时处理新的流程，提高员工的工作效率；能够避免员工因疏忽或忙碌而错过任务时间，使他们及时完成任务，从而保证了工作的连续性和准确性。

（6）基于图形的流程更改与优化

基于图形的流程更改与优化功能，能够通过提供可自定义的动态工作流设计平台，帮助员工或流程管理员根据自己的工作特点创建相应的流程。员工可以通过图形化定制的方式开发用户界面，描述相关流程，并将流程中的相关角色分配给信息系统中描述流程操作的相关元素。此外，员工还可以根据操作要求为特定角色赋予相关权限，以实现流程的优化。通过这种方式，员工可以快速地定制和高效地管理自己的工作流程，从而提高工作效率，促使流程不断优化。

总之，通过实施流程管理信息化，组织可以打破各部门之间的信息孤岛，实现信息的共享和统一管理，减少部门之间的沟通和协作难度，提高流程管理效率和效益。

3．流程管理信息化的优势

（1）缩短流程周期，降低流程运作成本

流程管理信息化是流程管理和信息技术的组合，不仅可以大幅度缩短流程周期，还可以降低流程运作成本。这种效果在跨部门、跨系统和用户的流程中尤为突出。

从技术的角度看，流程管理信息化能够使流程更容易与现有的信息系统（如 CRM 系统、ERP 系统）集成，而无须重新设计新的信息系统。

（2）提高流程管理质量

流程管理信息化可以通过流程自动化和可视化，避免人为错误并减少人为因素的影响，提高流程管理质量。首先，自动化的流程和预设的规则，能够确保流程中的各个环节和所有操作都能准确且一致地执行，这意味着流程每次执行都能获得高质量和高度可靠的结果。其次，流程管理信息化可以将流程可视化，使所有参与者都能更好地理解流程的状态和自己在流程中的角色，从而更好地进行协作。再次，流程管理信息化使得流程管理员可以跟踪和监控整个流程，并根据实时反馈的流程状态，有效地管理整个流程。最后，流程管理信息化还可以提高流程管理的一致性，确保组织内部和外部对于各项工作都有明确的期望。这样有助于组织减少混乱和不必要的沟通，并确保所有员工都在流程中执行具有统一标准的操作。

（3）固化关键流程，实现规范化管理

随着组织的发展和壮大，流程变得越来越多，也越来越复杂，这使得组织的管理变得更加困难，而且会耗费更多的时间和精力。通过流程管理信息化，可以将组织的关键流程固化并导入信息系统，然后由信息系统定义流程的流转规则，记录和控制流程中各个环节的工作时间，帮助组织减少人为因素的干扰，消除管理过程中的偏差，确保每个流程都按照固定的程序和标准运行，实现更加规范和有效的管理。

（4）提高流程管理效率

传统的流程管理常常存在着烦琐、重复、耗时和易错等问题，导致流程管理效率低下。而流程管理信息化则可以通过自动化流转、自动化审核等方式，解决流程管理中的烦琐、重复等问题，从而大幅度提高流程管理效率。此外，流程管理信息化还可以通过数据分析、监控与调度等手段，让员工更好地掌握流程处理进度，及时发现和解决流程处理中的停滞问题，进一步提高流程管理的效率。

（5）实现高效的团队合作

组织的很多流程不是仅仅靠一个部门来完成的，更多的是靠部门之间的协同合作，特别是有些组织还存在着跨地域的合作。例如，采购流程涉及生产部门、采购部门、库管部门、财务部门、商务部门、法律部门以及组织的高层管理部门。但是，组织传统的部门职能分工方式，常常使流程的跨部门协作难以实现，甚至使不同部门之间发生利益冲突等，导致整个组织的运转效率下降。而流程管理信息化则可以实现流程的无缝连接和多部门协同处理，从而能够充分发挥各部门的优势，提高整个组织的协同能力和运转效率。另外，流程管理信息化还可以通过基于角色的权限管理、工作提醒、协作沟通等，让各部门之间更加紧密地联系和协作，从而实现高效的团队合作。

（6）提供更加准确和精细的决策支持

随着流程的执行，信息系统能够以数据、图像等形式，直观地报告哪些流程设计得好，哪些流程需要改善。与传统的经验决策相比，流程管理信息化能够为决策者提供科学合理的决策依据。此外，流程管理信息化还可以利用大数据、人工智能等技术，对历史数据进行分析和预测，并实现跨部门、跨层级、跨岗位的信息沟通、业务协作和数据共享，为组织提供更准确、更精细的决策支持，帮助组织快速响应市场和业务需求的变化。

（7）向知识型组织转变

流程管理信息化通过固化流程，将那些随着流程流动的知识固化在组织里，并且可以随着流程的不断执行和优化形成组织的知识库。随着积累的不断增加，知识库会越来越全面和深入，让组织向知识型和学习型组织转变。新进入组织的员工能够通过流程固化形成的知识库不断充实自己，提高流程处理的能力。

3.3　信息全流程管理

信息全流程管理是指对信息的整个处理过程，包括信息的获取、处理、传递、存储、利用等环节进行管理、优化和控制，以确保信息在各个环节都能够正确、快速地传递并得到充分利用，实现信息价值最大化。信息全流程管理的目的是打破信息孤岛，实现组织内部信息的无缝衔接和互通。通过信息全流程管理，可以有效地梳理和整合组织内部的信息系统，实现信息的高效流通和共享。同时，信息全流程管理还可以提升组织的流程管理水平，促进组织可持续发展。

要实现信息全流程管理，就要对整个信息处理过程进行管理、优化和控制。为了实现这一目标，首先要从流程设计着手。流程设计可以帮助组织设计和构建信息处理过程。在流程设计中，组织可以对信息处理过程进行规划，明确信息的流向、处理步骤和执行人员，确定各个环节的时间、成本和质量标准，以便对信息进行全流程跟踪和优化。其次，在流程设计的基础上，要面向流程管理进行信息系统规划，建立整个信息生命周期内的数据、信息和业务流程支撑平台，支持组织对流程的高效管理和控制，实现对信息的自动化、完整化、一致性和可追溯性的管理。

▶ 3.3.1　流程设计

1. 流程设计的概念

流程设计是指对流程进行分析、优化和再造，以使流程高效、自动化和标准化的过程。流程设计的核心是建立标准化的工作流程，使工作程序化、自动化，减少不增值的业务活动。它是流程管理中的一个基础环节。

流程设计的目的在于设计一个可行的、适应市场需求和客户要求的流程，并在实践中对其进行调整。流程设计需要循序渐进地实施，并不断改进和完善，以适应市场变化和组织目标的变化。在实践中，流程设计需要以信息技术为支撑，通过信息系统的设计和实施来实现目标流程的有效运行和管理。

2. 流程设计的步骤

对于组织来说，流程设计可以实现流程的规范化、标准化和自动化，提高管理效率，降低管理成本和风险。为了确保流程设计的合理性和可行性，必须经过以下步骤。

（1）建立流程设计组织

建立流程设计组织，负责全面组织和管理流程设计的各项工作，确保流程设计方案的有效实施和流程管理的可持续性。在建立流程设计组织时，需要考虑以下几个方面的内容：

① 组织结构和人员配置：根据组织规模和流程设计的需要，建立相应的组织结构，进行合理的人员配置，明确流程设计组织的职责，以及各个岗位之间的协作关系和沟通方式。

② 制定流程设计规范和流程管理制度：建立流程设计规范和流程管理制度，明确流程设计的标准和要求，确保流程设计方案的一致性和可持续性。

③ 配备流程设计工具和软件：选用合适的流程设计工具和软件，提高流程设计效率和质量，同时还要提供相应的培训和技术支持，确保组织成员能够熟练使用流程设计工具和软件。

④ 建立流程改进机制：建立流程改进机制，定期评估流程设计方案的实施效果，收集流程改进的意见和建议，不断优化和改进流程设计方案，确保流程设计方案具有良好的实施效果并发挥长期效益。

（2）梳理并审核流程清单

对组织现有的流程清单进行梳理和审核，剔除无用流程，确保流程清单的准确性和完整性。梳理并审核流程清单的基本步骤如下：

① 收集现有的流程清单：收集现有的流程清单，包括各个部门的流程清单、各类流程设计文档、流程执行的操作手册等，并对其进行分类存档。

② 梳理流程清单：对收集到的流程清单进行梳理，评估流程清单的准确性、完整性和合理性。

③ 剔除无用流程：对于现有的流程清单，剔除没有价值和无用处的流程。例如，某些流程未被执行过、某些流程已被淘汰，或者某些流程的执行效率太低，剔除这些流程有利于减少无效的流程，提高工作效率。

④ 更新流程清单：对剩下的流程进行更新和补充，进行流程的优化，提高流程清单的实用性和有效性。

⑤ 审核流程清单：对更新后的流程清单进行审核和验证，确保流程清单的准确性、完整性和合理性。审核人员需要审查流程是否会对业务产生影响并制定后续措施。

⑥ 发布新的流程清单：发布更新后的流程清单并通知相关部门和人员，确保流

程清单的使用和执行达到预期效果。

（3）描述现有流程

描述组织现有流程的输入、输出、流程图、流程控制点等，为下一步的流程评估和分析打下基础。

① 明确流程输入：从相关部门或人员那里收集相应流程所需的输入信息，如流程所需的文件、数据等。

② 确定流程输出：确定流程可以生成哪些输出，如报告、数据、文件、表格等，同时说明输出所涉及的信息，并确认输出是否满足业务目标。

③ 绘制流程图：绘制流程图有助于组织理解流程运行现状。流程图中应包含流程的所有步骤、控制点、操作和数据流向等信息。

④ 确认流程控制点：流程控制点是指确保流程正常运行的关键步骤或关键活动。确认流程控制点有助于监控流程执行、提高流程效率，并确保流程质量符合组织的标准和要求。

⑤ 描述流程运行现状：根据流程输入、输出、流程图和流程控制点等信息，对当前流程的运行现状进行描述。描述应包括流程的目的、资源使用情况、工作流程、效率等。

（4）评估现有流程，确定流程设计方案

在流程评估和分析的基础上，确定流程设计方案，具体步骤如下：

① 收集数据：首先收集现有流程的相关数据，包括流程图、流程规则、流程数据等，以便对现有流程进行全面评估。

② 分析流程：对现有流程进行分析，确定流程中存在的问题，包括流程中的冗余步骤、重复环节、低效率操作等。

③ 评估流程：根据分析结果，评估现有流程的效率、质量、成本等指标，以便确定流程设计的目标和方向。

④ 提出改进建议：根据评估结果，提出改进现有流程的建议，包括流程优化、流程再造、流程自动化等。

⑤ 确定流程设计方案。在评估现有流程的基础上，确定流程设计方案。流程设计方案需要考虑多方面的因素，包括业务需求、技术条件、人员资源、预算等，以确保流程设计方案的可实施性。

（5）组织跨部门、多岗位讨论

组织跨部门、多岗位讨论，可以协调各个部门和岗位的意见和建议，使流程设计方案具有整体性和专业性。组织跨部门、多岗位讨论的步骤如下。

① 明确讨论目标和议程：在进行组织跨部门、多岗位讨论之前，需要明确讨论的目标和议程，使参与讨论的人员有明确的预期和目标，以节约时间和提高效率。

② 确定参与人员：在确认讨论目标和议程后，需要确定参与讨论的人员。应确保参与讨论的人员来自涉及该流程的所有关键部门和岗位。

③ 组织讨论：按照议程组织讨论，以总结和协调各部门、各岗位的意见与建议，逐步明确流程设计方案。在讨论过程中，需要记录讨论内容；在讨论结束后，需要对讨论内容进行总结和分析，形成最终的流程设计方案，并及时向有关部门和人员反馈。

④ 优化流程设计方案：通过组织跨部门、多岗位讨论，可以针对方案中存在的问题，对流程设计方案进行改进和完善，以确保最终流程的优化。

（6）信息系统调整与修改方案

根据流程设计方案，对信息系统进行相应的调整和修改，使信息系统能够为新流程的应用提供更好的支持。

① 分析当前系统：首先对现有的信息系统进行全面分析，找出信息系统与新流程之间的不匹配点，确定需要调整和修改的内容。

② 重新设计信息系统架构：根据流程设计方案重新设计信息系统的架构，确保信息系统能够充分支持和应用新流程。重点考虑新流程与信息系统之间的衔接关系、数据的共享和交换等方面。

③ 修改信息系统功能模块：根据流程设计方案，修改或重新设计信息系统的功能模块，以符合新流程的要求。例如，增加新的审批流程以及相关的功能模块、修改数据录入和查询的方式等。

④ 更新数据结构和数据量：根据流程设计方案，更新数据结构，增加或删除数据项，提高数据采集的精确性，去除重复数据等。如果更新后数据量增大，就需要提高信息系统的数据存储能力。

（7）负责领导审核

将流程设计方案提交给负责领导审核，取得负责领导的支持和批准，确保流程设计方案顺利实施。负责领导审核主要包括以下几个方面的内容。

① 评估方案有效性：负责领导需要对流程设计方案进行评估，确保它能够带来实际的效益，符合组织的战略目标、现有的组织文化和法律要求等。

② 分析方案的影响：负责领导需要分析流程设计方案的影响，特别是对组织各部门的影响。此外，还要充分考虑员工的接受度，以及在实施方案过程中可能出现的问题，制定对应的解决措施。

③ 批准方案：负责领导根据评估和分析的结果，做出最后的决策，决定是否支持和批准方案。一旦方案获得负责领导的批准，相应的实施工作就可以启动了。

（8）流程设计方案试推行

试推行流程设计方案，收集流程实施的情况反馈和效果评估，并做出相应的调整和优化。

① 明确试推行的目标：试推行的目标应该针对组织的特定目标，如提高工作效率、降低成本或提升质量等。

② 培训和准备：在流程设计方案试推行的过程中，需要对员工进行培训。例如，

如果方案涉及某个部门的员工，那么这些员工需要被告知方案变更的关键部分，并且在使用新流程之前接受相应的培训。

③ 试推行过程中的监控：需要对方案试推行的过程进行密切监控。这可以通过收集员工的反馈、检查实施的进度等方式进行。

（9）改进和提升新流程

收集新流程实施中的问题和反馈，对新流程进行修改和优化，改进和提升新流程。

① 收集和分析反馈：首先，找到受新流程影响的员工，收集他们对新流程的反馈。员工的反馈可以通过多种方式收集，如问卷调查或面对面交流。其次，对收集到的反馈进行分析，识别出新流程中存在的问题，并将其与流程设计方案进行比较，确定两者的不同之处。

② 设置优先级和修改流程：对发现的问题进行分类，并根据其重要性设置优先级。制订解决计划，并确定解决问题的责任人和所需的资源。根据解决计划，对流程设计方案进行改进。

（10）正式启用

正式启用新流程，是流程设计的最后一步。在新流程已经运作一段时间后，要对它的效果进行评估，以确保实施后的新流程达到预期的效果。

3．流程设计的方法

ESIA 流程设计方法是现代组织管理的重要方式之一。它包括 4 个核心内容：清除（eliminate）、简化（simplify）、整合（integrate）、自动化（automate）。

（1）清除

清除的目的是去除没有附加价值的步骤，这些步骤尽管看似必要，但实际上只会增加组织的生产成本，浪费资源。例如：

① 过度控制：过度控制，会导致不必要的步骤，如重复、反复检查和审批程序。

② 重叠环节：重叠环节，会导致资源浪费和需要额外的处理时间。

③ 等待时间：等待时间是指一个工人或一台机器在等待其他环节或人员完成任务时所浪费的时间，它会延长整个流程的时间。

④ 反复检验：如果能够控制流程质量，就没有必要反复检验，否则只会增加时间和成本。

⑤ 部门协调：要使不同部门或团队协调工作，就需要额外的时间和资源。

通过去除这些没有附加价值的步骤，组织可以减少不必要的工作量和等待时间，降低成本，提高效率和效益。

（2）简化

简化是指去除流程中的复杂环节，过于复杂的环节通常会增加成本、时间和资源，降低效率和效益。例如：

① 表格：过于复杂的表格会让人难以理解，也容易出现错误。

② 程序：过于复杂的程序可能需要额外的用户培训和技术支持，以及更长的开发时间和调试时间。

③ 沟通渠道：过于复杂的沟通渠道可能会让信息丢失或被误解，导致决策延误和错误。此外，过多的沟通环节还会降低沟通的效率和效果。

简化流程可以使流程更加清晰和易于理解，从而为组织节约时间和资源。

（3）整合

整合的目的是集成功能并优化流程。通过整合，组织可以最大限度地减少重复或冗余的工作，确保工作流程顺畅执行。整合涉及部门、客户和供应商。

① 部门：对部门的功能进行集成，可以帮助员工更好地协作和共享信息，避免信息孤岛和重复工作。例如，各部门可以使用在线协作工具和共享文档来进行协作及沟通，还可以使用特定的软件和工具来提高工作效率及精度。

② 客户：整合可以帮助组织更好地满足客户的需求和提高客户满意度。例如，可以使用在线客户服务来提供快速响应和定制服务。此外，可以使用客户关系管理系统来管理客户信息和跟踪销售机会。

③ 供应商：整合可以帮助组织更好地管理供应链和提高物流效率。例如，可以使用在线采购和供应商管理平台来管理供应商信息及采购订单，以确保产品按时交付和质量控制。

（4）自动化

自动化是指运用信息技术来加速流程运转，减少人工干预，提高流程的执行质量和效率。自动化包括以下几个方面的内容。

① 数据收集：通过使用传感器、扫描仪等设备，自动收集数据，避免人工操作中可能出现的错误和遗漏。

② 数据传输：通过互联网等快速、可靠地传输数据，避免数据传输中的延迟和错误。

③ 数据处理：采用人工智能、大数据等算法，快速、准确地进行数据处理，识别大规模数据中的异常情况，自动产生测试报告和优化建议。

④ 数据可视化：使用可视化软件和技术，将经过处理的数据以可视化的方式清晰地展示出来，使业务决策者能够更容易理解数据分析结果、业务现状和发展趋势，并对其进行分析和调整。

⑤ 流程活动衔接：对流程中的活动进行自动化处理，避免了烦琐的人工操作，提高整个流程的执行质量和效率。

▶ 3.3.2 面向流程管理的信息系统规划

信息系统规划是针对组织的战略目标，结合流程的需求，识别并选择要开发的信息系统并确定系统开发实践的过程。信息系统规划和流程管理之间是相互依存、

71

相辅相成的关系。信息系统规划在与流程管理相互作用的过程中，需要不断迭代和优化，以适应组织不断变化的环境和需求。信息系统规划应该以流程管理为中心，不断优化信息系统与流程之间的关系，实现流程管理的科学化和优化；而流程管理则需要借助信息系统规划和实施的成果完善流程，提高组织的管理水平。只有将两者结合起来，才能实现流程的规范化和标准化。

要实现面向流程管理的信息系统规划，首先，要突破以现有的职能分工为基础的流程的局限性，从价值链上的供应商、组织、客户的角度出发，确定组织信息化的长远目标；其次，以核心流程为突破口，对流程进行创新及规范化，并在此基础上进行信息系统规划。信息系统规划的主要步骤如下。

（1）战略规划

明确组织战略目标，确定组织发展方向，了解组织运作模式，通过调查工作过程，确定影响组织战略成功实施的因素，在此基础上定义流程和信息系统战略规划，以确保流程管理、信息系统的目标与组织目标相一致，为未来的工作提供战略指导。

（2）流程规划

流程规划是面向流程管理的信息系统规划的基础。首先，选择并分析流程，识别关键流程和需要重点关注的流程。其次，对这些流程进行设计、优化或再造，使其更加高效、可靠和灵活。最后，绘制新的流程图，形成信息系统的流程规划方案，为后续的信息系统设计和开发打下基础。

（3）数据规划

在进行数据规划时，要对流程中产生、控制和使用的数据进行识别，定义数据类。按照数据的性质和用途，可以将数据划分为不同的类别。例如，按照时间的长短，可以将数据分为历史数据、年报数据、季报数据、月报数据、日报数据等，以便数据存储和备份。按照数据是否共享，可以将数据分为共享数据和部门内部使用数据，以便合理控制数据访问权限和数据共享范围。按照数据的用途，可以将数据分为系统数据、基础数据和综合数据等，以便数据处理和分析。在进行数据规划时，还需要考虑数据采集、存储、管理、分析和应用等方面的问题，为信息系统的设计和开发打下基础。

（4）功能规划

在流程规划和数据规划的基础上，建立数据类和流程之间的关系矩阵（U/C 矩阵）。U/C 矩阵用于表达数据类与流程之间的关系，该矩阵中的行表示数据类，列表示流程，并用字母 U（use）和 C（create）来表示流程对数据类的使用和产生。根据 U/C 矩阵的结果，可以确定哪些数据类和流程之间存在紧密的联系，哪些数据类和流程之间的联系不紧密，或者根本没有关联，进而识别功能模块，确定系统的总体逻辑结构（即功能规划），划分信息系统的子系统。在进行功能规划时，还需要进一步定义和描述各个子系统的功能模块、流程以及子系统之间的接口和数据交换等，以便为信息系统的设计和开发提供指导。

（5）实施规划

在实施规划中，确定总体网络布局和资源分配是两个非常关键的环节。确定总体网络布局需要考虑整个信息系统的硬件、软件、功能、架构和安全等方面的因素，以确保系统的高性能、高可用性和高安全性。资源分配则需要根据各个应用项目的优先级和重要性合理分配资源，确保信息系统的关键应用项目能够得到足够的资源，并按照优先级的顺序逐步实施。

习 题 三

1. 什么是信息系统？信息系统在组织中的应用场景有哪些？
2. 为什么会出现信息孤岛？信息孤岛会对组织的管理造成哪些影响？
3. 如何消除信息孤岛，实现流程无缝衔接？
4. 流程管理信息化具有哪些功能和优势？
5. 信息系统与流程管理之间的关系是怎样的？
6. 流程设计的概念、步骤和方法分别是什么？
7. 面向流程管理的信息系统规划的主要步骤有哪些？

第 4 章　机器人流程自动化

【本章导读】

在企业的信息化建设中，普遍存在业务流程烦琐、流程管理自动化不足、业务监控不全面、数据统计与分析能力弱，以及人工操作多且易出错等问题。流程自动化能够帮助企业提升流程数字化、自动化和智能化水平，已成为企业数字化转型的重要工具。目前，机器人流程自动化（RPA）是应用最为广泛的流程自动化技术。本章主要介绍 RPA 的基本概念、应用价值、主要软件平台、主要类型和实施过程。

【知识要点】

第 1 节：RPA 的产生与发展、RPA 的应用价值、适合实施 RPA 的流程的特点。

第 2 节：设计器、控制台、机器人，以及主要的 RPA 软件平台。

第 3 节：无人值守机器人、有人值守机器人、桌面部署型机器人、服务器部署型机器人、云端部署型机器人。

第 4 节：RPA 的实施过程。

4.1　什么是 RPA

▶ 4.1.1　RPA 的产生与发展

1. RPA 的产生

RPA 即机器人流程自动化，是一类流程自动化软件工具，又称为数字机器人。它通过模拟人类的操作方式，将一个或多个应用系统中可重复的人工操作自动化。类似于制造业工厂里的机械机器人代替工人完成重复性劳动，RPA 在办公领域也可以代替重复的办公操作，是一种非常有用的技术。

在出现 RPA 之前，办公领域一直存在着自动化的需求。例如，基于办公自动化套件 Office 的 VBA 宏技术，可以通过可视化图形程序设计和宏录制功能，轻松地将重复的动作自动化。与 VBA 宏技术相比，RPA 更加灵活、可定制，并且能够应用于更加广泛的行业和领域。因此，RPA 正逐渐成为组织进行流程自动化的主要选择。

2012 年，HFS Research 创始人兼分析师 Phil Fersht 提出了一种无须人工干预，涉及流程和技术的外包产品——机器人自动化。同年，英国 Blue Prism 公司的首席布道官 Pat Geary 首次提出了机器人流程自动化（RPA）的概念，他在"机器人自动化"中添加了"流程"一词，用来表示一种旨在完善业务流程外包和业务流程管理的新自动化类别。

2．RPA 的定义

对于机器人流程自动化，很多机构给出了自己的定义，但目前尚无公认的统一定义。

2017 年，电气电子工程师学会（IEEE）发布了《IEEE 智能流程自动化术语和概念指南》，对 RPA 进行了定义：RPA 通过软件技术预定义业务规则和活动编排，并利用一个或多个不相关的软件系统，协作完成一组流程、活动、交易和任务，它需要在人工对异常情况进行处理后交付结果和服务。该定义强调 RPA 具有预定义规则、活动编排、串接不同的软件系统等主要特征。

2017 年，国际数据公司（IDC）在报告《RPA 软件带来业务运营变革》中给出了 RPA 的定义：RPA 能够处理基于固定规则且重复执行的流程，而不需要人类操作。在那些高度重复、单调且劳动量大的工作中，RPA 消除了对人工处理的需求。该定义表达了能够实施 RPA 项目的流程具有规则固定、重复执行和劳动量大等主要特征。

2018 年，Gartner 在其人工智能技术成熟度曲线报告中，对 RPA 进行了定义：机器人流程自动化整合了用户界面识别和工作流执行能力。它能模仿人类操作计算机的过程，利用模拟的鼠标和键盘操作来驱动与执行应用系统。有时，它也被设计成应用与应用之间的自动化处理。它虽然被称为机器人流程自动化，但实际上并不是一个物理设备，而是类似于工作流引擎和人工智能工具的软件。该定义指出，RPA 能够模仿人类，具有工作流执行能力，是软件并非物理设备。

此外，IBM 公司、麦肯锡、普华永道等机构也分别对 RPA 进行了定义，这些定义的侧重点各不相同。例如，IBM 公司对 RPA 的定义是：RPA 是利用软件来执行业务流程的一组技术，它按照人类的执行规则和操作过程来执行同样的流程。麦肯锡对 RPA 的定义是：RPA 是一种可以在流程中模拟人类操作的软件。它能够更快速、更精准且不知疲倦地完成重复性工作，使人们投入到更加需要人类脑力的工作中。普华永道对 RPA 的定义是：RPA 利用了流程自动化技术及更易于配置的数字机器人，业务人员只需要具有少量的信息技术知识，在接受快速培训后就能操作，以替代手工工作。

3．RPA 的发展

RPA 提供了低代码程序设计环境，对于适合自动化的业务环节，用户通过拖曳和录制可视化流程等方式，只进行少量或无代码程序设计，即可创建 RPA 项目。RPA 像一座桥梁，可以将各个业务系统连接起来，实现数据互通；同时也像一种黏合剂，将流程、内外部系统数据和人员有机地结合在一起。随着流程管理理念的渗透与人工智能技术的发展，RPA 逐渐向高度流程驱动的软件产品形态演进。

随着技术的不断发展，RPA 越来越受到人们的关注。目前，国外主要的厂商有 UiPath、Automation Anywhere、Blue Prism 等。根据 Gartner 的报告，UiPath 是目前全球市场份额最大的 RPA 厂商。中国的 RPA 起步较晚，但是发展迅速，近年来，众多中国科技企业积极布局 RPA+AI 技术解决方案，构建拥有自主知识产权的 RPA 软件平台，极大地促进了我国 RPA 的发展。根据相关统计数据，2021 年，我国 RPA 市场规模约为 24.2 亿元，同比上升 34%。在下游应用市场中，银行、保险、证券等金融机构的 RPA 市场规模约占 RPA 总市场规模的一半。目前，随着我国 RPA 市场的日渐成熟，企业对 RPA 的需求量激增，RPA 的业务对象已涵盖金融、银行、保险、客户服务、财务、制造业以及传统人力资源企业。

▶ 4.1.2　RPA 的应用价值

企业在信息化建设过程中，为了满足设计、生产、销售、财务、人力资源等不同业务的需求，应用了大量的信息系统（如 Office、ERP 系统、SCM 系统、CRM 系统等）。然而，这些信息系统类型繁多，数据多源异构，导致组织之间、部门之间数据流通困难，无法快速形成高质量的数据。RPA 在不同的信息系统之间搭建起桥梁，将各个信息孤岛连接起来，形成一个自动化平台，目前，RPA 已成为流程管理的重要工具，其应用价值体现在以下几个方面。

1．准确性高

人类工作容易受到身心状况、外界干扰等多种因素的影响。不同个体的工作质量也存在很大的差异，即使在严格的规章制度的约束下，也无法避免出错。RPA 可以用数字机器人替代一些重复的劳动，消除主观因素的干扰，提高流程执行的准确性，有效避免工作中因人为失误而造成的损失。

2．效率高

机器人的工作效率远高于人类，而且可以 7×24 小时不间断地处理规则明确、重复性高的工作。这使得员工可以专注于更具战略性、创造性的工作，提高组织运作效率和竞争力。

3．合规度高

RPA 使得流程基于预先制定的明确规则，执行过程和执行结果具有确定性，每个步骤都可记录、可审查，从而保障了流程的合规性，改善了组织的运营模式。

4.优化和再造流程

RPA使企业可以重新审视流程，以及优化和再造流程，并可以充分挖掘流程管理在企业运营中的潜能，完善企业整体布局。

5.跨系统、跨应用

RPA可以打破企业中各个部门和各个信息系统之间的壁垒，消除数据孤岛，使数据更好地在业务运营中流转。并且可以对数据进行计算和分析，为整个企业乃至整个价值链提供高质量的数据源。

6.非侵入

RPA的实现方式是模拟人的操作方式与信息系统的用户界面进行交互，不涉及信息系统的底层结构与接口。它能够在不影响原有信息技术基础架构的情况下融入流程，在实现流程自动化的同时，保持原有信息系统的平稳运行，保障原有数据的安全性和完整性。

7.低代码

与传统的信息系统开发和运维相比，RPA编码工作量少，项目开发和实施的周期短，部署和运维的成本低。无论是大型企业还是中小型企业，都能快速部署和应用RPA项目，并迅速产生显著效果。

▶ 4.1.3 适合实施RPA的流程

流程自动化的目的是提升工作效率，它能够针对重复性高、规则性强的流程，形成更高效的业务流。在梳理流程的过程中，可以从以下几个方面综合考虑，挖掘适合实施RPA的流程。

1.规则明确的流程

RPA严格遵守固定的规则，并进行固定的操作。因此，流程必须具有明确的规则，这样RPA才能根据既定的规则自动完成任务，从而实现高效率和零误差的目标。

2.工作量大的流程

对于涉及大量数据的处理工作，如大量数据的计算、核对、验证、判断、审核等工作，或者数据量虽然不大但是处理频率高的工作，利用手工操作完成需要耗费大量的时间，而如果使用RPA，则可以节省大量的时间。因此，RPA是很有价值的。

3.运行环境稳定的流程

由于RPA模仿人工在计算机中进行操作，需要一个稳定的运行环境，因此流程在硬件配置、软件界面、业务逻辑、交互方式等方面要相对稳定，否则会大大增加实施成本。

4.要求数据精确的流程

在对数据准确性要求较高的工作场景，如数据录入、数据核对等场景中，使用RPA能够有效规避数据风险。

4.2　RPA 软件平台

▶ 4.2.1　RPA 软件平台架构

目前，主流厂商的 RPA 软件平台主要由设计器、控制台和机器人三部分组成。此外，通过集成流程挖掘工具，深度融合光学字符识别（optical character recognition，OCR）、自然语言处理（natural language processing，NLP）、计算机视觉（computer vision，CV）、机器学习（machine learning，ML）、深度学习（deep learning，DL）等人工智能技术，RPA 的功能正在被不断拓展。RPA 软件平台的整体架构如图 4-1 所示。

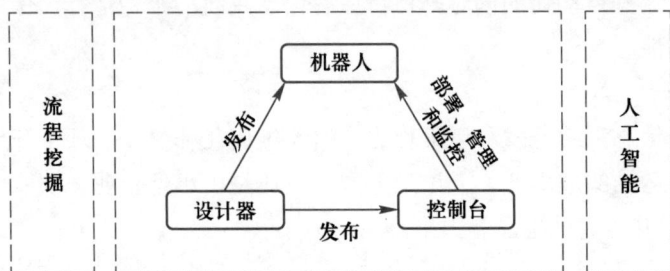

图 4-1　RPA 软件平台的整体架构

1．设计器

设计器负责机器人的脚本开发，是 RPA 的规划者。利用设计器，开发人员可以根据具体的流程自动化需求，在对流程进行梳理和优化的基础上，通过编码开发、低代码图形化界面编排、流程界面录制等方式生成机器人执行脚本，进行流程设计、调试和发布。

2．控制台

控制台负责部署、管理和监控机器人，是 RPA 的管理者。控制台可以提供机器人的许可和运行、任务分配、任务启动和停止、运行状况监控及数据分析、权限控制、机器人集群管理等功能，确保机器人能够高效、稳定地运行。

3．机器人

机器人负责根据设计的脚本执行流程，是 RPA 的执行者。机器人能够按照规则的要求读取、处理来自应用程序、文档和数据库的内容，能够处理结构化、半结构化和非结构化的数据。

▶ 4.2.2　RPA 软件平台

1．RPA 软件平台选择的主要依据

（1）《Gartner 机器人流程自动化魔力象限报告》

2022 年 7 月，Gartner 发布了 2022 年度的《Gartner 机器人流程自动化魔力象限报告》。RPA 魔力象限（magic quadrant）由 Gartner 于 2006 年提出，是对某一特定时间内的 RPA 市场情况的图形化描述，它描述了 Gartner 依据一定的标准对 RPA 厂商所进行的分析。在此次报告中，Gartner 从执行与愿景两个维度对全球 15 家 RPA 厂商进行了全面的考察和分析，通过评估厂商在产品服务、创新能力、市场能力、发展战略、商业模式等多个方面的表现，为企业选择 RPA 软件平台提供参考。

Gartner 将 RPA 行业看成是一个完整的业务生态，并将这个业务生态中的供应商定义成 4 个象限：行业领导者、挑战者、远见者和利基市场参与者。四象限的划分意味着 RPA 行业的健康发展：行业领导者与挑战者推动着行业的进步；利基市场参与者完善行业的服务；远见者指引行业的前进方向。魔力象限便是指这个生态圈中的不同角色。

（2）《IDC MarketScape：中国 RPA 软件平台厂商评估，2021》

国际数据公司（IDC）于 2021 年 1 月首次启动了关于中国 RPA 软件平台厂商评估的研究，并于 2021 年 7 月发布了最终的研究结果——《IDC MarketScape：中国 RPA 软件平台厂商评估，2021》。这是国际数据公司发布的首个针对中国 RPA 市场的 MarketScape 系列报告，从厂商能力、发展战略、收入规模三个维度，为企业选择 RPA 软件平台提供依据。

2. 常见的 RPA 软件平台

（1）Blue Prism RPA

Blue Prism（简称 BP）公司成立于 2001 年，是一家英国软件公司，专注于企业流程自动化软件的开发和制造，旨在用 RPA 替代低回报、高风险、人工输入和处理数据的工作。2016 年 3 月 18 日，Blue Prism 公司在伦敦证券交易所上市，并于 2019 年开始在中国开展业务。Blue Prism 公司主要为大型企业提供完整、可靠、合规、稳定的 RPA 整体解决方案，强调 connected-RPA 理念，在 connected-RPA 的部署下，机器人与人、机器人与机器、机器人与机器人协同合作，共同成为企业的下一代劳动力，帮助企业提升关键流程的效率。

（2）Automation Anywhere RPA

Automation Anywhere 公司成立于 2003 年，于 2019 年进入中国市场。Automation Anywhere 公司提出"RPA 即服务"方案，并于 2019 年 10 月 5 日推出了业内首个云原生平台——Automation Anywhere Enterprise A2019。该平台实现了在云端完成 RPA 产品的交付和运维，部署周期短，支持按需扩容，适用于更多业务场景。2020 年 11 月，Automation Anywhere 公司发布了智能数字助手 AARI（Automation Anywhere robot interface），它是连接人与机器人的流程自动化平台，将消费级的体验引入企业的流程自动化，主要解决企业流程自动化的难题。2021 年 3 月，Automation Anywhere 公司推出了人工智能驱动的全新一体化云原生企业自动化平台 Automation 360，该平台既可以部署在云端，也可以作为混合解决方案，将本地基础设施与云相结合。在 Automation Anywhere 公司之后，各 RPA 厂商纷纷推出了云原生平台和产品。

3. UiPath RPA

UiPath 公司成立于 2005 年，是实力强劲的 RPA 厂商，专注于研发企业级 RPA 平台，业务遍布全球各地，其客户由大型企业和中小型企业客户组成，结构比较均衡。UiPath 于 2021 年 4 月在美国纽约证券交易所上市，并于 2018 年 11 月正式进入中国市场。UiPath 提出了"人手一个机器人"的愿景，注重产品的易用性，产品线丰富且具有创新性。UiPath RPA 平台主要由 UiPath Studio、UiPath Robot、UiPath Orchestrator 组成，这套简单易用的开发环境现在已成为各 RPA 平台的基本框架。

4. UiBot RPA

UiBot 是来也科技研发的一款 RPA 开发软件。来也科技成立于 2015 年，总部位于北京，致力于成为人机共生时代具备全球影响力的智能机器人公司。UiBot RPA 是一套智能自动化平台，包含机器人流程自动化（RPA）、智能文档处理（IDP）、对话式 AI（conversational AI）等，支持 Windows、Android 和 Linux 等系统。来也科技已获得数十项专利和国家高新技术企业认定。

5. Cyclone RPA

Cyclone RPA，即 Cyclone 数字员工，是弘玑 Cyclone 具有自主版权和知识产权的 RPA 产品。弘玑 Cyclone 成立于 2015 年，总部位于上海，是一家基于"数字员工"产品推出行业解决方案的企业，为用户提供行业集成解决方案。2021 年 10 月，弘玑 Cyclone 发布了行业首个企业级 RPA 自动化平台，该平台能够贯穿企业数字化转型的全部阶段，成为数字化时代企业级架构的一个重要组成部分。

6. WeAutomate RPA

华为从 2014 年开始自主研发 RPA 产品，最初供公司内部使用，主要应用于电信领域，而后逐步应用到制造、财经、人力资源管理、零售、审计、供应链等 20 多个业务领域，有效地支撑了华为的数字化转型。华为 RPA 在经历了多年的技术迭代与能力增强之后，发展成为通用智能的 RPA 产品 AntRobot RPA，其具有较强的稳定性和安全性。2020 年 12 月 3 日，华为发布机器人流程自动化产品 AntRobot RPA 2.0。2021 年，华为将品牌升级为基于数智平台的 WeAutomate。2021 年 11 月，华为发布了覆盖全场景、全生命周期的企业级超自动化架构 RPA 产品 WeAutomate 3.0，旨在通过自动化赋能政府和企业数字化转型与智能化升级。

4.3 RPA 机器人的类型

对于目前国内外主流的 RPA 产品，可以从不同的角度进行分类。下面从工作模式、部署模式和应用领域三个角度，来介绍几类 RPA 机器人。

1. 按照工作模式分类

根据机器人的工作模式，可以将 RPA 机器人分为无人值守机器人和有人值守机器人两种模式。

（1）无人值守机器人

无人值守机器人是指机器人自动按照既定的规则处理流程，无须人工干预，也称为后台机器人，它能够做到 7×24 小时的不间断运行，适用于执行具有固定时间和频率、高度规则化且逻辑清晰的任务。

（2）有人值守机器人

有人值守机器人是指需要人工介入流程来触发任务或部分流程，并监督和处理流程执行的过程和结果，也称为前台机器人。这种机器人需要采用人机协同的方式完成任务，不能完全替代人工操作，也不能做到不间断运行。它适用于执行时间不确定、需要人工干预机器人运行状态的任务。

2. 按照部署模式分类

按照机器人的部署模式，可以将 RPA 机器人分为桌面部署型机器人、服务器部署型机器人和云端部署型机器人。

（1）桌面部署型机器人

桌面部署型机器人是指部署到桌面计算机上运行的机器人，一般是面向个人用户的轻量级 RPA 产品。这类机器人的使用和管理往往由个人用户完成，旨在帮助个人用户处理重复性的工作，具有简单、便捷的特点。

（2）服务器部署型机器人

服务器部署型机器人是指部署到服务器端虚拟桌面环境中的机器人，是常见的企业级 RPA 部署方式。这种部署模式需要定制与企业内其他系统相配合的 RPA，并构建与企业安全策略相匹配的环境，以实现机器人资源在企业中的共享和复用，为企业的发展战略服务。这种机器人对安全性、稳定性的要求较高，通常会有相应的管理组织和管理措施，如采用机器人卓越中心（CoE）管理方式。

（3）云端部署型机器人

云端部署型机器人是指通过云计算提供服务的 RPA 机器人，控制台被部署在远程的云服务器上。随着云计算的发展，云原生方式成为云端部署的趋势。在云原生的 RPA 软件平台中，机器人的开发、管理和运行都在云端进行。用户无须下载和安装 RPA 客户端，即可在任何时间、任何地点，通过浏览器直观地构建和使用机器人，最大限度地降低对本地环境的依赖。微服务、容器化、DevOps 和持续交付是云原生的四大核心技术。云原生的 RPA 软件平台可以通过敏捷的 DevOps 流程实现持续交付，并且可以基于弹性云基础架构部署到容器中，作为完整的功能单元进行微服务部署。

3. 按照应用领域分类

RPA 的应用范围非常广泛，几乎在任何重复性、规律性和烦琐的工作场景中都有应用的机会。

目前，RPA 主要应用于银行、证券、保险、医疗卫生、制造、电信、零售、物流等行业，且呈现出不断拓展和延伸的趋势。其涵盖的业务领域主要有财务会计、人力资源、审计、销售、供应链、采购、客户服务、IT 服务等。RPA 在不同的业务领域被赋予了不同的名称，构成了丰富的 RPA 类型。

4.4　RPA 的实施过程

作为一种新型的信息系统，RPA 的实施过程与传统信息系统是一致的，但是又具有自身的特点。RPA 一般是对现有的流程进行自动化改造，它将现有的多个信息系统串联起来，在开发方式上采用编码、低代码甚至无代码的方式，开发周期较短，开发成本较低。因此，RPA 的实施具有短、平、快的特点。

RPA 的实施过程一般包括 6 个阶段，即流程评估、需求分析、流程设计、项目开发、测试部署、运维优化，如图 4-2 所示。

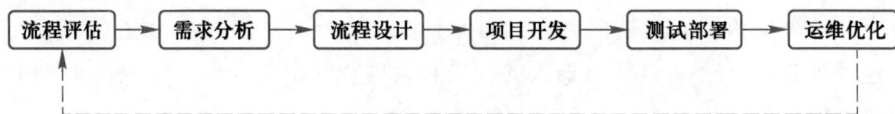

图 4-2　RPA 的实施过程

1．流程评估

在流程评估阶段，首先收集并分析业务需求和业务瓶颈，这有助于确定哪些流程需要自动化，以及为实现流程自动化提供指导。其次，了解候选流程的自动化难度和收益情况。一些流程自动化难度较大，尽管收益可能更高，但需要更长的开发和测试时间。而某些流程，虽然收益较低，但实施起来很容易，这些流程是自动化的最佳选择。最后，充分理解流程。对流程缺乏了解，可能会使 RPA 开发人员对其适合性做出错误判断，导致企业投入大量资源却无法得到理想的成果。因此，在流程评估阶段应该充分考虑企业实际的业务情况，并对所有候选流程进行逐一评估，以确定适合实施 RPA 的流程。

2．需求分析

在选定适合实施 RPA 的流程后，就要对流程进行深度梳理，确认流程细节，了解这些流程对 RPA 实施的需求。在需求分析阶段，首先，用 RPA 的思想来重新设计和优化流程，以达到流程自动化的效果。其次，绘制流程图和编制流程定义文档等资料，以便更好地理解流程和记录必要的资料。流程图可以将流程可视化，并显示流程各个环节之间的关系，为新流程的设计提供指引。流程定义文档则可以系统地描述流程以及实现流程自动化的细节和要求。最后，考虑 RPA 的实施要求，如输入输出格式、涉及的系统和数据库的规格等。

3．流程设计

在流程设计阶段，首先在需求分析的基础上，形成基于 RPA 模式的新流程。其次，明确定义新流程的逻辑细节，并设计 RPA 实施方案。最后，将流程设计过程中的操作步骤和业务规则文档化，以帮助 RPA 开发人员更好地理解设计的流程和 RPA 功能，为后续 RPA 的实施提供指导。

4．项目开发

在项目开发阶段，RPA 开发人员将根据流程设计文档，在设计器中进行流程设计、开发和调试。通常情况下，在 RPA 开发过程中会使用录制功能，以减少工作量。但是，对于复杂的场景，如分支逻辑或循环逻辑，则无法使用录制功能。华为 WeAutomate Studio 为此提供了一个友好且功能强大的控件库，允许 RPA 开发人员快速完成项目开发。

5．测试和部署

测试和部署是 RPA 实施中的两个关键步骤。在测试阶段，需要制定流程测试方案，并对流程进行系统性的测试，以确定流程的准确性、稳定性和完整性。在测试过程中，需要考虑不同的测试场景，并尽可能模拟实际的操作流程。如果发现错误或需要进行优化的地方，则需要修改流程并再次测试。在测试完成后，需要制定上线部署方案并将流程部署到正式环境中。在部署阶段中，需要确保流程的配置和参数设置正确，并严格按照部署方案操作。

6．运维和优化

在 RPA 运行的过程中，需要对其进行性能监控和持续支持，并依据其运行情况和企业的业务要求，不断进行改进和优化。

如果业务、图形用户界面或交互数据发生变化，则需要从流程评估阶段开始重复以上过程。因此，整个 RPA 的生命周期是一个循环迭代、不断演化的过程。

习 题 四

1．RPA 的应用价值有哪些？
2．适合实施 RPA 的流程具有哪些特点？
3．RPA 软件平台的架构由哪些部分组成？
4．请描述 RPA 的实施过程。

第 5 章 数字机器人技术

【本章导读】

前面介绍过,机器人流程自动化是一种软件技术,它可以使用数字机器人模拟人类的操作,在不同的系统之间收集数据、处理数据、自动执行流程。本章将以华为 WeAutomate 平台为例,介绍数字机器人技术的基础知识,主要内容包括:WeAutomate 开发平台的下载、安装、界面布局;基于 WeAutomate 平台创建 RPA 项目的方法;数据与流程控制的基础知识;办公自动化、UI(用户界面)自动化、邮件自动化、文件处理自动化、图像识别自动化。通过学习本章的内容,读者能够掌握实现流程自动化的基本方法。

【知识要点】

第 1 节:WeAutomate Studio、Management Center 和 Robot,WeAutomate Studio 的下载与安装方法,WeAutomate Studio 的界面布局,Robot 的下载与安装方法,Robot 的界面布局。

第 2 节:创建项目、发布项目、UI 录制。

第 3 节:变量、数据类型、变量赋值。

第 4 节:字符串基本操作符、字符串处理方法、文本处理控件;创建列表、列表处理方法;创建字典、字典处理方法;创建日期时间对象、datetime 类处理方法。

第 5 节:分支结构;While 循环、Do-While 循环、For 循环;break 与 continue,调用子流程。

第 6 节:表格读取类控件、表格写入类控件、通用操作类控件、Word 自动化控件。

第 7 节:Web 应用自动化控件、UI Selector 定位网页元素、DataFrame 对象、表格数据处理控件、XPath 定位网页元素、桌面应用自动化控件。

第 8 节:发送邮件控件、获取邮件控件、授权码。

第 9 节:文件处理控件、移动文件控件、压缩文件控件。

第 10 节:OCR、图像识别控件、增值税发票识别控件。

5.1 数字机器人

▶ 5.1.1 华为 WeAutomate 平台简介

华为 WeAutomate 平台的组件主要包括 WeAutomate Studio、Management Center 和 Robot。

WeAutomate Studio 是基于 Python 的流程自动化设计器。用户可以通过其内置的录制器、拖曳动作，以可视化的方式快速地设计和编写自动化工作流程，因此只需要具备基本的程序设计知识即可。WeAutomate Studio 内置 Robot 功能，可以方便地进行流程的调试、验证和自动化执行。

Robot 也称为机器人助手，用于执行由 WeAutomate Studio 设计和发布的自动化流程包。这些自动化流程包既可以来自本地计算机，也可以来自 Management Center 的调度命令。

Management Center 即机器人管理中心，是负责集中调度、管理和监控所有 Robot 的平台，它统一管理机器人资源，调度机器人执行任务，监视流程执行状态并统一对敏感信息进行安全加密。

WeAutomate Studio 与 Robot 有三种安装方式。

方式一：只安装 WeAutomate Studio，不安装 Robot。由于 WeAutomate Studio 中自带 Robot，因此流程的设计和执行都可以在 WeAutomate Studio 中进行，Robot 对用户不可见。

方式二：不安装 WeAutomate Studio，只安装 Robot。一般在自动化流程已经完成设计、测试的情况下，直接将流程部署在安装有 Robot 的环境中，由 Robot 直接执行。

方式三：同时安装 WeAutomate Studio 和 Robot。这种模式一般针对企业级用户。

▶ 5.1.2 WeAutomate Studio 的下载与安装

本书以适用于 Windows 操作系统的教育版为例进行介绍。

1. 下载 WeAutomate Studio

打开华为 RPA 官网，登录华为账号（若无华为账号，需要按照提示先完成账号注册）之后，在"产品下载"模块中，依次选择"设计器""Windows""教育版"，单击"下载"按钮，下载 WeAutomate Studio，如图 5-1 所示。华为 RPA 官网提供了两套开发平台：面向企业用户及个人开发者的商业版和面向高等学校师生的教育版。

2. 安装 WeAutomate Studio

下载安装包后，将其解压缩为一个 exe 类型的安装文件，然后进行安装。具体的安装步骤如下。

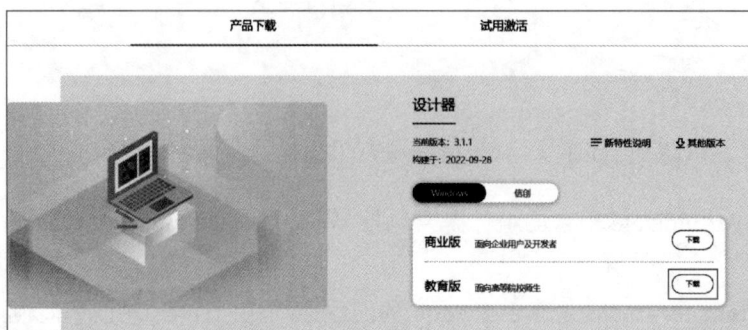

图 5-1　下载 WeAutomate Studio

（1）执行安装文件，选择语言，如图 5-2 所示。

图 5-2　选择语言

（2）弹出安装向导，单击"下一步"按钮，如图 5-3 所示。

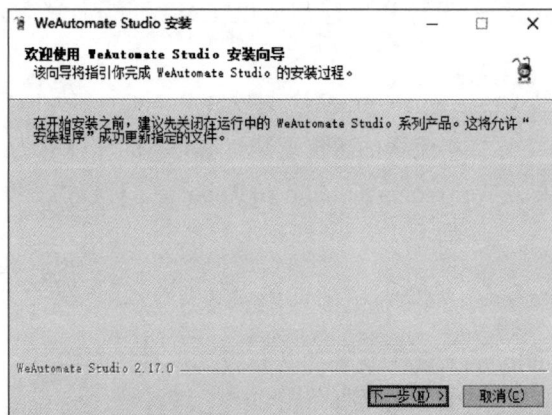

图 5-3　安装向导

（3）弹出自定义资产包证书公用名，使用默认内容，单击"下一步"按钮，如图 5-4 所示。

（4）弹出隐私数据使用协议，选中"我同意'隐私数据使用协议'中的条款"复选框，单击"下一步"按钮，如图 5-5 所示。

（5）选定安装位置，单击"安装"按钮，如图 5-6 所示。

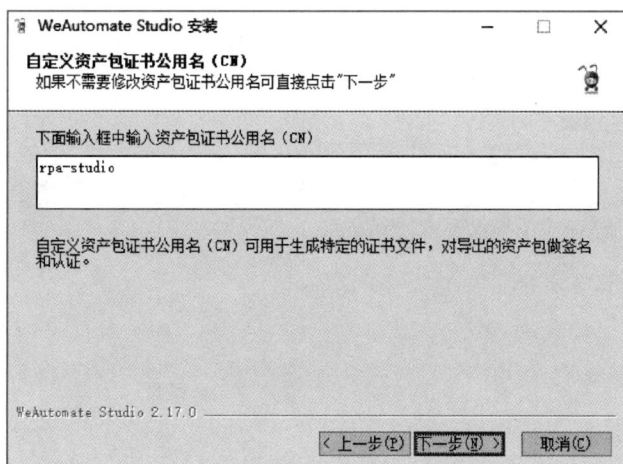

图 5-4　自定义资产包证书公用名

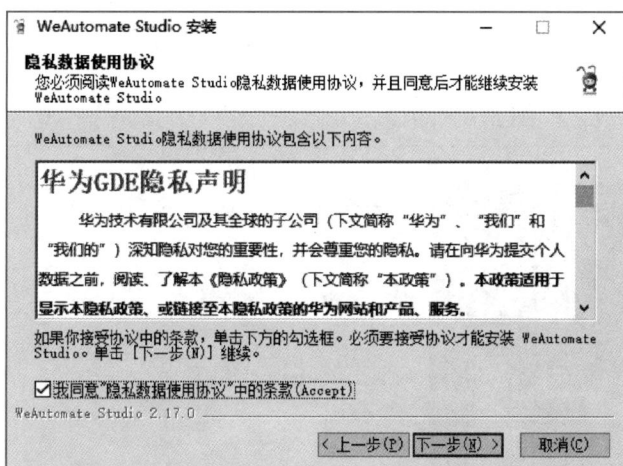

图 5-5　隐私数据使用协议

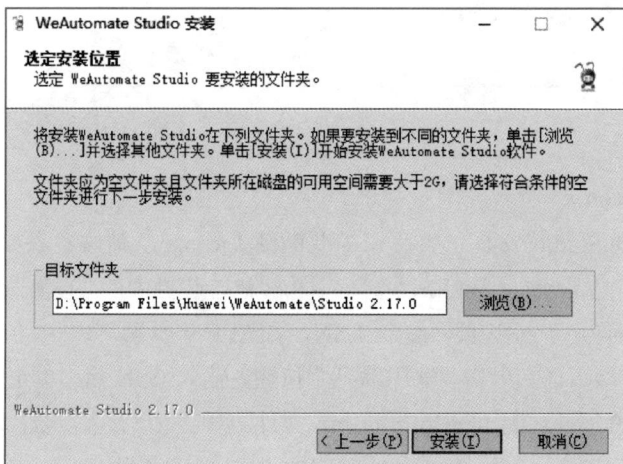

图 5-6　选定安装位置

（6）安装 WeAutomate Studio，如图 5-7 所示。

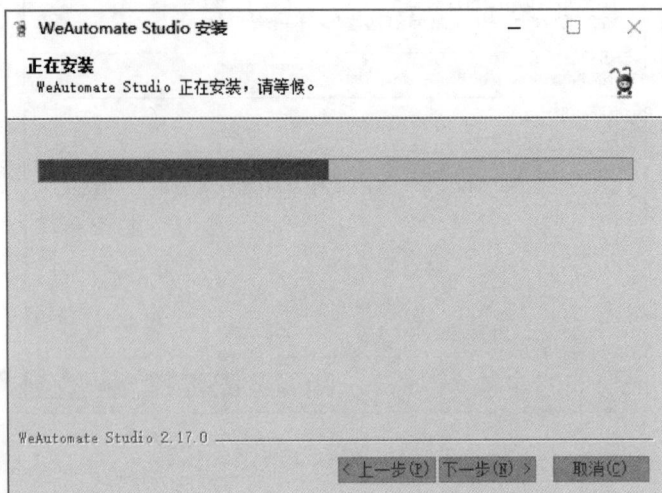

图 5-7　安装 WeAutomate Studio

（7）安装完成，如图 5-8 所示。

图 5-8　安装完成

3．激活 License

WeAutomate Studio 安装完成后，需要激活 License，具体步骤如下。

（1）启动 WeAutomate Studio，选择界面左侧导航栏中的"设置"标签，选择"许可"进入"申请许可"标签页，复制 ESN，如图 5-9 所示。

（2）进入官网页面，单击"试用激活"按钮，输入 ESN 后，单击"获取 License"按钮，如图 5-10 所示，即可下载一份 bin 文件。

（3）下载完毕后，返回 WeAutomate Studio，参考步骤（1）进入"许可"标签页，单击"导入"按钮，选择步骤（2）下载的 bin 文件，如图 5-11 所示。

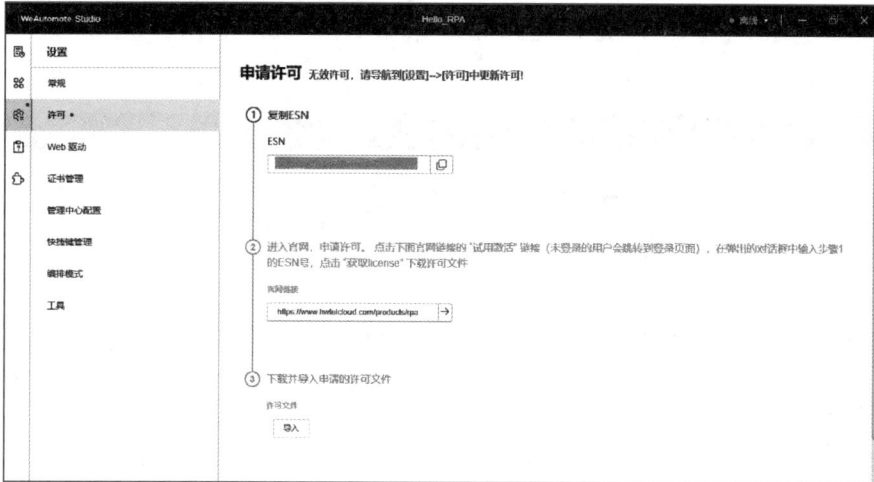

图 5-9　WeAutomate Studio License 激活界面

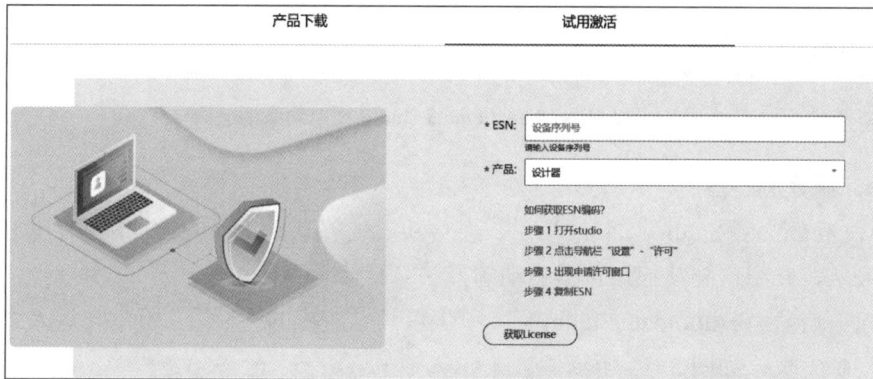

图 5-10　获取 License

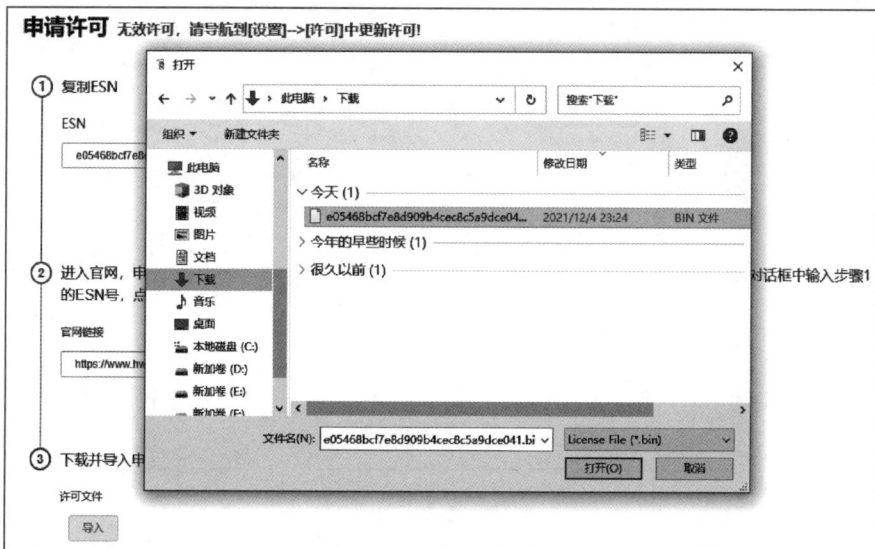

图 5-11　WeAutomate Studio 导入许可文件

（4）导入成功后，WeAutomate Studio 将被激活，并且显示有效期，如图 5-12 所示。

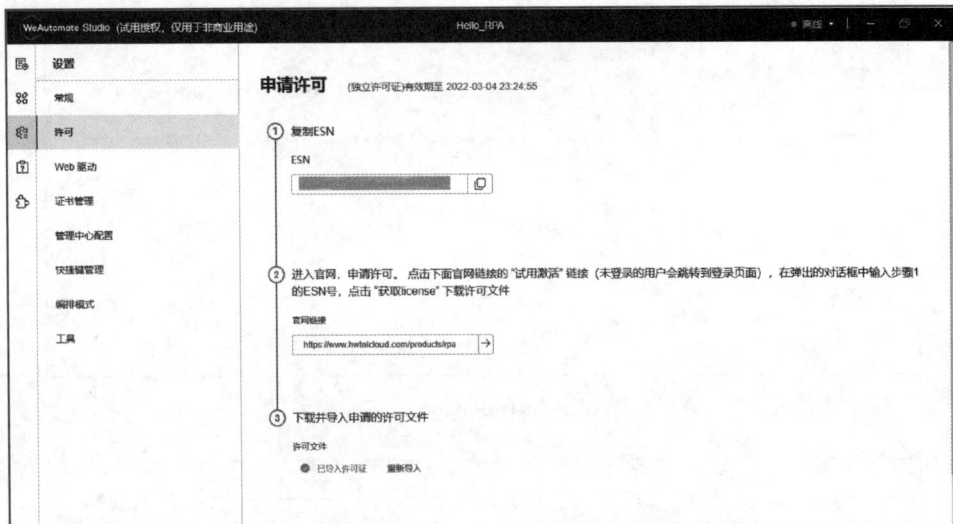

图 5-12　WeAutomate Studio 被成功激活

4．配置浏览器

WeAutomate Studio 安装成功后，会自动安装谷歌浏览器的插件。下面以 IE 浏览器为例，介绍安装其他浏览器驱动的方法，具体步骤如下。

（1）启动 WeAutomate Studio 后，单击左侧导航栏的"设置"标签，进入"Web 驱动"标签页，如图 5-13 所示。

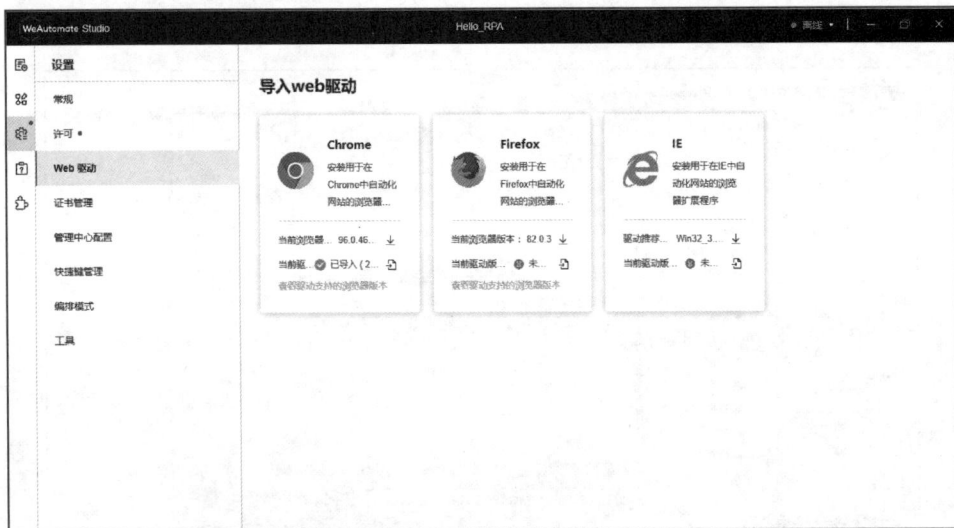

图 5-13　导入 Web 驱动

（2）单击 IE 浏览器图标下方的下载按钮，如图 5-14 所示。

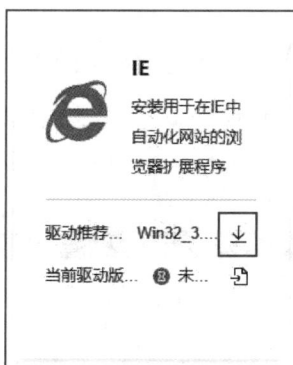

图 5-14　下载驱动文件

（3）根据当前系统的 IE 版本，下载与之版本最相近的驱动文件，如图 5-15 所示。

Index of /3.141/

Name	Last modified	Size	ETag
Parent Directory	-		
selenium-html-runner-3.141.59.jar	2018-11-14 08:27:09	12.94MB	1d825010548595a2f1ec18405d9475da
IEDriverServer_Win32_3.141.0.zip	2018-10-31 20:54:32	1.04MB	564eae5d205069327aaa7c65e392b9ff
IEDriverServer_Win32_3.141.59.zip	2019-04-10 18:12:30	1.04MB	06c36edba50adb4173849804558b370c
IEDriverServer_x64_3.141.0.zip	2018-10-31 20:54:33	1.14MB	449d5527081f674d1cec16a2fc587e6b
IEDriverServer_x64_3.141.5.zip	2019-01-14 18:00:05	1.14MB	a03bcc25909c8e5e9996c3a9ff8cfdf6
IEDriverServer_x64_3.141.59.zip	2019-04-10 18:12:30	1.17MB	f0df9fa124bdf9650b32e25387529931
selenium-dotnet-3.141.0.zip	2018-10-31 20:54:30	5.21MB	4ffd3da4bb4cd7854571a7949835cd2d
selenium-dotnet-strongnamed-3.141.0.zip	2018-10-31 20:54:32	5.21MB	1789a8e45dbb9741563lf87a5dd742b0
selenium-html-runner-3.141.0.jar	2018-10-31 20:23:48	12.94MB	3eeae3c319b64bf201daf d92ae41354f
selenium-html-runner-3.141.5.jar	2018-11-06 11:59:39	12.94MB	16436d5ad035909cdf067826bc8dcf1e
IEDriverServer_Win32_3.141.5.zip	2019-01-14 18:00:04	1.03MB	ef3b84e595058759e317d77a7fd3e00c
selenium-java-3.141.0.zip	2018-10-31 20:23:38	7.20MB	237cfa338f827e3882e4b75e1b9eb53a
selenium-java-3.141.5.zip	2018-11-06 11:59:30	7.19MB	5700bf4c5a156217523a4a0e208fd247
selenium-java-3.141.59.zip	2018-11-14 08:26:59	7.19MB	c32219ff3b2a995bbe131696b9aca12
selenium-server-3.141.0.zip	2018-10-31 20:23:33	9.98MB	2e2b827fa6359ad821c881d37719aefa
selenium-server-3.141.5.zip	2018-11-06 11:59:24	9.96MB	a9cfa9f98382d6499246b7aced49ae4b
selenium-server-3.141.59.zip	2018-11-14 08:26:53	9.98MB	18e2559bf9d6b1b9c3bcdb9e40d7841a
selenium-server-standalone-3.141.0.jar	2018-10-31 20:23:25	10.16MB	f6530e753173ef3df51f7911315acd5e
selenium-server-standalone-3.141.5.jar	2018-11-06 11:59:16	10.15MB	af67f1e9edd8b7e66f586380660dfcf

图 5-15　选择驱动文件

（4）单击导入驱动按钮，如图 5-16 所示，导入下载的驱动文件，即可完成此驱动器的配置。

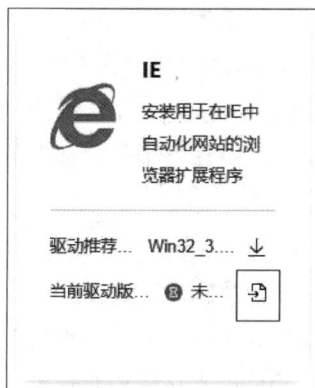

图 5-16　导入驱动文件

▶ 5.1.3　WeAutomate Studio 的界面布局

WeAutomate Studio 安装和配置完成之后，启动 WeAutomate Studio，即可看到 WeAutomate Studio 的设计界面，分为 6 个区域，如图 5-17 所示。

图 5-17　WeAutomate Studio 的设计界面

（1）导航栏：包括"开始""设计""设置""帮助"和"扩展管理"标签。

"开始"：可以新建项目、打开项目、导入项目；

"设计"：可以快速切换到 WeAutomate Studio 设计界面；

"设置"：包含常规、许可、Web 驱动、证书管理、管理中心配置、快捷键管理、编排模式、工具等，可以进行常规设置与管理；

"帮助"：包含帮助文档、论坛、学院、日志，提供本版本的帮助文件，也可以访问华为官网的学习资源；

"扩展管理"：主要提供官方扩展及第三方扩展的查看及管理功能。

需要说明的是，WeAutomate 2.16 版本以后的 WeAutomate Studio 在安装之后，有 Studio 与 StudioE 两种设计模式可供选择，如图 5-18 所示。可以通过"设置"→"编排模式"→"查看或更改 Studio 的编排模式"进行切换。

WeAutomate Studio 模式适合专业开发者，用于构建、调试复杂的自动化流程；StudioE 模式是 Studio 的简易版，更偏向于使用拖曳的方式减少代码的编写量，但是其功能比 Studio 模式弱。在 Studio 模式中开发的脚本无法在 StudioE 模式中运行。本书采用 Studio 模式。

（2）菜单栏：提供简洁的菜单及其快捷键。

（3）项目与控件区：项目区显示项目名称、项目结构和项目的保存路径；控件区按照目录列出 WeAutomate Studio 支持的所有控件，并且可以将控件直接从这个区域拖曳到中间的流程编辑区。

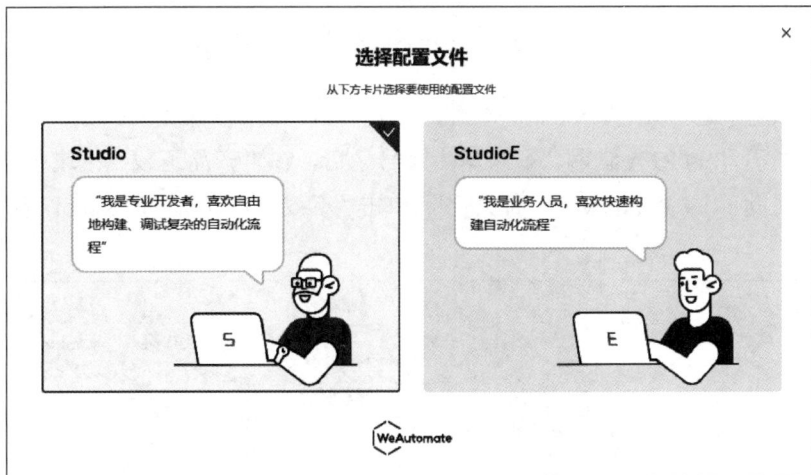

图 5-18　设计模式

（4）流程编辑区：业务流程的编辑区域。可以通过录制功能在该区域直接生成自动化的工作流，也可以从左侧控件区将控件拖曳过来进行编辑。该区域顶部有"画布"和"源代码"两个标签，用户可以在图形化编辑和源代码编辑两种方式之间切换。

编辑区的右上部是快捷工具栏，如图 5-19 所示，快捷工具栏中的工具按钮从左至右依次为"撤销""恢复""放大""缩小""概览""定位到开始节点""自动布局""收起侧边栏""清空"，用户可以很方便地实现相应的功能。

图 5-19　快捷工具栏

（5）属性与帮助区：显示当前控件的参数设置界面或使用帮助界面。

（6）日志、变量、参数区：用于打印流程日志、定义变量、设置参数。其中，日志区显示流程的执行情况，如图 5-20 所示，通过单击"NOK"可快速定位到出错控件。

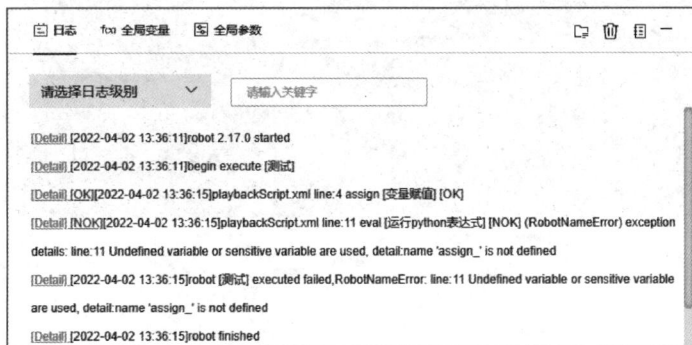

图 5-20　日志区

▶ 5.1.4　Robot 的下载与安装

Robot 的下载与 WeAutomate Studio 下载类似，操作步骤如下：

（1）打开华为 RPA 官网，登录华为账号之后，在"产品下载"模块中，依次选择"机器人助手""Windows""商业版"，单击"下载"按钮，下载 Robot，如图 5-21 所示。

图 5-21　执行器下载页面

（2）下载压缩文件"WeAutomate_Assistant.zip"，将其全部解压缩后，双击其中的 EXE 文件，即可安装，如图 5-22 所示。

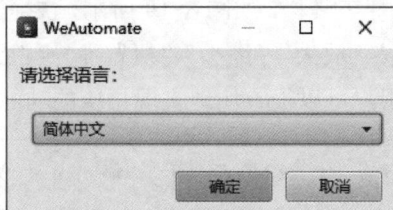

图 5-22　选择语言

（3）选择"WeAutomate 助手"，确定安装路径，查阅隐私声明并选中"我已阅读并同意"复选框，如图 5-23 所示。

图 5-23　安装 Robot

（4）Robot 安装成功后，即可进行启动设置，如图 5-24 所示。WeAutomate 助手可以跟 WeAutomate Studio 共用同一个 License，无须单独设置。

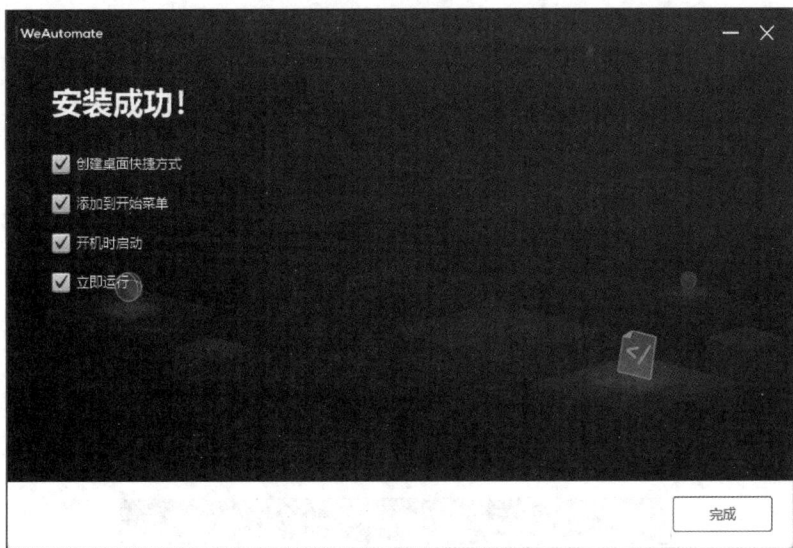

图 5-24　安装完成

▶ 5.1.5　Robot 的界面布局

Robot 安装完后，启动 Robot，即可看到 Robot 的设计界面，分为 3 个区域，如图 5-25 所示。

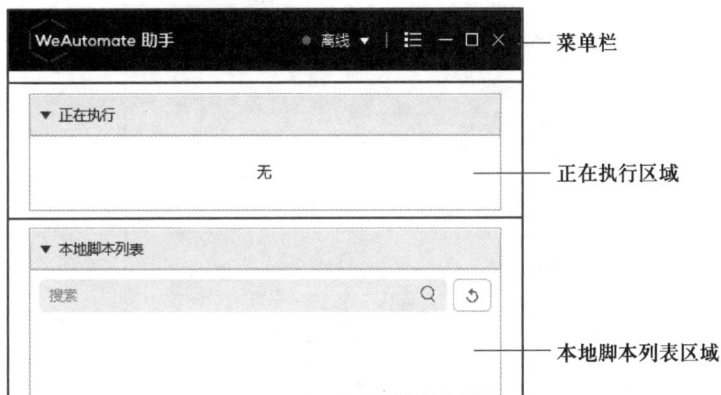

图 5-25　Robot 的设计界面

（1）菜单栏：“离线”表示 Robot 未与管理中心连接，可以直接执行本地自动化脚本；“在线”表示 Robot 已与管理中心连接，可以监控任务的执行情况或执行无调度策略的任务等；“设置”包括常规管理、链接设置、证书管理、代理设置等；“日志”可以查看本地脚本运行情况。

（2）正在执行区域：显示处于执行状态的脚本信息。

（3）本地脚本列表区域：显示 WeAutomate Studio 发布在本地的脚本信息。

5.2　创建数字机器人

▶ 5.2.1　创 建 项 目

【例 5-1】　使用 WeAutomate Studio 弹出消息窗口并显示 "Hello World!"。

操作步骤：

（1）启动 WeAutomate Studio，依次单击导航栏中的 "开始" → "新建项目" 按钮，如图 5-26 所示。

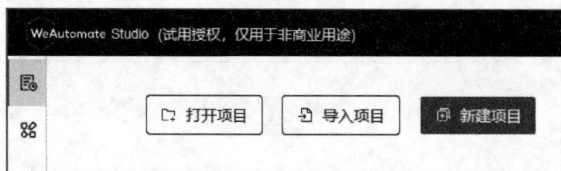

图 5-26　新建项目

（2）在打开的 "新建项目" 对话框中，星号表示项目为必填项。输入项目名称，选择项目保存路径，然后单击 "创建" 按钮，如图 5-27 所示。

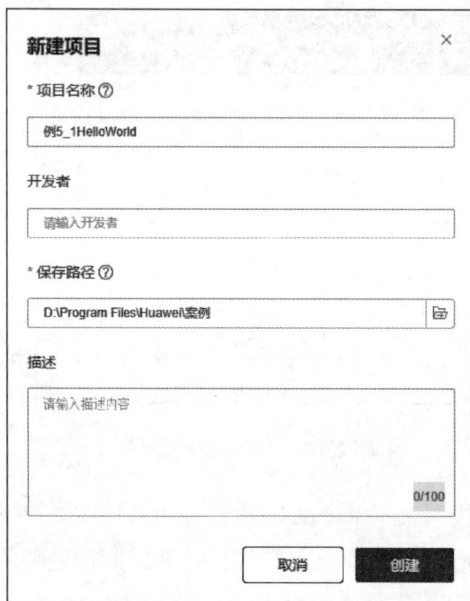

图 5-27　"新建项目" 对话框

项目的保存路径可以通过选择导航栏"设置"→"常规",设置默认的项目保存路径,本书设置的"项目保存路径"为"D:\Program Files\Huawei\案例",如图 5-28 所示。设置之后,新建项目将会自动保存在此路径下。

图 5-28　设置默认项目保存路径

(3)在 WeAutomate Studio 的设计界面中,在控件区的搜索框中输入"消息窗口",将其拖入流程编辑区,如图 5-29 所示,将鼠标指针停留在开始节点的下端点,向下拖动鼠标至"消息窗口"控件,即可连接节点,如图 5-30 所示。

图 5-29　将"消息窗口"控件拖入流程编辑区

图 5-30　连接"消息窗口"控件

也可以通过单击任意节点的箭头符号添加控件，以快速创建新节点，并自动连接两个节点。

（4）在"消息窗口"控件的"消息框内容"输入框，或者其属性区的"消息框内容"输入框中，输入"Hello World!"，如图 5-31 所示。

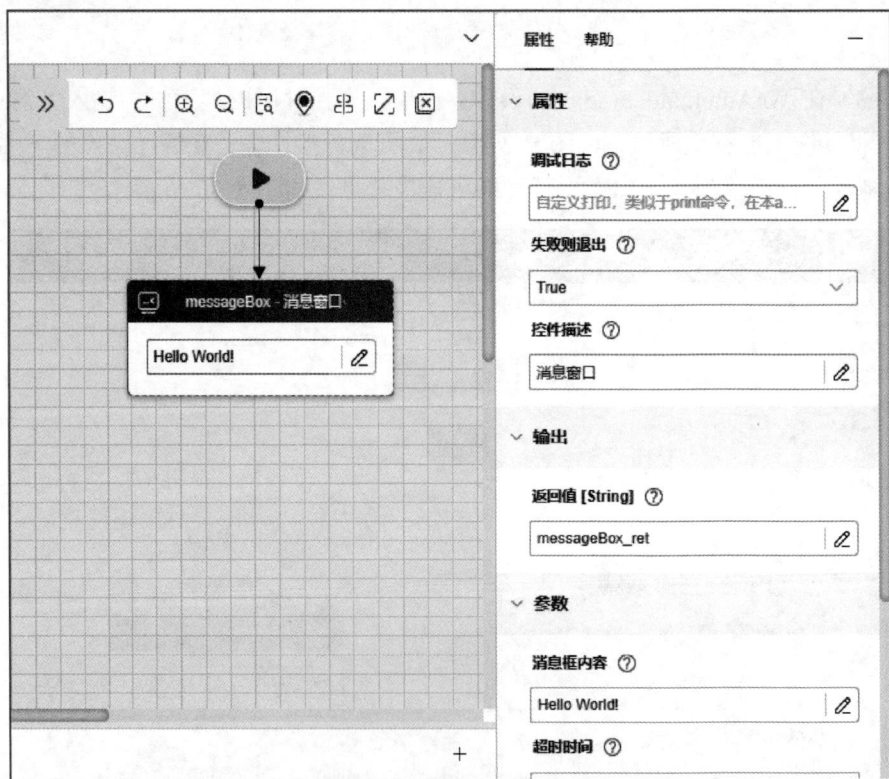

图 5-31　设置参数

（5）单击菜单栏中的"运行"按钮，如图 5-32 所示，系统将自动保存项目并执行项目。这一操作，也可以通过快捷键来完成。

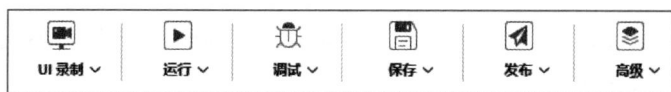

图 5-32 单击"运行"按钮

（6）运行结果如图 5-33 所示。

图 5-33 运行结果

以上是在 WeAutomate Studio 中新建一个项目并成功运行的完整过程。

▶ 5.2.2 发布项目

项目在 WeAutomate Studio 中成功执行后，可以发布为基于 Robot 独立执行的机器人。

将例 5-1 中的项目发布为自动执行的机器人并通过 Robot 执行本地自动化脚本，具体步骤如下：

（1）单击菜单栏中的"发布"按钮，在弹出的"发布"对话框中设置必填内容，如图 5-34 所示。单击"发布"按钮即可发布。

图 5-34 "发布"对话框

（2）启动 Robot 程序，单击"本地脚本列表"的刷新按钮，即可找到刚刚发布的脚本，如图 5-35 所示。

图 5-35　本地脚本列表

（3）首次发布的脚本在执行前需要先单击图 5-35 中的警示符号，然后在打开的"证书详情"对话框中，单击"确定"按钮，如图 5-36 所示。

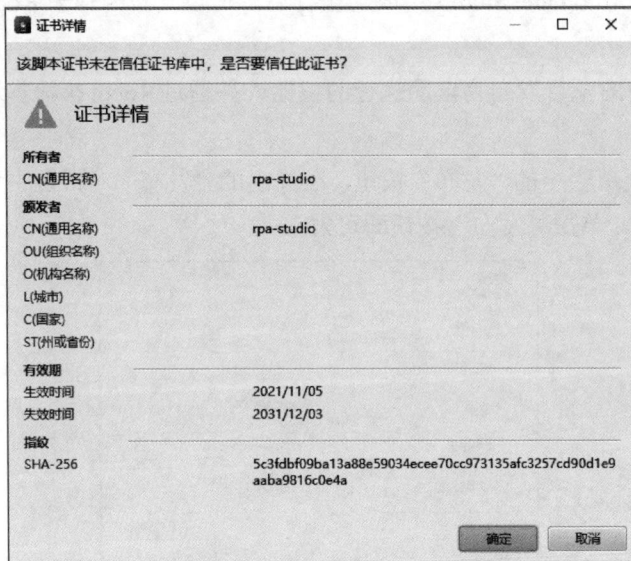

图 5-36　"证书详情"对话框

（4）单击图 5-37 中的"执行"按钮，即可启动"例 5_1HelloWorld"脚本。结果如图 5-33 所示。

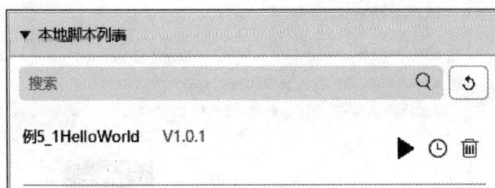

图 5-37　执行脚本

▶ 5.2.3 UI 录制

通过 WeAutomate Studio 提供的 UI 录制功能，用户可以简单、快速地建立自动化流程。

UI 录制功能可以录制本地的 Web 程序和 Windows 应用程序，准确捕捉鼠标单击、键盘输入等用户操作并快速将其转换为自动化流程，而且用户可以对录制而成的流程节点进行修改。

UI 录制菜单包括录制并生成功能块、清空并录制、新建子脚本并录制三个命令，如图 5-38 所示。

① 录制并生成功能块：录制流程并保存到一个功能块中。

② 清空并录制：清空当前界面中的所有内容，在当前界面中录制流程。

③ 新建子脚本并录制：新建子脚本并录制流程。

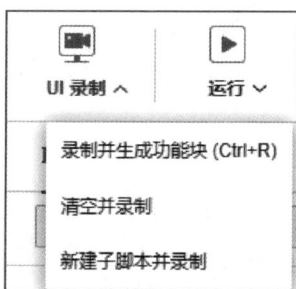

图 5-38　"UI 录制" 菜单

华为 WeAutomate Studio 采用主脚本、子脚本、功能块的框架结构来描述流程，并在各个框架之间建立连接关系。这种框架结构可以使整个流程结构清晰、层次分明。其中，子脚本表示某个完整的逻辑功能或者某个相对独立的自动化操作类型，它需要通过 "调用子脚本" 控件来调用，以方便复用。功能块表示一段处理逻辑，可以包含其他任意控件，方便流程管理。功能块本身没有输入和输出，其作用域为所在的脚本。

录制器界面分为操作区和显示区，如图 5-39 所示。

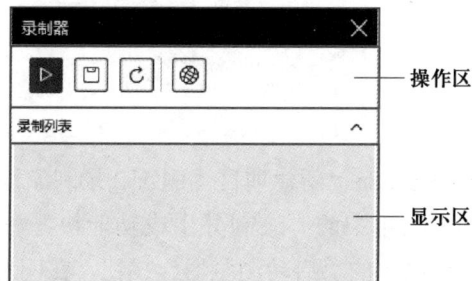

图 5-39　录制器界面

101

① 操作区：操作按钮从左至右依次为录制开始/暂停、保存并退出、重新录制、启动浏览器。

② 显示区：用于呈现录制的操作步骤。

UI 录制的基本操作涉及单击、双击、获取文本、键盘输入等。在录制过程中，用户可随时暂停录制并进行修改。例如，在录制流程的过程中，暂停录制并进行业务逻辑加入、测试或删除冗余动作等操作。

【例 5-2】　某部门每日清晨从网页上获取本市当日的天气预报，并通过 QQ 群发送给本部门的员工。

（1）分析流程

通过 UI 录制功能，录制人工操作过程，并对自动生成的流程进行适当的修改与调整。本例通过录制建立两个功能块，以组织网页录制和应用程序录制的流程内容。自动化流程的设计步骤如下：

① 录制网页：打开网页、获取当日天气信息。

② 录制 QQ：打开 QQ 群，将通过网页录制获取的天气信息输入 QQ 群聊天框并发送信息。

流程图如图 5-40 所示。

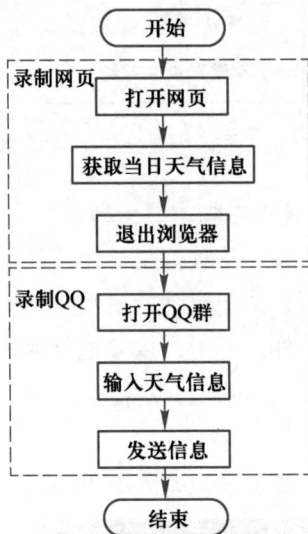

图 5-40　流程图

（2）操作步骤

① 启动 WeAutomate Studio，新建项目"例 5_2 录制流程"。

② 选择"UI 录制"菜单中的"录制并生成功能块"命令，启动录制器，如图 5-41 所示。单击操作区中的"启动浏览器"按钮，在网址输入框中输入网址，按回车键，自动打开此网页。

图 5-41 录制器

③ 单击录制器的"录制开始"按钮，将鼠标指针停留在"今天"的天气内容之上，该内容呈被选中状态，如图 5-42 所示。将鼠标指针停留在选中的内容下方的箭头上，在弹出的快捷菜单中选择"获取文本"命令，如图 5-43 所示。录制器会自动录制以上操作，并显示在录制器的显示区中，如图 5-44 所示。录制结束时，单击录制器的"保存并退出"按钮。

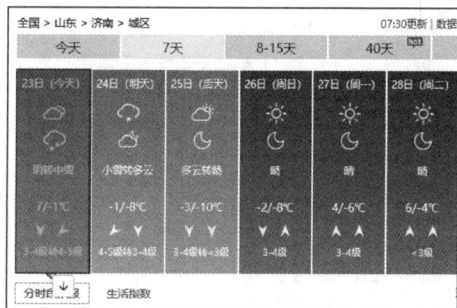

图 5-42 选中的内容

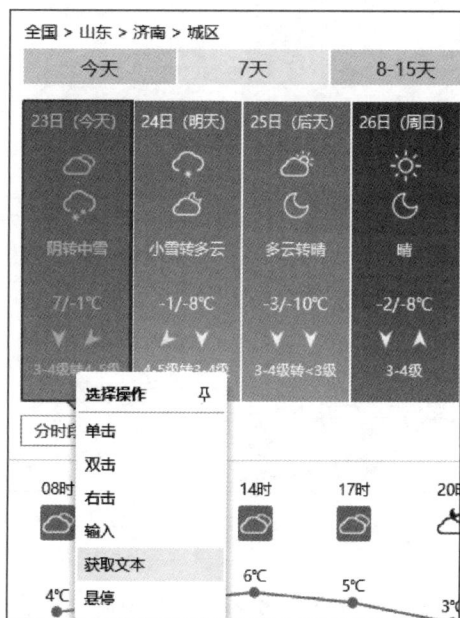

图 5-43 获取文本

④ 在 WeAutomate Studio 设计界面的流程编辑区中生成一个功能块,设置"语句块名称"属性为"录制网页",如图 5-45 所示。

图 5-44　自动录制相关操作

图 5-45　生成功能块

⑤ 在 Main 脚本中,双击"录制网页"功能块,查看其内容,自动形成由"打开网页"控件和"获取网页文本"控件连接而成的流程,设置"获取网页文本"控件的"控件描述"属性为"今日天气",获取的网页文本将被保存到输出变量"getText_ret"中,如图 5-46 所示。

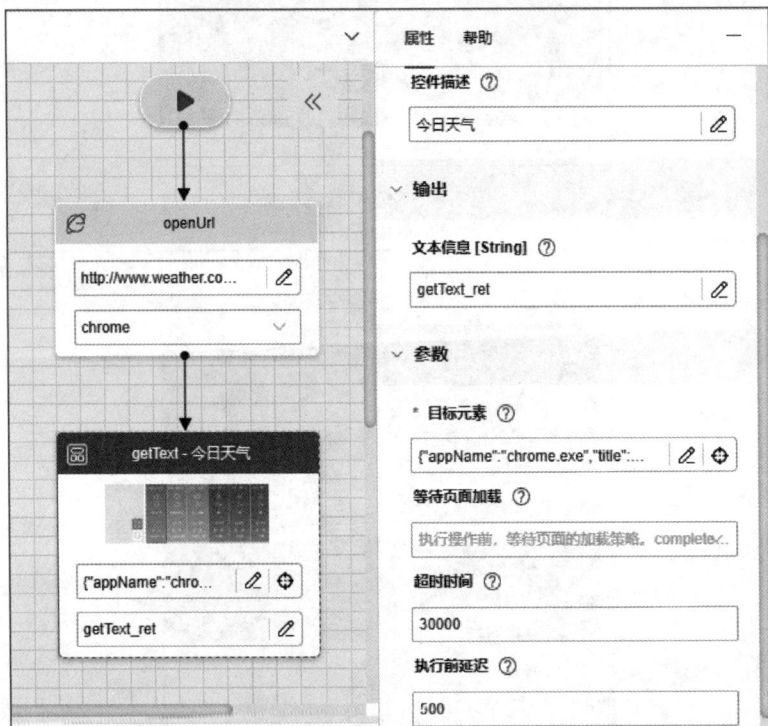

图 5-46　"录制网页"功能块

⑥ 在"获取网页文本"控件的下方添加"退出浏览器"控件,如图 5-47 所示。单击该控件的"拾取"按钮,切换到目标网页。在网页内容呈选中状态时单击该网

104

页内容，即可拾取所需的信息，如图 5-48 所示。

图 5-47 "退出浏览器"控件

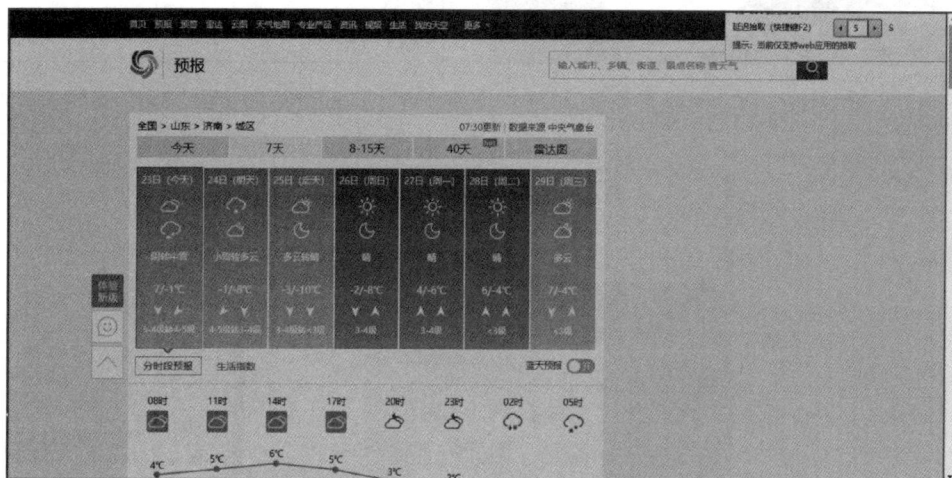

图 5-48 拾取网页内容

⑦ 在 Main 脚本中，继续录制 QQ 群的操作过程。选择"UI 录制"菜单中的"录制并生成功能块"命令，启动录制器，如图 5-49 所示。

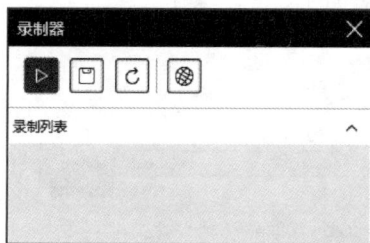

图 5-49 启动录制器

⑧ 单击录制器的"录制开始"按钮，即可开始录制。将鼠标指针停留在 QQ 群的输入框上，在弹出的快捷菜单中选择"输入"命令，如图 5-50 所示。打开"请输入值"对话框，在输入框中输入内容，单击"确定"按钮，如图 5-51 所示。将鼠标指针停留在"发送"按钮上，在弹出的快捷菜单中选择"单击"命令，如图 5-52 所示。

⑨ 录制器会自动录制以上操作，并显示在录制器的显示区中，如图 5-53 所示，录制结束时，单击录制器的"保存并退出"按钮。

105

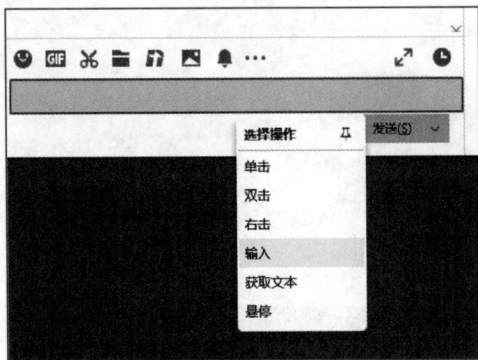

图 5-50 选择"输入"命令

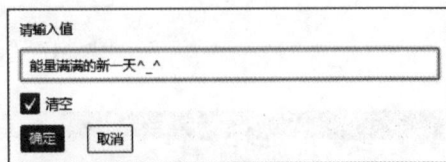

图 5-51 "请输入值"对话框

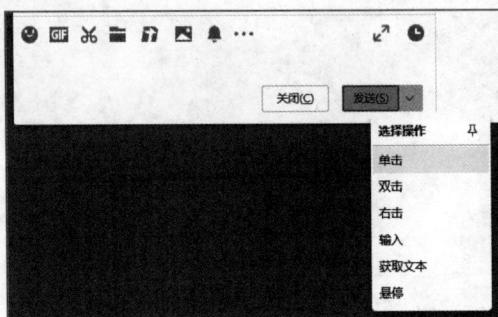

图 5-52 选择"单击"命令

图 5-53 自动录制相关操作

⑩ 在 WeAutomate Studio 的设计界面中生成第二个功能块，设置"语句块名称"属性为"录制 QQ"。

⑪ 双击"录制 QQ"功能块，设置"输入文本"控件的"输入值"属性为"能量满满的新一天^_^@{getText_ret}"，如图 5-54 所示，其作用为获取"录制网页"功能块的天气信息。

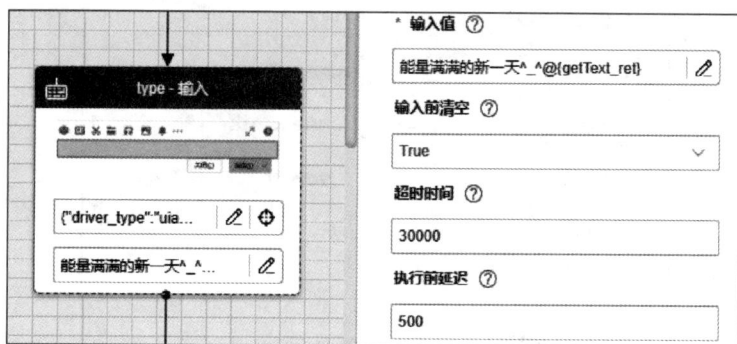

图 5-54 "输入文本"控件

⑫ 在 Main 脚本中，连接两个功能块，相应的流程结构如图 5-55 所示。

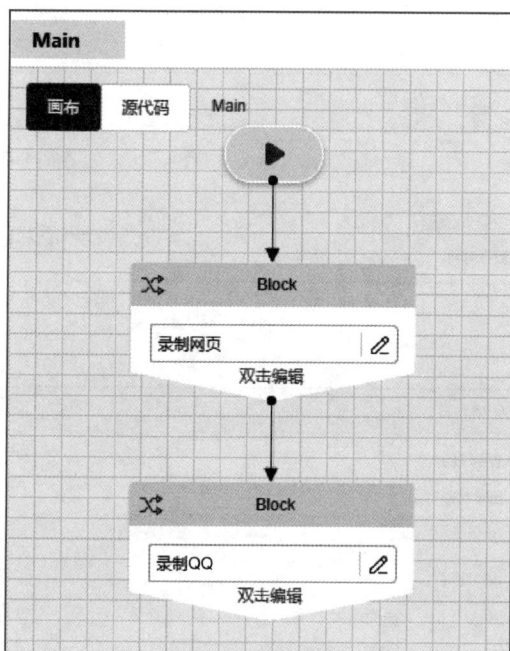

图 5-55 流程结构

⑬ 保存并执行脚本。

⑭ 发布脚本，如图 5-56 所示。

如图 5-57 所示，单击"执行"按钮，即可执行"例 5_2 录制流程"脚本。

单击"定时执行"按钮，设置脚本运行时间，如图 5-58 所示，流程将会定时执行。

107

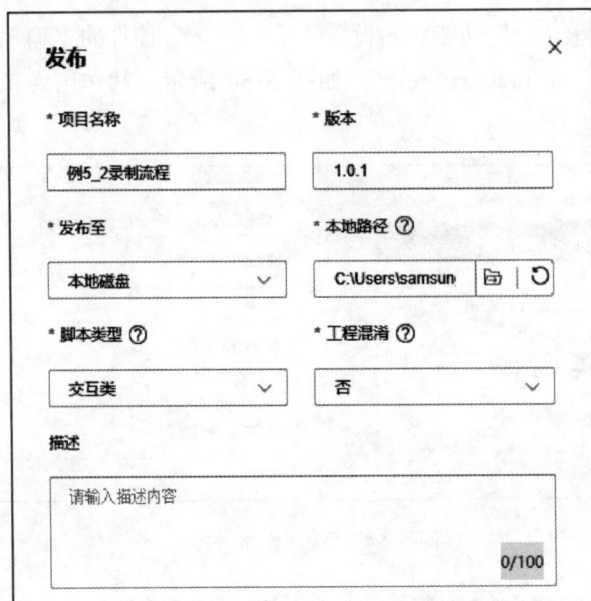

图 5-56 发布脚本

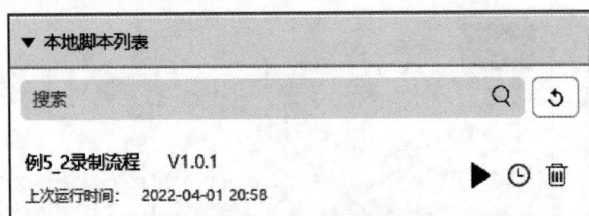

图 5-57 执行脚本

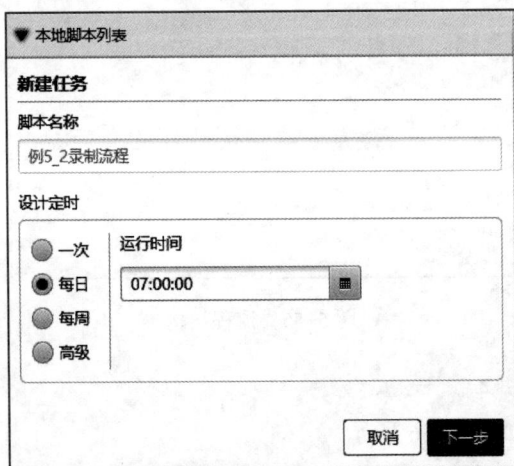

图 5-58 设置定时执行

可见，使用 WeAutomate Studio 的 UI 录制功能可以大幅度减少开发环节的工作量。

5.3 数 据 基 础

▶ 5.3.1 变　　量

任何程序设计语言都需要处理数据，常见的数据类型包括数值、字符串、布尔值、数组/列表等。为了方便使用和修改数据，人们通常会将其保存到变量中。在程序设计语言中，变量是一个标识符，用于引用存储在计算机内存中的值。在流程自动化项目中，变量起到数据传递的重要作用。例如，在例 5-2 中，从网页中获取天气信息，并将其传递到 QQ 程序中。

变量的命名需要遵循见名知意、区分大小写、不与保留字冲突等规则。在WeAutomate Studio 中，变量的引用格式为@{变量名}。变量可以在其被定义的范围内使用，这个范围被称为变量的作用域。变量的作用域分为全局和局部（脚本内）两种。全局变量可以在项目文件中的任何地方使用，但建议优先使用局部变量。

设计好的流程可以被其他流程调用，并且可以接收调用者传递过来的数据。用于接收数据的变量被称为参数，可以将参数看作一种特殊的变量。

WeAutomate Studio 设计界面底部的变量、参数区，用于管理变量和参数，如图 5-59 所示。

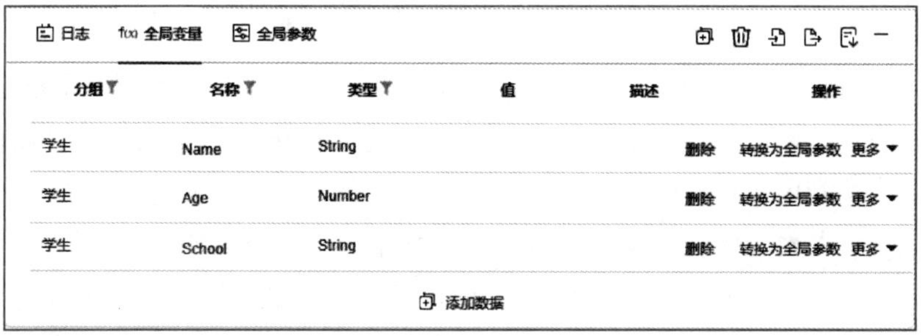

图 5-59　变量、参数区

▶ 5.3.2 数 据 类 型

数据类型是一组性质相同的值的集合，以及定义在这个值集合上的一组操作的总称。WeAutomate Studio 的数据类型系统遵循 Python 的数据类型系统。在全局变量面板中，有 Boolean、Number、String、Object 和 Array 5 种数据类型；在全局参数面板中，有 Boolean、Number、String、Array、Object、Sensitive、Credential、Attachment 8 种数据类型；在子脚本参数面板中，有 String、Number、Boolean、Array、Object、Reference 6 种数据类型。

Boolean：布尔类型，只能取 True 和 False 两个值，可以用于逻辑运算，从而更好地控制流程。

Number：数值类型，包括整型与浮点型，用于表示数值，如 1 024、1.25。

String：字符类型，是用单引号或双引号括起来的任意文本，用于表示字符序列，如"Hello World!"。

Object：对象类型，在 WeAutomate Studio 中一般指字典类型，如{"Name": "James","Age":30}。

Array：数组/列表类型，可以用于创建数组，以在程序中存储同一数据类型的多个值。数组的数据类型就是数组中元素的数据类型。这种数据类型也可以用于创建列表，以在程序中存储具有不同数据类型的多个值。无论是数组还是列表，变量值都必须放在一对中括号内，而且每个变量值之间要用逗号隔开，如[98,79,85,93]，["2022001","2022002","2022003","2022004",98,79,85,93]。

Sensitive：敏感类型，表示需保密的信息，数据会被加密。

Credential：凭证类型，表示敏感数据，包括用户名和密码两个数据项，其中用户名可见，密码不可见。

Attachment：文件类型，用于在管理中心或者 WeAutomate 助手的流程中传递文件。

Reference：引用类型，用于传递变量或参数。

▶ 5.3.3 变量赋值

在 WeAutomate Studio 中，常用的变量赋值方式有三种：利用变量框赋值、利用"assign-变量赋值"控件赋值、利用"eval-运行 python 表达式"控件赋值。

方式一：利用变量框赋值

在变量、参数区中输入变量名称，确定数据类型，设定变量初始值。

【例 5-3】 定义 String 类型变量 Name，使用"消息窗口"控件呈现数据。

操作步骤：

（1）启动 WeAutomate Studio，创建新项目"例 5_3 变量框"。

（2）在 WeAutomate Studio 设计界面的变量、参数区中，定义 String 类型变量 Name，设定变量初始值为"Helen"，如图 5-60 所示。需要说明的是，设定 String 类型变量的初始值时不必添加单引号或双引号，由系统默认添加。

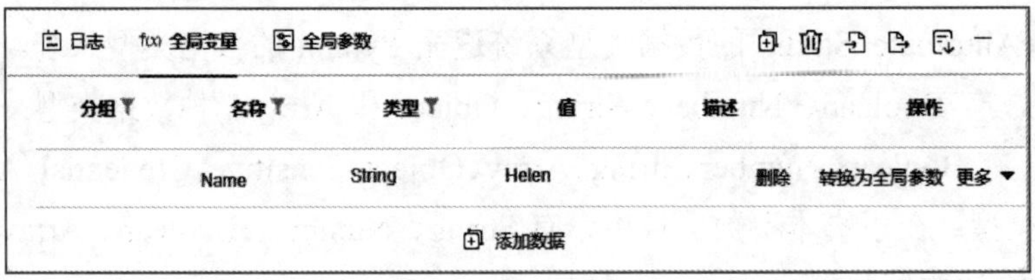

图 5-60 定义变量

（3）在开始节点的下方添加"消息窗口"控件，设置"消息框内容"属性为
"@{Name}"，以输出 Name 值，如图 5-61 所示。

图 5-61 "消息窗口"控件

（4）运行结果，如图 5-62 所示。

图 5-62 运行结果

方式二：利用"assign-变量赋值"控件赋值

"assign-变量赋值"控件，可以用于赋值操作，它主要进行带数据类型的赋值，即赋值数据类型不同，被赋值变量可能有不同的数据类型。此控件默认变量 assign_ret 接收数据，用户也可以自行设置变量名称。WeAutomate Studio 中由控件产生的默认变量命名中带有"_ret"标志。

【例 5-4】 使用"assign-变量赋值"控件获取字符串，使用"消息窗口"控件呈现字符串。

操作步骤：

（1）启动 WeAutomate Studio，新建项目"例 5_4 变量赋值控件"。

（2）在开始节点的下方添加"assign-变量赋值"控件，设置"变量值"属性为
""John""，将赋值内容保存到变量 assign_ret 中。在"assign-变量赋值"控件中，当赋值为 String 类型数据时，赋值数据必须添加双引号作为边界符。

111

（3）添加"消息窗口"控件，设置"消息框内容"属性为"@{assign_ret}"，输出 assign_ret 值，如图 5-63 所示。

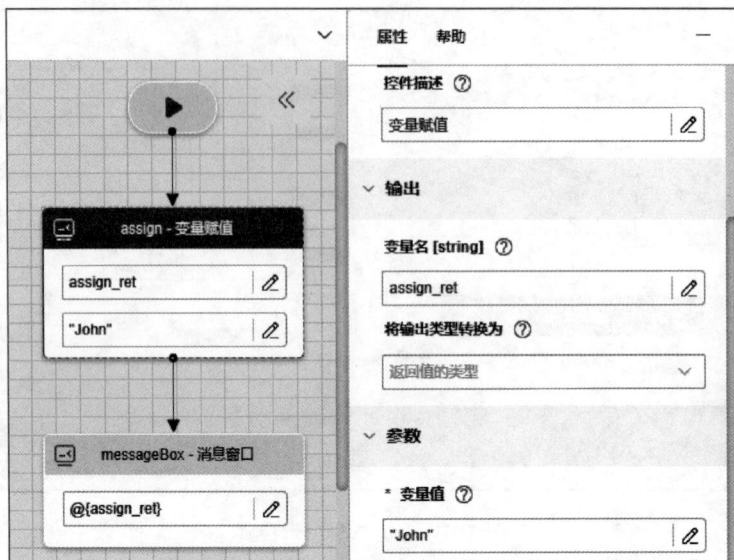

图 5-63　"assign-变量赋值"控件

（4）运行结果，如图 5-64 所示。

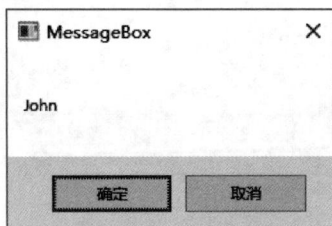

图 5-64　运行结果

方式三：利用"eval-运行 python 表达式"控件赋值

"eval-运行 python 表达式"控件，支持编辑单一 Python 表达式，能够动态地对变量进行各种复杂操作，如赋值、类型判断、处理数据值等。

【例 5-5】　使用"eval-运行 python 表达式"控件验证例 5_3 中变量 Name 的数据类型，使用"消息窗口"控件呈现其数据类型。

操作步骤：

（1）启动 WeAutomate Studio，打开项目"例 5_3 变量框"，将其另存为"例 5_5python 表达式控件"。

（2）在开始节点的下方添加"eval-运行 python 表达式"控件，设置"表达式"属性为"type(Name)"，如图 5-65 所示，默认将计算结果保存到变量 eval_ret 中。需要说明的是，在"eval-运行 python 表达式"控件中引用变量时可以直接使用原变量名，即不必添加"@{}"，但建议使用常规变量引用方式。

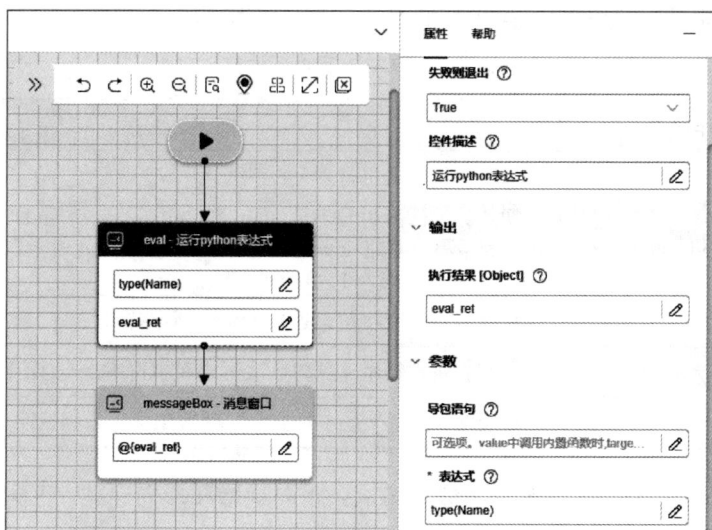

图 5-65　获取数据类型

（3）修改"消息窗口"控件，设置"消息框内容"属性为"@{eval_ret}"，输出变量 eval_ret 的值。

（4）保存并执行脚本，结果为字符类型，如图 5-66 所示。

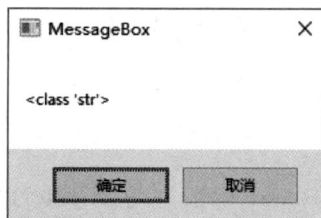

图 5-66　运行结果

5.4　数　据　操　作

在自动化流程中，往往有大量的数据采集、数据处理等工作。不同数据类型有各自的数据操作方法，WeAutomate Studio 基于 Python 语法，可以方便地针对字符串、列表、字典、日期时间对象等数据类型进行操作。

▶ 5.4.1　字符串操作

字符串是由字符序列构成的文本数据。

113

1. 字符串基本操作符

以字符串 s、t 为例，各操作符的描述如表 5-1 所示。

表 5-1　字符串基本操作符

操作符	描述
s [i]	索引。返回索引号为 i 的字符
s [start : end : step]	切片。返回索引号为从 start 到 end（不包括 end）的、步长为 step 的子串，省略 start 表示从头取，省略 end 表示取到结束，省略 step 表示步长为 1
s + t	拼接。将两个字符串连接为一个新字符串
s * n 或 n * s	复制。将字符串 s 复制 n 次生成新字符串，n 为正整数
t in s	成员测试。若 t 是 s 的子串，返回 True，否则返回 False

WeAutomate Studio 包括两种索引方式：正向递增和反向递减。正向递增从左向右取值，起始序号为 0，终止序号为字符串长度值减 1；反向递减从右向左取值，起始序号为 -1，终止序号为负的字符串长度值，两种索引方式可以结合使用。

例如，字符串 s 为 "Hello RPA!"，正向递增和反向递减索引如图 5-67 所示，s[6] 与 s[-4] 都表示获取字符 'R'。

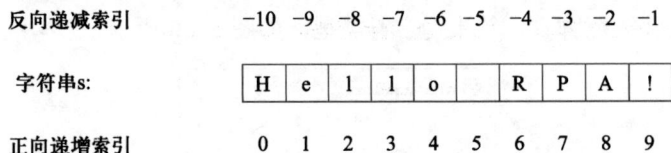

反向递减索引	−10	−9	−8	−7	−6	−5	−4	−3	−2	−1
字符串 s:	H	e	l	l	o		R	P	A	!
正向递增索引	0	1	2	3	4	5	6	7	8	9

图 5-67　索引

【例 5-6】字符串 s 为 "Hello 华为 "，字符串 t 为 "WeAutomate!"，验证操作：s + t、t * 3、t in s、s[6:8]。

操作步骤：

（1）启动 WeAutomate Studio，新建项目 "例 5_6 字符串操作符"。

（2）在变量区，定义 String 类型变量 s，设定其值为 "Hello 华为 "，定义 String 类型变量 t，设定其值为 "WeAutomate!"，如图 5-68 所示。

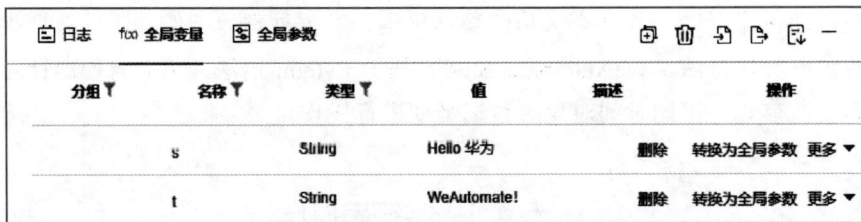

📄 日志	f(x) 全局变量	🔢 全局参数				🗋 🗑 🖹 🖺 🖹 —
分组 ▼	名称 ▼	类型 ▼	值	描述		操作
	s	String	Hello 华为		删除	转换为全局参数 更多 ▼
	t	String	WeAutomate!		删除	转换为全局参数 更多 ▼

图 5-68　定义变量

（3）在开始节点的下方添加 "eval-运行 python 表达式" 控件，设置 "表达式"

属性为"@{s}+@{t}",如图 5-69 所示。

（4）添加"消息窗口"控件，设置"消息框内容"属性为"@{eval_ret}"，如图 5-70 所示。

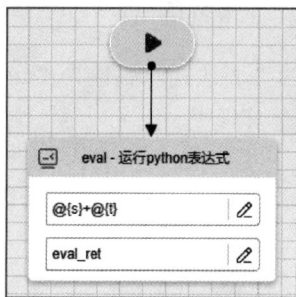

图 5-69　s+t

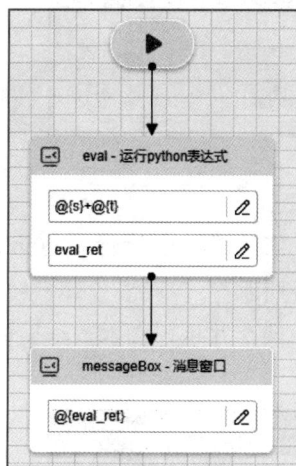

图 5-70　设置输出

（5）保存并执行脚本，结果如图 5-71 所示。

（6）修改"eval-运行 python 表达式"控件的"表达式"属性为"@{t}*3"，如图 5-72 所示。

图 5-71　s+t 的运行结果

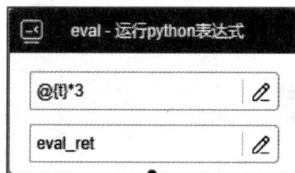

图 5-72　t*3

（7）执行脚本，结果如图 5-73 所示。

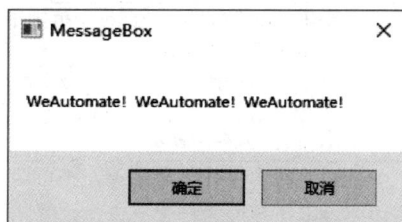

图 5-73　t*3 的运行结果

（8）修改"eval-运行 python 表达式"控件的"表达式"属性为"@{t} in @{s}"，如图 5-74 所示。

（9）保存并执行脚本，结果如图 5-75 所示。

图 5-74　t in s

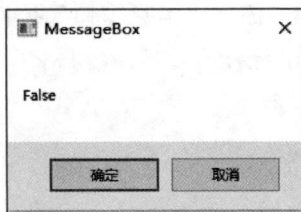

图 5-75　t in s 的运行结果

（10）修改"eval-运行 python 表达式"控件的"表达式"属性为"@{s[6:8]}"，如图 5-76 所示。

（11）保存并执行脚本，结果如图 5-77 所示。

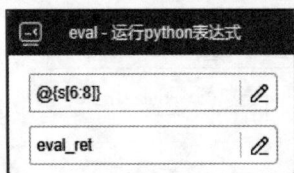

图 5-76　s[6:8]

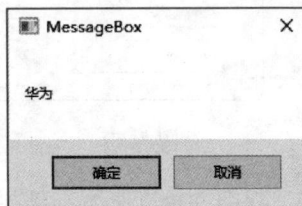

图 5-77　s[6:8]的运行结果

2. 常用的字符串处理方法

WeAutomate Studio 中，常用的字符串处理方法如表 5-2 所示。

表 5-2　常用的字符串处理方法

方法	描述
s.upper( )/s.lower( )	将字符串中的全部字母转换为大写/小写
s.swapcase( )	对字符串中的大小写字母进行转换
s.index(sub[,start[,end]])	在字符串 s 的[start，end)范围中查找首次出现子串 sub 的位置，找不到则抛出异常；若省略范围，则表示全字符串范围
s.replace(old,new[,count])	在字符串中，子串 new 替换 old 不超过 count 次；若省略 count，则全部替换
s.count(sub[,start[,end]])	子串 sub 在 s 的[start，end)范围中出现的次数；若省略范围，则表示全字符串范围
s.split([sep][,maxsplit])	将字符串按照分隔符 sep 最多切分 maxsplit 次，组成列表；若省略 sep，则按照空格、制表位或换行符切分；若省略 maxsplit，则全部切分
s.join(seq)	以字符串 s 作为分隔符，将可迭代对象 seq 中所有的元素合并为一个新的字符串

以上字符串处理方法，都可以通过"eval-运行 python 表达式"控件执行。

【例 5-7】　将字符串"Hello 华为！"中的英文转换为大写，中文替换为"WeAutomate"。

操作步骤：

（1）启动 WeAutomate Studio，新建项目"例 5_7 字符串处理"。

（2）在变量区，定义 String 类型变量 lowerStr，设定其值为"Hello 华为！"；定义 String 类型变量 upperStr，用于存储转换后的字符串；定义 String 类型变量 newSub，设定其值为"WeAutomate"，如图 5-78 所示。

图 5-78　定义变量

（3）在开始节点的下方添加"eval-运行 python 表达式"控件，设置"表达式"属性为"@{lowerStr}.upper( )"，设置"执行结果"属性为"upperStr"，如图 5-79 所示。

（4）添加"消息窗口"控件，设置"消息框内容"属性为"@{upperStr}"，如图 5-80 所示。

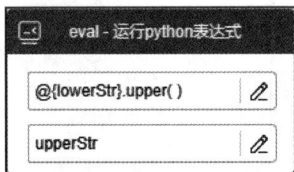

图 5-79　转换大写

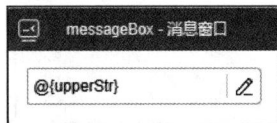

图 5-80　输出结果

（5）运行结果如图 5-81 所示。

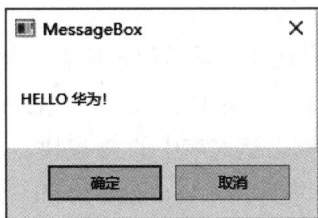

图 5-81　运行结果

（6）在"eval-运行 python 表达式"控件的下方，继续添加"eval-运行 python 表达式"控件，设置"表达式"属性为"@{upperStr}.replace("华为",@{newSub})"，设置"执行结果"属性为"upperStr"，如图 5-82 所示。

（7）保存并执行脚本，结果如图 5-83 所示。

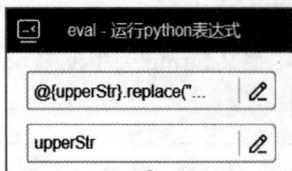

图 5-82　替换子串

图 5-83　执行结果

3．文本处理控件

除了通过"eval-运行 python 表达式"控件执行 Python 表达式外，WeAutomate Studio 还包括一系列文本处理控件，如图 5-84 所示。这些文本处理控件的功能也可以通过"eval-运行 python 表达式"控件实现。

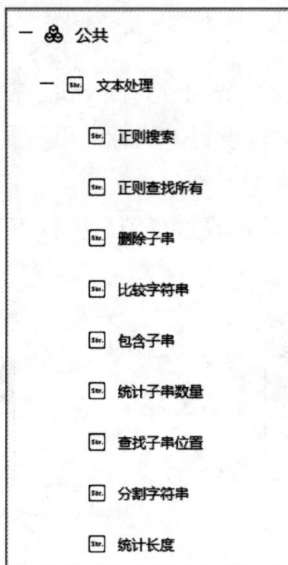

图 5-84　文本处理控件

正则表达式，又称规则表达式，通常用于检索、替换符合一定规则的文本。例如，从一段文字中发现邮箱地址或者 IP 地址等。WeAutomate Studio 中正则表达式的使用完全依赖于 Python 正则表达式库中的 re 模块。

【例 5-8】　统计字符串"华为 WeAutomate Studio"的长度，然后以空格分割该字符串并输出。

操作步骤：

（1）启动 WeAutomate Studio，新建项目"例 5_8 字符串处理"。

（2）在变量区，定义 String 类型变量 Str，设定其值为"华为 WeAutomate Studio"，如图 5-85 所示。

118

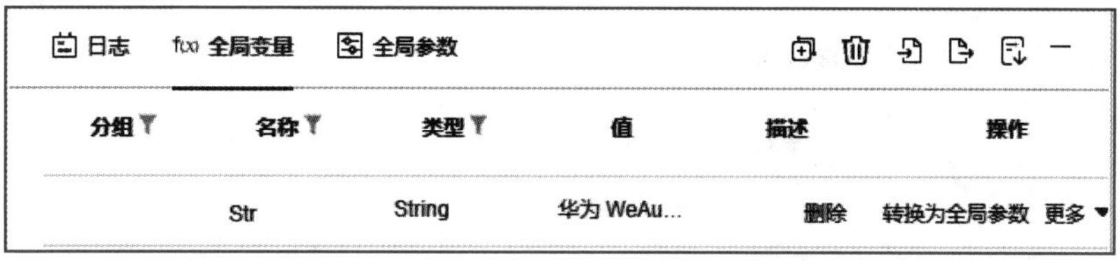

图 5-85 定义变量

（3）在开始节点下方添加"统计长度"控件，设置"待处理字符串"属性为
"@{Str}"；"字符串长度"属性默认为"stringstrlen_ret"，用于存储字符串长度值；
设置"调试日志"属性为"@{stringstrlen_ret}"，如图 5-86 所示，其作用为在日志
区显示执行结果。

图 5-86 "统计长度"控件

（4）添加"分割字符串"控件，设置"待处理字符串"属性为"@{Str}"；设
置"分割标识"属性为一个空格" "；设置"调试日志"属性为"@{stringsplit_ret}"，
如图 5-87 所示，也在日志区中显示执行结果。

图 5-87 "分割字符串"控件

（5）添加"消息窗口"控件，单击"编辑"按钮，设置"消息框内容"属性
为"字符串长度：@{stringstrlen_ret}切分结果：@{stringsplit_ret}"，如图 5-88
所示。

119

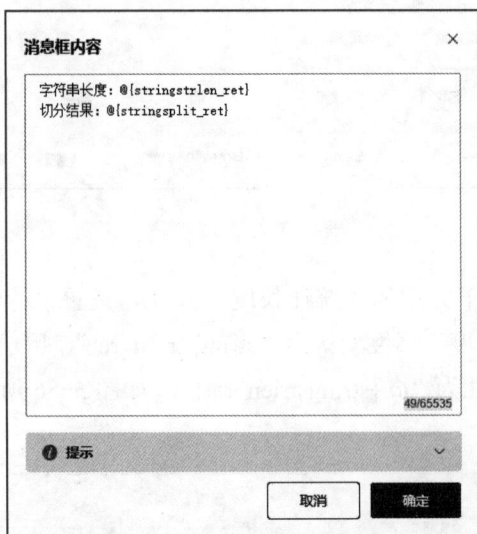

图 5-88 设置"消息框内容"属性

（6）保存并执行脚本。字符串长度为字符个数，切分结果为一个列表数据。日志区中显示的结果如图 5-89 所示，消息窗口中显示的结果如图 5-90 所示。

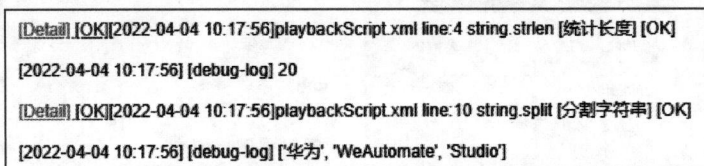

图 5-89 日志区中显示的结果

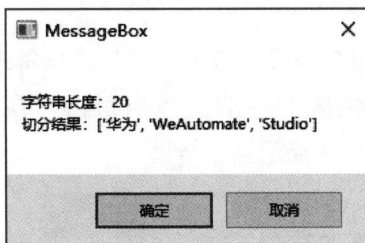

图 5-90 消息窗口中显示的结果

【例 5-9】 从字符串"3 月 6 日，122333@qq.com 消费 120 元，star2020@163.com 消费 89 元。"中，筛选出邮箱信息。

操作步骤：

（1）启动 WeAutomate Studio，新建项目"例 5_9 正则表达式"。

（2）在变量区，定义 String 类型变量 Str，设定其值为"3 月 6 日，122333@qq.com 消费 120 元，star2020@163.com 消费 89 元。"，如图 5-91 所示。

图 5-91 定义变量

（3）在开始节点下方添加"正则查找所有"控件，设置"待处理字符串"属性为"@{Str}"；设置"正则表达式"属性为"\w+@\w+\.com"；"匹配结果"属性默认为"regex_findall_ret"，用于存储正则匹配的返回结果，如图 5-92 所示。

"正则查找所有"控件使用 re 库中的 findall( )函数来进行正则匹配，其功能为扫描整个字符串，并返回结果列表。匹配规则"\w+@\w+\.com"中，"\w"表示单词字符[A-Za-z0-9]及中文，"+"表示匹配前一个字符 1 次或无限次，"\."表示将正则表达式语法中的字符"."转义为普通字符，"@"与"com"表示匹配应包含的普通字符。

（4）添加"消息窗口"控件，设置"消息框内容"属性为"@{regex_findall_ret}"，如图 5-93 所示。

（5）保存并执行脚本，结果如图 5-94 所示。

WeAutomate Studio 包括大量的字符串处理方法，限于篇幅，这里不再详述，可以根据需要查阅 Python 的相关文档。

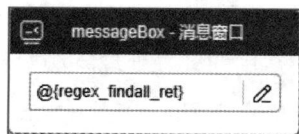

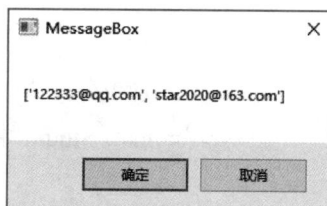

图 5-92 "正则查找所有"控件　图 5-93 "消息窗口"控件　图 5-94 执行结果

▶ 5.4.2 List 操作

列表（List）是置于[ ]中的一组有序数据，数据之间以逗号间隔。列表中的每一个数据都被称为一个元素，元素的数据类型可以相同，也可以不同。列表与字符串都是有序序列，访问方式和操作方式也具有相通性。

1. 列表的创建

方式一：利用"[ ]"创建列表

例如，在变量区，定义 Array 类型变量 student，设定其值为"["小张","女",20,

"小王","男",21]"，变量 student 为列表类型，如图 5-95 所示。

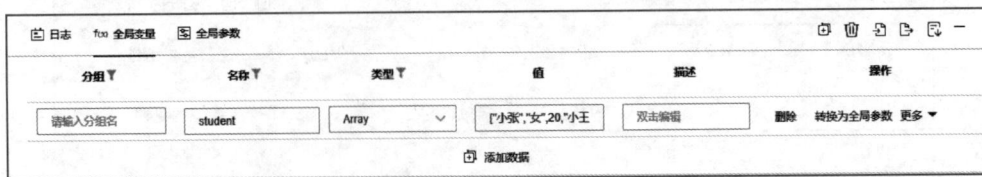

图 5-95　定义列表变量

方式二：利用 list( )函数创建列表

list( )函数可以将字符串、range 对象等可迭代对象类型的数据转换为列表，当参数为空时，建立空列表。

例如，在"eval-运行 python 表达式"控件中，设置"表达式"属性为"list("Hello")"，将会建立列表['H', 'e', 'l', 'l', 'o']，如图 5-96 所示。设置"表达式"属性为"list(range(1,10,2))"，将会建立列表[1,3,5,7,9]，如图 5-97 所示。

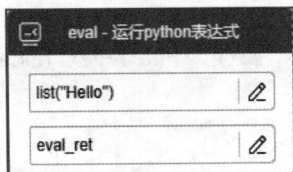

图 5-96　将字符串转换为列表

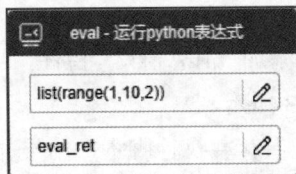

图 5-97　将 range 对象转换为列表

建立列表的方式还有很多，如例 5-8 中用"分割字符串"控件分割字符串的处理结果、例 5-9 中用"正则查找所有"控件筛选邮箱信息的处理结果都是列表。

2. 常用的列表处理方法

在 WeAutomate Studio 中，常用的列表处理方法如表 5-3 所示。

表 5-3　常用的列表处理方法

方法	描述
L.append(x)	在列表 L 的末尾追加元素 x
L.insert(i,x)	在索引号为 i 的位置插入元素 x
L.extend(L1)	将列表 L1 中的所有元素追加到列表 L 的末尾
L.remove(x)	删除列表 L 中第一个值为 x 的元素；若无此值，则抛出错误
L.pop(i)	删除列表 L 中索引号为 i 的元素；若省略 i，则删除最后一个元素
L.clear( )	清空列表 L 中的所有元素
L.count(x)	返回元素 x 在列表 L 中出现的次数
L.sort( )	对列表 L 中的数据进行原地排序，默认为升序；若设置参数 reverse=True，则为降序

除了以上常用的列表处理方法，WeAutomate Studio 还提供了常用列表处理函数，如 max( )、min( )、len( )、sum( )等，这些函数也可以用于字典等其他数据类型。

【例 5-10】　查看一组数据中的最大值，然后追加一组新数据，最后对总数据进行降序排序。

操作步骤：

（1）启动 WeAutomate Studio，新建项目"例 5_10 列表处理"。

（2）在变量区，定义 Array 类型变量 score1，设定其值为"[89,95,78,69,84,51]"；定义 Array 类型变量 score2，设定其值为"[100,0]"，如图 5-98 所示。

分组	名称	类型	值	描述	操作
	score1	Array	[89,95,78,69,84,51]		删除　转换为全局参数　更多 ▼
	score2	Array	[100,0]		删除　转换为全局参数　更多 ▼

图 5-98　定义变量

（3）在开始节点的下方添加"eval-运行 python 表达式"控件，设置"表达式"属性为"max(@{score1})"，求最大值，如图 5-99 所示。

（4）添加"消息窗口"控件，设置"消息框内容"属性为"@{eval_ret}"，如图 5-100 所示。

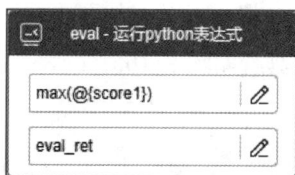

图 5-99　求最大值

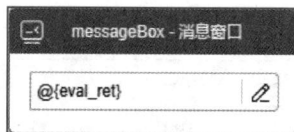

图 5-100　显示最大值

（5）添加"执行 python 语句"控件，如图 5-101 所示。

设置"Python 语句"属性如图 5-102 所示。其作用为在列表 score1 末尾追加列表 score2 的元素，然后将列表 score1 的各元素降序排序。

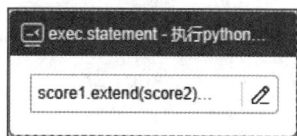

```
1  score1.extend(score2)
2  score1.sort(reverse=True)
3
```

图 5-101　"执行 python 语句"控件

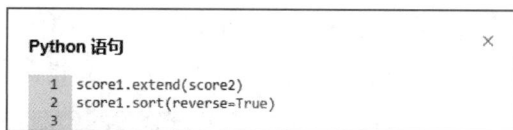

图 5-102　"Python 语句"属性

在"执行 python 语句"控件中可以按照 Python 语法编辑代码，与"eval-运行 python 表达式"控件相比，更加灵活。

123

（6）添加"消息窗口"控件，设置"消息框内容"属性为"@{score1}"。

（7）保存并执行脚本，原数据中的最大值如图 5-103 所示，总数据的排序结果如图 5-104 所示。

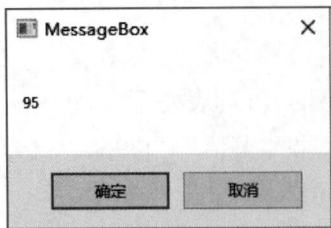

图 5-103 求最大值的结果

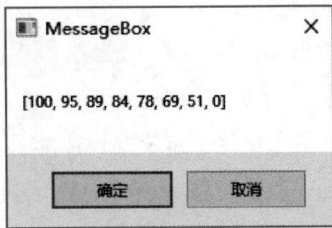

图 5-104 总数据的排序结果

▶ 5.4.3 Dictionary 操作

字典（Dictionary）是 Python 中唯一的映射数据类型，是由键(key)值(value)对组成的无序集合，其中键和值用冒号隔开，每个键值对用逗号分隔，整个字典使用"{ }"包裹。其中，key 具有唯一性和不可变性，根据 key 可以获取 value 的值。

1. 字典的创建

方式一：利用"{ }"创建字典

例如：在变量区，定义 Object 类型变量 Dict，设定其值为"{"山东":"济南","陕西":"西安","浙江":"杭州"}"，变量 Dict 为字典类型，如图 5-105 所示。

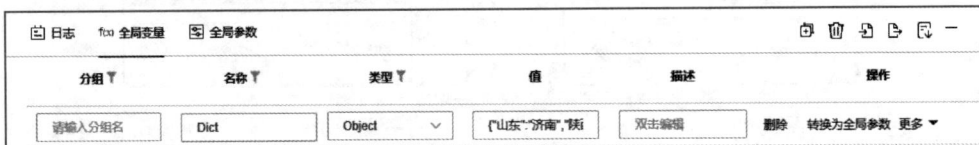

图 5-105 定义字典变量

方式二：利用 dict( )函数创建字典

dict( )函数可以将其他类型的数据转换为字典类型数据。

例如，在"eval-运行 python 表达式"控件中，设置"表达式"属性为"dict(name='James',age=28)"，如图 5-106 所示，将会建立字典{'name': 'James', 'age': 28}。

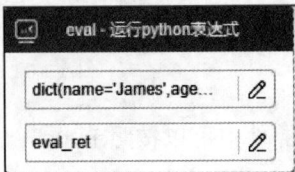

图 5-106 利用 dict( )函数创建字典

2. 常用的字典处理方法

在 WeAutomate Studio 中，常用的字典处理方法如表 5-4 所示。

表 5-4　常用的字典处理方法

方法	描述
D.update(D1)	将 D1 中的键值添加到 D 中；若存在相同的键则更新对应的值
D.get(key[,default])	返回 key 对应的值；若该键不存在，则返回 default 值，默认为 None
D.pop(key[,default])	返回 key 对应的值，并将该键值从字典 D 中删除；若该键不存在，则返回 default 值，否则触发异常
D.clear( )	清空字典 D 中的所有元素
D.key( )	返回字典 D 中所有键的可迭代对象
D.values( )	返回字典 D 中所有值的可迭代对象
D.items( )	返回字典 D 中所有键值对的可迭代对象

以上常用的字典处理方法，可以通过"eval-运行 python 表达式"控件和"执行 python 语句"控件实现。另外，WeAutomate Studio 还提供了"字典取值"控件，用于获取字典指定键对应的值。

【例 5-11】　向一组<省：省会城市>数据中添加广东省和四川省的信息，提取、显示数据中所有省会城市的信息。

操作步骤：

（1）启动 WeAutomate Studio，新建项目"例 5_11 字典处理"。

（2）在变量区，定义 Object 类型变量 pro_Capital1，设定其值为"{"山东":"济南","陕西":"西安","浙江":"杭州"}"；定义 Object 类型变量 pro_Capital2，设定其值为"{"广东":"广州","四川":"成都"}"，如图 5-107 所示。

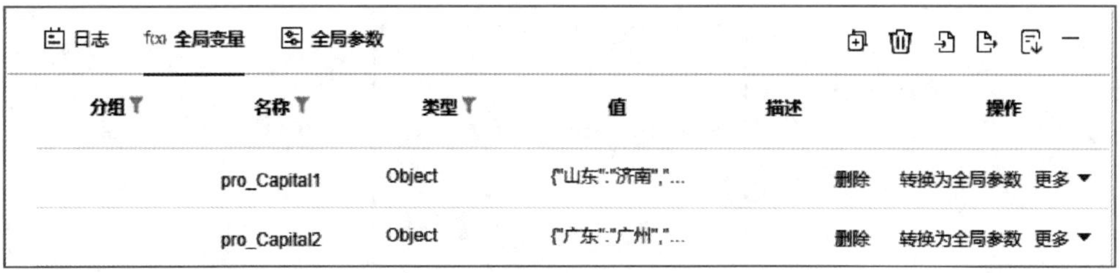

图 5-107　定义变量

（3）在开始节点的下方添加"执行 python 语句"控件，设置"Python 语句"属性为"pro_Capital1.update(pro_Capital2)"；设置"调试日志"属性为"@{pro_ Capital1}"，以在日志区查看程序执行过程中的数据变化，如图 5-108 所示。

125

图 5-108　追加字典元素

（4）添加"eval-运行 python 表达式"控件，设置"表达式"属性为"list(@{pro_Capital1}.values())"，提取出字典中所有的值形成列表，如图 5-109 所示。

（5）添加"消息窗口"控件，设置"消息框内容"属性为"@{eval_ret}"，如图 5-110 所示。

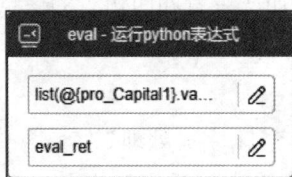

图 5-109　提取字典中所有的值

图 5-110　"消息窗口"控件

（6）保存并执行脚本，结果如图 5-111 所示。

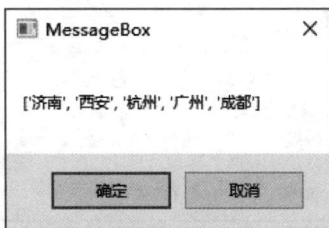

图 5-111　执行结果

▶ 5.4.4　Datetime 操作

日期时间（Datetime）用于表示日期和时间信息。Python 内置处理时间的标准函数库 datetime，以类的方式提供了多种日期和时间的表达方式。datetime 库包含 5 个时间类：date、time、datetime、timedelta、tzinfo 类，分别表示日期、时间、日期时间、时间差、时区的相关信息。其中，datetime 类的功能覆盖 date、time 类。

1．创建 datetime 对象

方式一：使用 datetime.now( )

获得当前日期和时间对象，返回一个 datetime 类型，精确到微秒。

方式二：使用 datetime.utcnow( )

获得当前日期和时间对应的世界协调时（UTC）对象，返回一个 datetime 类型，精确到微秒。

方式三：使用 datetime( )

直接使用 datetime( )函数构造一个日期时间对象，返回一个 datetime 类型，表示指定的日期和时间。

例如，通过"eval-运行 python 表达式"控件，设置"导包语句"属性为"import datetime"；设置"表达式"属性为"datetime.datetime(2022,2,4,20,0,0)"，构造一个表示第 24 届冬季奥林匹克运动会开幕式时间的对象，返回时间：2022-02-04 20:00:00，如图 5-112 所示。

图 5-112　构造日期时间对象

2．常用的 datetime 类处理方法

常用的 datetime 类属性包括 year、month、day、hour、minute、second、microsecond、max、min。

例如，通过"eval-运行 python 表达式"控件，设置"导包语句"属性为"import datetime"；设置"表达式"属性为"datetime.datetime.now().year"，返回当前日期的年信息：2022，如图 5-113 所示。

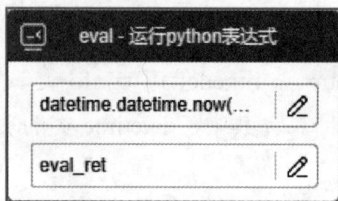

图 5-113　返回当前日期的年信息

常用的 datetime 类处理方法，如表 5-5 所示。

表 5-5　常用的 datetime 类处理方法

方法	描述
someday.date()	返回 date 部分
someday.time()	返回 time 部分
someday.strftime(format)	根据格式化字符串 format 进行格式化
someday.strptime(date_string,format)	将字符串格式转换为日期格式

除了可以使用 Python 语法控件进行以上操作外，WeAutomate Studio 还提供了三个时间处理控件，如图 5-114 所示。

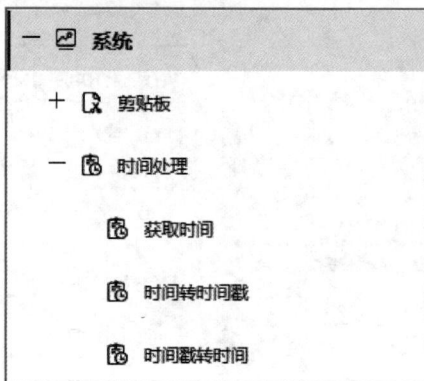

图 5-114　时间处理控件

【例 5-12】　以"年-月-日"格式输入一个日期，计算并输出此日期是一年中的第几天。

操作步骤：

（1）启动 WeAutomate Studio，新建项目"例 5_12 日期时间处理"。

（2）在开始节点的下方添加"输入对话框"控件，设置"输入标签内容"属性为"请输入年-月-日"；"对话框内容"属性默认为"systemsimpleDialog_ret"，用于保存输入的字符串，如图 5-115 所示。

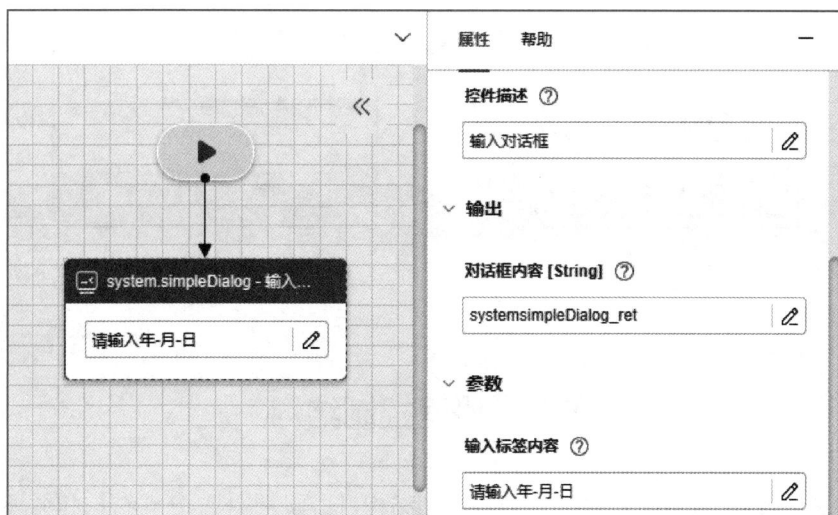

图 5-115 输入日期

（3）添加"eval-运行 python 表达式"控件，设置"导包语句"属性为"import datetime"；设置"表达式"属性为"datetime.datetime.strptime(@{systemsimpleDialog_ret},"%Y-%m-%d")"，其作用为将字符串格式转换为日期格式，如图 5-116 所示。

（4）继续添加"eval-运行 python 表达式"控件，设置"导包语句"属性为"import datetime"；设置"表达式"属性为"@{eval_ret}.strftime("%j")"，如图 5-117 所示，其作用为根据日期时间格式化符号"%j"对上一步获得的日期信息进行格式化，格式化符号"%j"表示一年内的某一天（001～366）。日期时间对象格式丰富，可以搜索"Python strftime reference cheatsheet"，前往 strftime 官网获取更多信息。

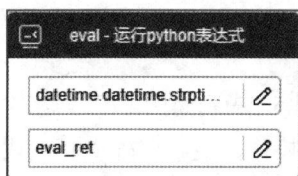

图 5-116 将字符串转换为日期

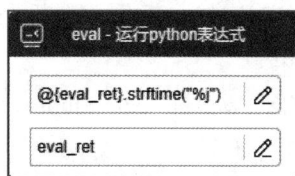

图 5-117 时间格式化

（5）添加"消息窗口"控件，设置"消息框内容"属性为"@{systemsimpleDialog_ret}是一年中的第@{eval_ret}天"，如图 5-118 所示。

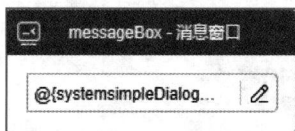

图 5-118 "消息窗口"控件

（6）保存并执行脚本，在输入框中输入日期数据，如图 5-119 所示。单击"OK"后输出结果，如图 5-120 所示。

129

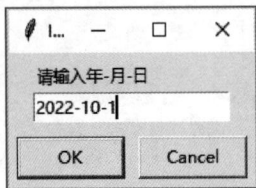

图 5-119 输入日期

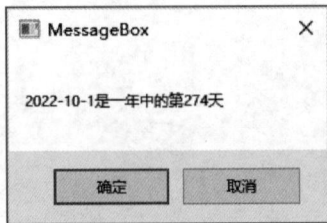

图 5-120 执行结果

5.5 流程控制结构

WeAutomate Studio 遵循三大基本控制结构，即顺序结构、分支结构和循环结构。在顺序结构中，流程从上到下顺序执行；若需要根据逻辑判断执行不同的分支，则使用分支结构；若需要根据逻辑判断反复执行某个或某段操作，则使用循环结构。下面通过实例介绍 WeAutomate Studio 中分支结构与循环结构的实现方法。

▶ 5.5.1 分支结构

在 WeAutomate Studio 2.17.0 版本中由"条件分支"控件实现分支结构，根据条件判断执行不同的分支。使用时，在"条件分支"控件的"条件表达式"属性中填写需要进行条件判断的表达式，可以创建三种不同情况的分支：条件成立、条件不成立和退出条件判断。

【例 5-13】 输入年份，判断是否闰年。

操作步骤：

（1）启动 WeAutomate Studio，新建项目"例 5_13 判断闰年"。

（2）在开始节点的下方添加"输入对话框"控件，设置"输入标签内容"属性为"请输入年份："；设置"对话框内容"属性为"year_ret"，作为输出变量，数据类型默认为 String 类型，如图 5-121 所示。

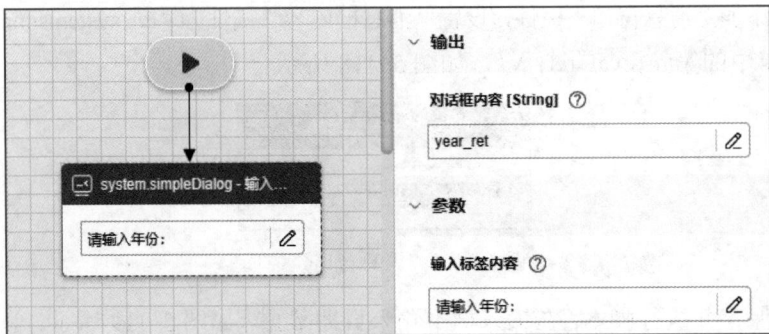

图 5-121 输入年份

130

（3）添加"eval-运行 python 表达式"控件，设置"表达式"属性为
"int(@{year_ret})"，将上一步获得的年份信息转换为 int
类型，如图 5-122 所示。

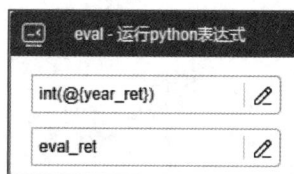

（4）添加"条件分支"控件，设置"条件表达式"
属性为"@{eval_ret} % 4 == 0 and @{eval_ret} % 100 !=
0 or @{eval_ret} % 400 == 0"；在"条件分支"控件的
左端箭头处添加"消息窗口"控件，设置"消息框内容"

图 5-122　转换数据类型

属性为"@{year_ret}是闰年"，作为"条件成立"分支；在右端箭头处添加"消息
窗口"控件，设置"消息框内容"属性为"@{year_ret}不是闰年"，作为"条件不
成立"分支；在下端箭头处添加"消息窗口"控件，设置"消息框内容"属性为"END"，
作为"退出条件判断"分支，如图 5-123 所示。

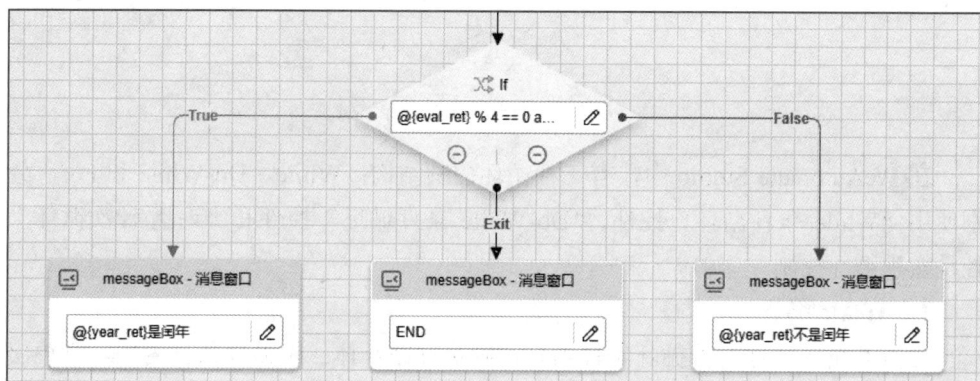

图 5-123　设置条件分支结构

（5）保存并执行脚本，输入"2020"，结果如图 5-124 所示，输入年份"2021"，
结果如图 5-125 所示。

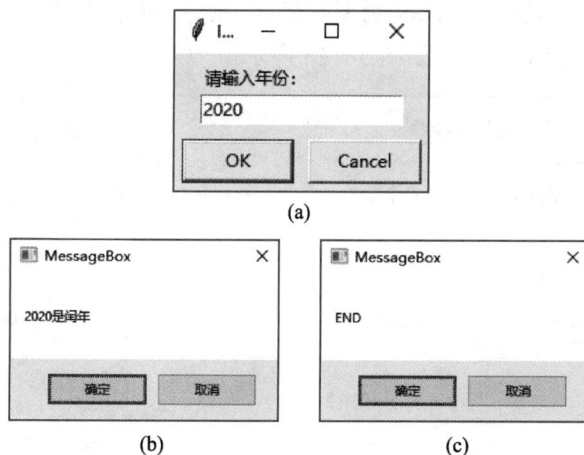

(a)

(b)　　　　　　　　　　　(c)

图 5-124　输入年份 2020 的结果

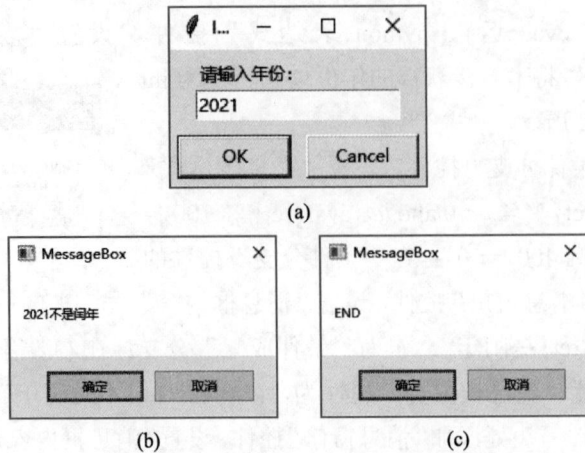

(a)

(b)   (c)

图 5-125 输入年份 2021 的结果

▶ 5.5.2 循 环 结 构

在 WeAutomate Studio 中，有三种循环控制结构：While、Do-While 和 For，分别使用"While 条件循环"控件、"Do-While 条件循环"控件和"遍历/计次循环"控件实现循环控制。

1．While 循环

先判断循环条件，若循环条件为真，则执行循环体；若循环条件为假，则跳出循环结构。

【例 5-14】 计算 10 的阶乘。

操作步骤：

（1）启动 WeAutomate Studio，新建项目"例 5_14 阶乘"。

（2）在变量区，定义 Number 类型变量 i，设定初始值为 1；定义 Number 类型变量 result，设定初始值为 1，如图 5-126 所示。

分组	名称	类型	值	描述	操作
	i	Number	1		删除 转换为全局参数 更多 ▼
	result	Number	1		删除 转换为全局参数 更多 ▼

图 5-126 创建变量

（3）添加"While 条件循环"控件，设置"条件表达式"属性为"@{i}<=10"，作为循环条件，如图 5-127 所示。

132

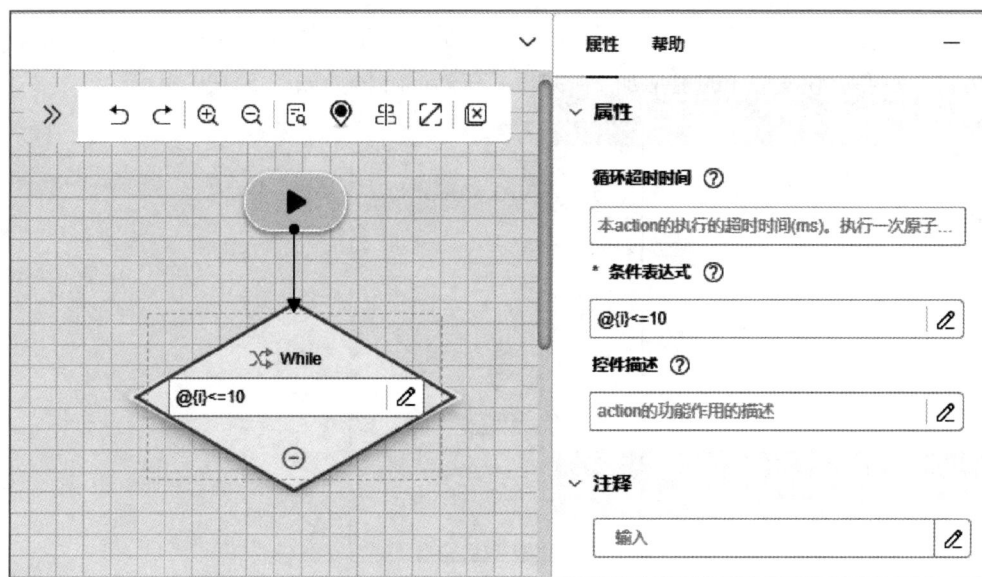

图 5-127 "While 条件循环"控件

（4）在"While 条件循环"控件的下端箭头处添加"eval-运行 python 表达式"控件，作为"进入循环体"分支，设置"表达式"属性为"@{result}*@{i}"，用于计算乘积，并将输出结果保存到变量 result 中，如图 5-128 所示。

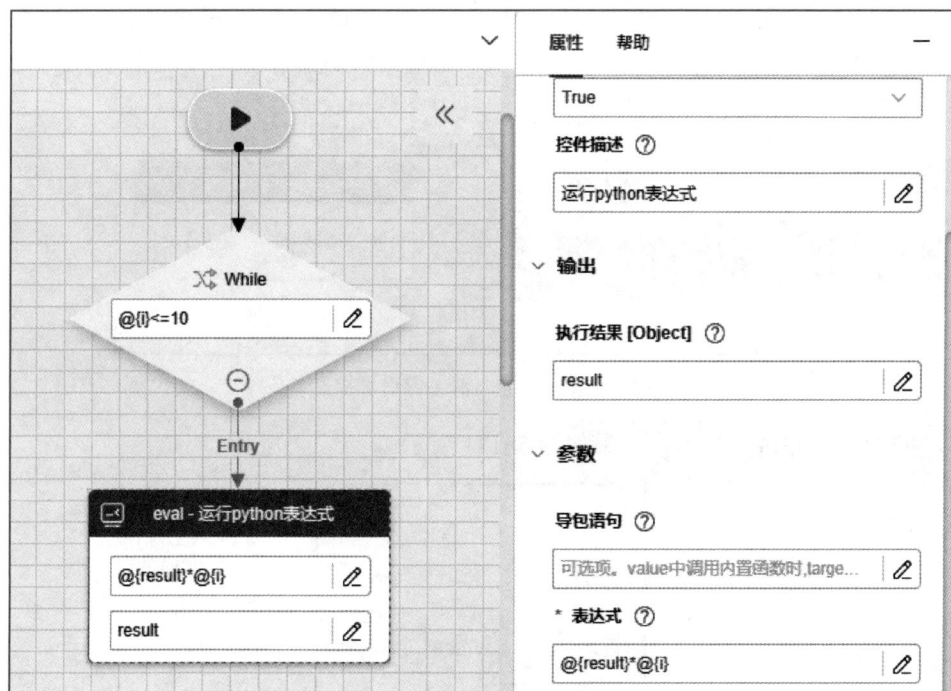

图 5-128 设置循环结构

（5）在"eval-运行 python 表达式"控件的下方继续添加"eval-运行 python 表达式"控件，使变量 i 的值增加 1，并将其作为循环体，如图 5-129 所示。

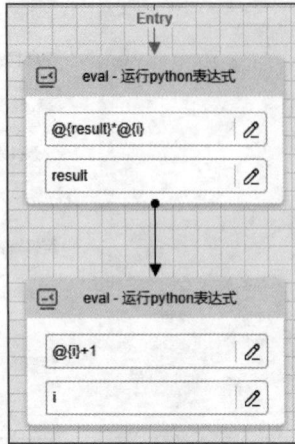

图 5-129 循环体

（6）在"While 条件循环"控件的右端箭头处添加"消息窗口"控件，作为"退出循环体"分支，即执行完循环体之后的操作。设置"消息框内容"属性为"10!是@{result}"，如图 5-130 所示。

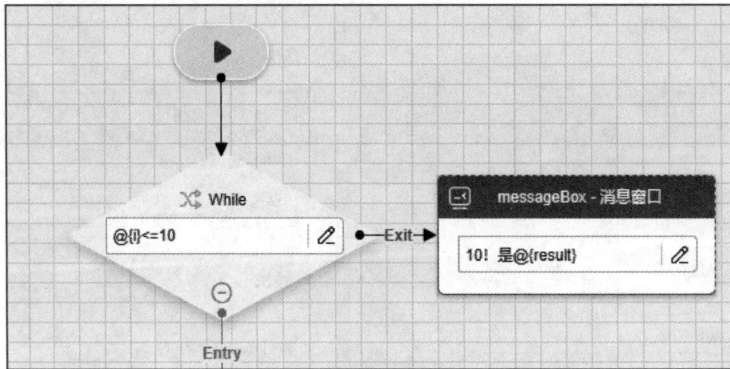

图 5-130 添加"消息窗口"控件

（7）保存并执行脚本，结果如图 5-131 所示。

图 5-131 执行结果

单击流程编辑区快捷工具栏中的"自动布局"按钮，形成本例的流程整体布局效果，如图 5-132 所示。

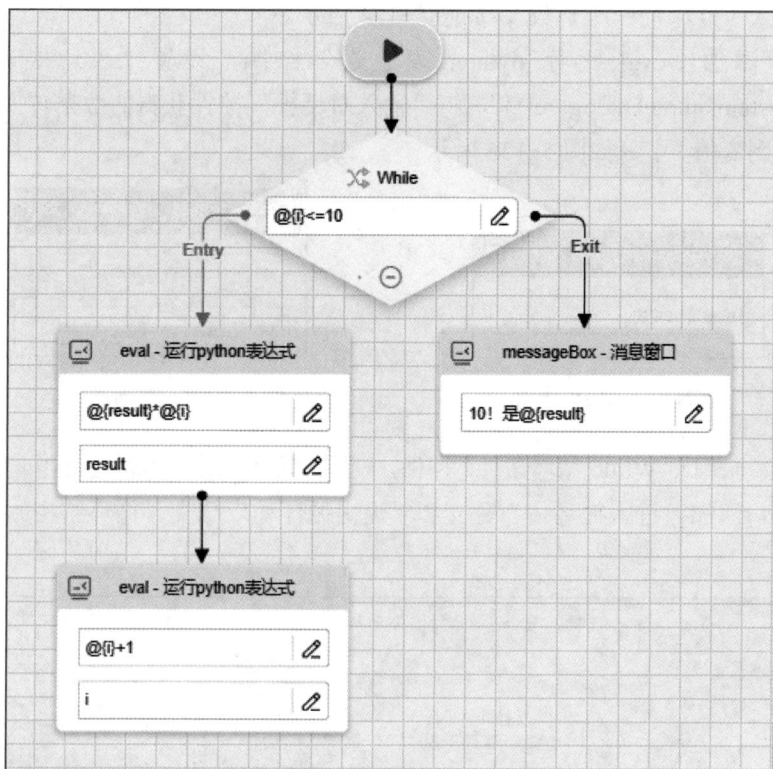

图 5-132　流程整体布局效果

2．Do-While 循环

Do-While 循环，即先执行一次循环体，然后判断循环条件，若循环条件为真，则继续执行循环体；若循环条件为假，则跳出循环结构。因此，Do-While 循环不论循环条件如何，至少会执行一次循环体。

【例 5-15】　输入 1 至 9 中的一个整数，计算此整数到 10 的累加和。

操作步骤：

（1）启动 WeAutomate Studio，新建项目"例 5_15 累加求和"。

（2）在变量区中，定义 Number 类型变量 i；定义 Number 类型变量 Sum，设定初始值为 0，如图 5-133 所示。

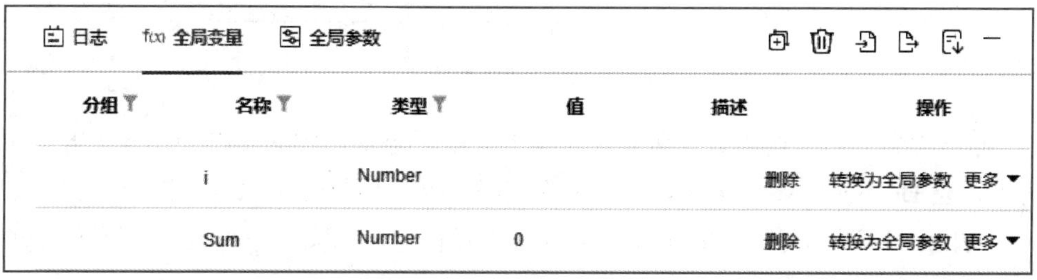

图 5-133　定义变量

135

（3）在开始节点的下方添加"输入对话框"控件，设置"输入标签内容"属性为"请输入 1-9 中的一个整数"，如图 5-134 所示。

（4）添加"eval-运行 python 表达式"控件，设置"表达式"属性为"int(@{systemsimpleDialog_ret})"，将"输入对话框"控件获得的数据转换为 int 类型并保存到变量 i 中，如图 5-135 所示。

图 5-134　输入数字　　　　　　　图 5-135　转换数据类型

（5）添加"Do-While 循环条件"控件，设置"条件表达式"属性为"@{i}<=10"。参考上例，添加"进入循环体"分支和"退出循环体"分支，循环结构如图 5-136 所示。

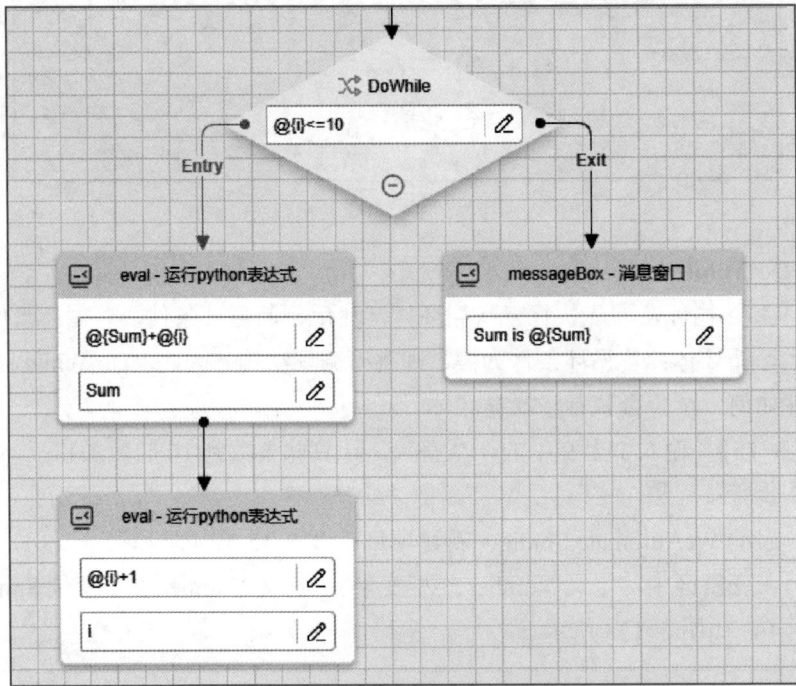

图 5-136　Do-While 循环

（6）保存并运行脚本，分别输入 8 和 12，结果分别如图 5-137 和图 5-138 所示。可见，当 Do-While 循环条件首次判断为假时，循环体仍然会执行一次。

While 循环与 Do-While 循环通常可以相互转化，当循环条件首次判断为真时，两者的执行效果一样。

136

MessageBox ×

Sum is 27

确定　取消

图 5-137　8 至 10 的累加和

MessageBox ×

Sum is 12

确定　取消

图 5-138　12 至 10 的累加和

3．For 循环

For 循环常用于遍历集合中的元素。集合可以是列表、数组、字符串、字典或者其他可迭代的对象，使用迭代变量获取集合中的每个元素。

WeAutomate Studio 提供通过索引执行循环的遍历方式 range（ ）。range（ ）为 Python 的自有类，使用 range( )可以返回一个产生整数序列的可迭代对象，一般用在 for 循环中进行索引遍历。

函数语法：

range([start,]stop[, step])

参数说明：

start：起始数，可选参数，默认为 0。例如，range(5)等价于 range(0，5)。

stop：终止数，计数到 stop 结束，但不包括 stop。例如，range(0，5)的循环数值为 0、1、2、3、4。

step：步长，可选参数，默认为 1。

【例 5-16】 打印一组水果信息。

操作步骤：

（1）启动 WeAutomate Studio，新建项目"例 5_16 水果信息"。

（2）在变量区，定义 Array 类型变量 fruits，设定初始值为["苹果 5 个","香蕉 6 个","火龙果 4 个","蜜桃 7 个"]，如图 5-139 所示。

🖹 日志　f(x) 全局变量　🔖 全局参数					🗗 🗑 🗗 🗈 🗈 ―
分组 ▼	名称 ▼	类型 ▼	值	描述	操作
	fruits	Array	["苹果5个"，"…		删除　转换为全局参数 更多 ▼

图 5-139　定义变量

（3）在开始节点的下方添加"遍历/计次循环"控件，设置"数据集合"属性为"@{fruits}"，作为需要进行遍历的集合；设置"条目名称"属性为"fruit"，遍历集合中的各个元素，如图 5-140 所示。

137

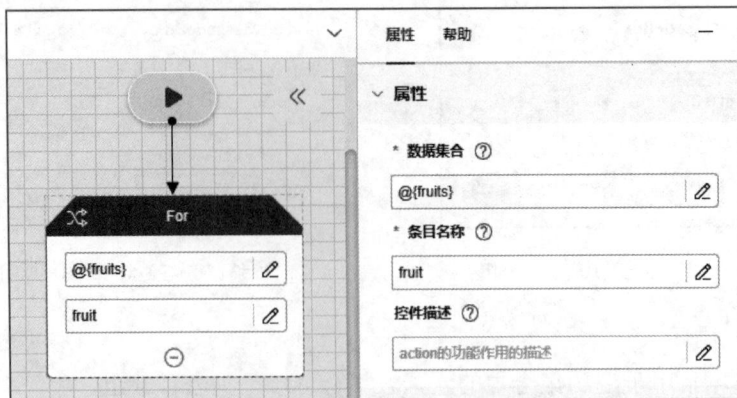

图 5-140 "遍历/计次循环"控件

（4）单击"遍历/计次循环"控件的左端箭头，添加"消息窗口"控件，作为"进入循环体"分支，设置"消息框内容"属性为"@{fruit}"；设置"超时时间"属性为"1000"，其作用为依次呈现各种水果信息，每次呈现停留 1 s。单击"遍历/计次循环"控件的右端箭头，添加"消息窗口"控件，作为"退出循环体"分支，设置"消息框内容"属性为"END"，作为循环结束之后呈现的内容，如图 5-141所示。

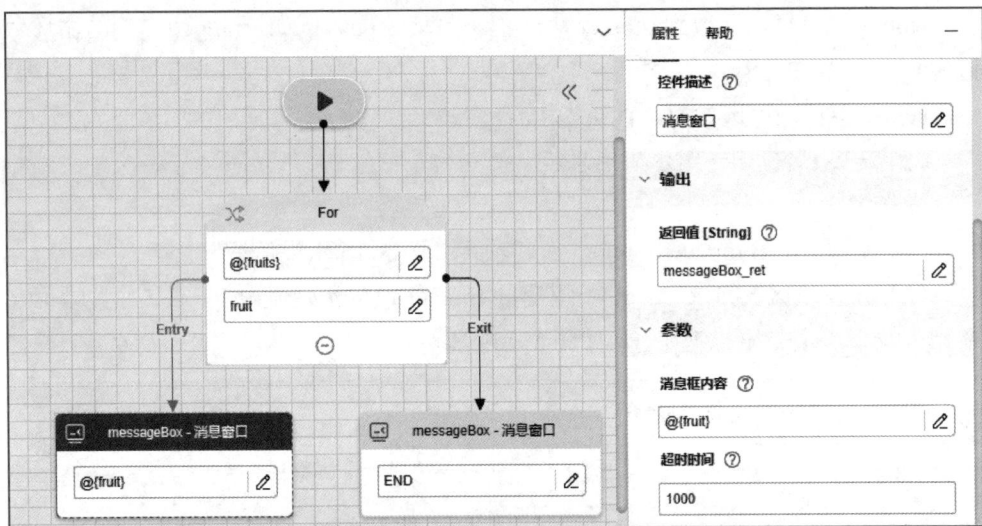

图 5-141 For 循环

（5）保存并执行脚本，即可实现每种水果信息循环呈现，每次停留 1 s。

【例 5-17】 统计例 5-16 中水果的总数量。

操作步骤：

（1）启动 WeAutomate Studio，新建项目"例 5_17 水果数量"。

（2）在变量区，定义 Array 类型变量 fruits，设定初始值为["苹果 5 个","香蕉 6

个","火龙果 4 个","蜜桃 7 个"]；定义 Number 类型变量 Sum，设定初始值为 0；定义 Number 类型变量 Num，如图 5-142 所示。

图 5-142　定义变量

（3）在开始节点的下方添加"eval-运行 python 表达式"控件，设置"表达式"属性为"","".join(@{fruits})"；设置"执行结果"属性为"fruits_new"，其作用是将列表类型变量 fruits 中的元素用","拼接成字符串，并将结果保存到变量 fruits_new 中。如图 5-143 所示。

（4）添加"消息窗口"控件，设置"消息框内容"属性为"@{fruits_new}"，用于显示上一步产生的字符串信息，如图 5-144 所示。

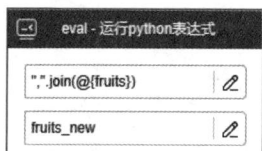

图 5-143　拼接为字符串

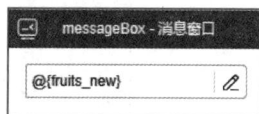

图 5-144　显示字符串信息

（5）添加"遍历/计次循环"控件，设置"数据集合"属性为"range(len(@{fruits_new}))"，设置"条目名称"属性为"i"。其作用是在字符串长度范围内，依次遍历字符串中的各个元素。如图 5-145 所示。

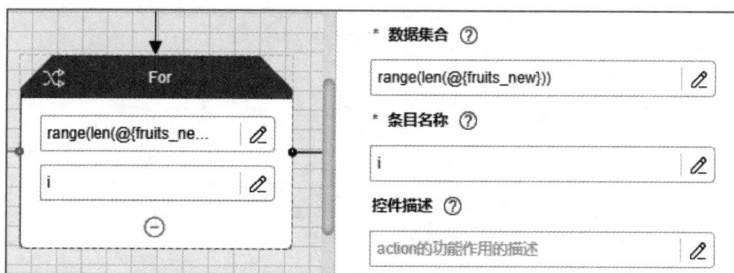

图 5-145　设置遍历循环

（6）在"遍历/计次循环"控件的左端箭头处添加"条件分支"控件，作为"进入循环体"分支，设置"条件表达式"属性为"@{fruits_new}[i]=='个'"；在"条件分支"控件下端箭头处添加"eval-运行 python 表达式"控件，作为"条件成立"分

支, 设置"表达式"属性为"int(@{fruits_new}[i-1])", 设置"执行结果"属性为"Num",
其作用为将字符'个'之前的字符转换为一个整数。

（7）在"eval-运行 python 表达式"控件的下方继续添加"eval-运行 python 表
达式"控件, 设置"表达式"属性为"@{Sum}+@{Num}", 设置"执行结果"属
性为"Sum", 其作用为将当前水果数量累加到变量 Sum 中, 如图 5-146 所示。

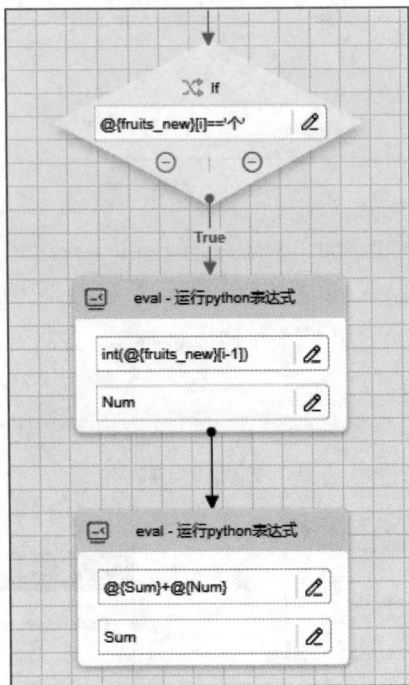

图 5-146　分支结构作为循环体

（8）在"遍历/计次循环"控件的右端箭头处添加"消息窗口"控件, 设置"消
息框内容"属性为"Sum is @{Sum}.", 作为"退出循环体"的分支。

（9）运行结果, 如图 5-147 所示。

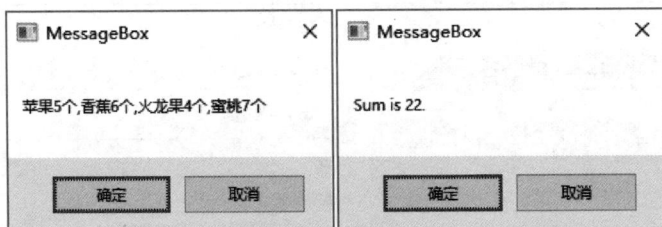

图 5-147　运行结果

4. break 与 continue

在循环结构中, 可以使用跳转语句 break 和 continue 改变循环执行路径。break
语句的作用是结束当前循环, 转而执行当前循环之后的流程。若存在循环嵌套, 仅
中断所在层循环, 外层循环不受影响。

continue 语句的作用是结束本次循环，即跳过本次循环体内 continue 后面的语句，直接执行下一次循环。

【例 5-18】 使用 For 循环遍历整数序列 range (1,20)，验证满足以下要求的数据结果。

要求 1：遇到 6 的倍数结束循环。

要求 2：遇到 6 的倍数结束本次循环。

操作步骤：

（1）启动 WeAutomate Studio，新建项目"例 5_18break 与 continue"。

（2）在变量区，定义 Array 类型变量 Lis，如图 5-148 所示。

分组 ▼	名称 ▼	类型 ▼	值	描述	操作
	Lis	Array			删除 转换为全局参数 更多 ▼

图 5-148　定义变量

（3）在开始节点的下方添加"遍历/计次循环"控件，设置"数据集合"属性为 "range(1,20)"，设置"条目名称"属性为"i"，如图 5-149 所示，其作用为在区间[1,20)内，以 1 为步长依次遍历各个整数。

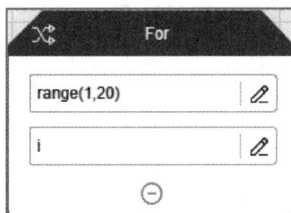

（4）在"遍历/计次循环"控件的左端箭头处添加"条件分支"控件，作为"进入循环体"分支，设置"条件表达式"属性为"@{i}%6==0"；在"条件分支"控件左端箭头处添加"退出循环"控件，作为"条件成立"分支；在"条件分支"控件的右端箭头处添加"执行 python 语句"控件，设置"Python 语句"属性为 "@{Lis}.append(@{i})"，作为"退出条件判断"分支，其作用是将 i 的数据值添加到列表 Lis 中，如图 5-150 所示。

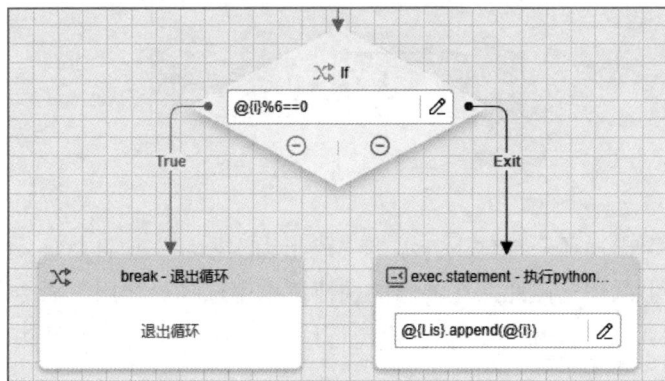

图 5-149　遍历整数序列

图 5-150　将分支结构作为循环体

141

（5）在"遍历/计次循环"控件的右端箭头处添加"消息窗口"控件，作为"退出循环体"分支，设置"消息框内容"属性为"@{Lis}"。流程整体布局如图 5-151 所示。

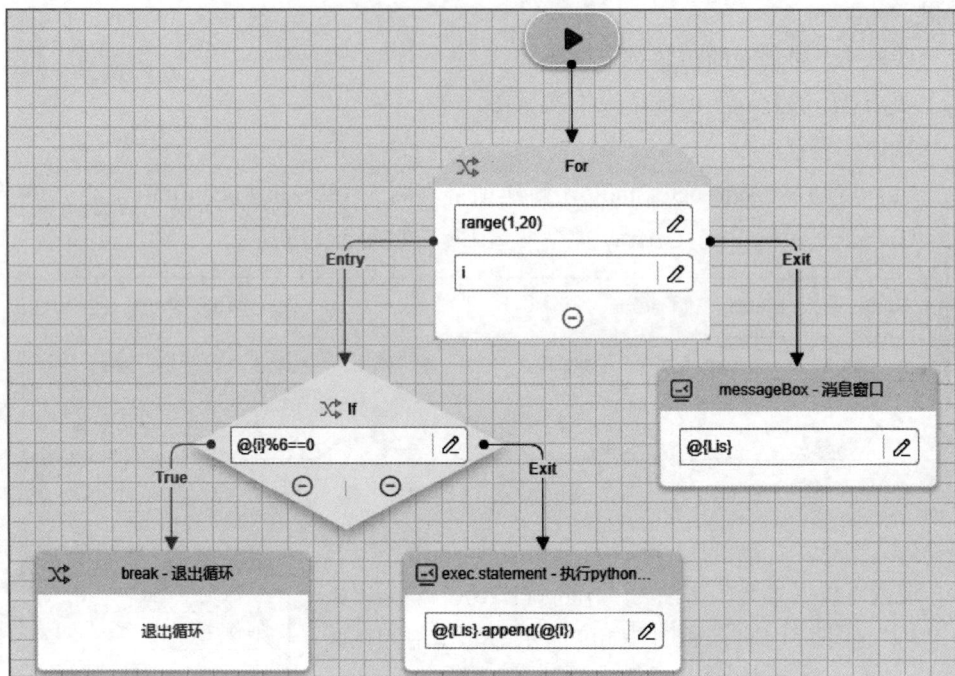

图 5-151 流程整体布局

（6）保存并执行脚本，要求 1 的运行结果为遇到 6 的倍数结束循环，如图 5-152 所示。

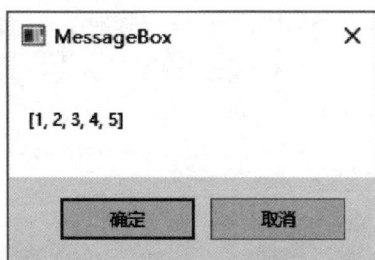

图 5-152 要求 1 的运行结果

（7）在"退出循环"控件下方添加"跳出当次循环"控件，如图 5-153 所示，右键单击"退出循环"控件，在弹出的快捷菜单中选择"禁用"命令。

（8）保存并执行脚本，要求 2 的运行结果为遇到 6 的倍数结束本次循环，如图 5-154 所示。

142

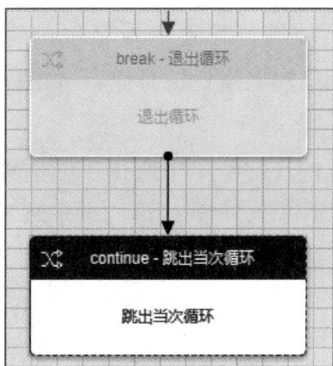

图 5-153 改为跳出当次循环

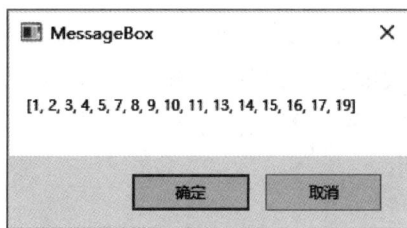

图 5-154 要求 2 的运行结果

▶ 5.5.3 子 流 程

在流程自动化中，可以将某个逻辑功能或者某个相对独立的自动化操作类型写在单独的子流程中，方便其他流程调用。这种方式可以使流程结构清晰，易于复用，方便维护，体现了模块化的程序设计思想。

WeAutomate Studio 提供了两个调用子流程的控件："Subprocess-调用子脚本"控件和 "CallScript-调用子脚本"控件。前者，子脚本共用全局作用域，在子脚本中可以任意使用和修改变量与参数，但不支持传递参数；后者，支持传递参数，易于维护。

【例 5-19】 在 Main 脚本中，输入身份证号码，调用两个子流程，分别实现筛选出生日期和加密身份证信息两项功能，在主脚本中显示处理结果。

我国居民身份证号码由 18 个字符组成，其中第 7 至 14 位数字表示出生年月日。在本例中，筛选出生日期子脚本使用 "CallScript-调用子脚本"控件进行有参调用，通过输入和输出参数来传递数据；加密身份证信息子脚本使用 "Subprocess-调用子脚本"控件进行无参调用，使用全局变量处理数据。

操作步骤：

（1）启动 WeAutomate Studio，新建项目"例 5_19 子流程"。

（2）在变量区，定义 String 类型全局变量 id_number，定义 String 类型全局变量 birthday，如图 5-155 所示。

分组	名称	类型	值	描述	操作
	id_number	String			删除 转换为全局参数 更多 ▼
	birthday	String			删除 转换为全局参数 更多 ▼

图 5-155 定义全局变量

143

（3）在开始节点的下方添加"输入对话框"控件，设置"对话框内容"属性为"id_number"，设置"输入标签内容"属性为"请输入身份证号码"，如图 5-156 所示。

（4）在项目区，右键单击 Main 脚本，在弹出的快捷菜单中选择"创建脚本"命令，如图 5-157 所示，设置脚本名称为"筛选出生日期"。创建第二个子脚本，名称为"加密身份证信息"。创建子脚本后，项目区和流程编辑区的结构布局如图 5-158 所示。

图 5-156　输入身份证号码

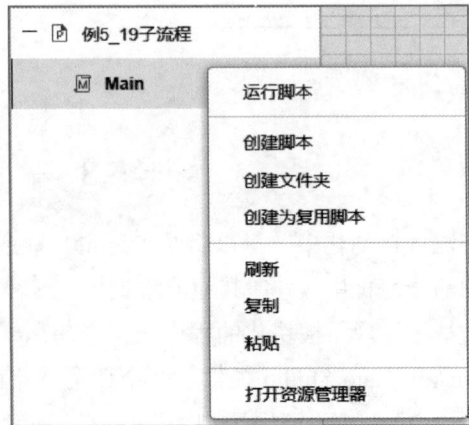

图 5-157　创建子脚本

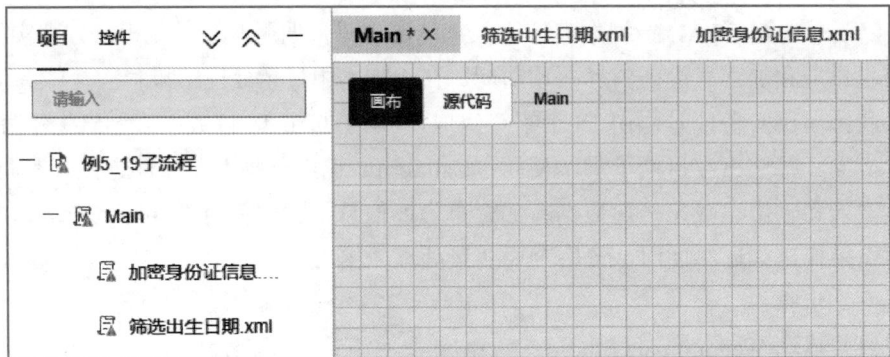

图 5-158　结构布局

在流程编辑区，若脚本名称旁边出现星号"*"，表示此脚本有尚未保存的改动。在项目区中，若脚本图标上出现的高亮三角形，表示此脚本尚未被调用。

（5）双击项目区中的筛选出生日期子脚本，进入筛选出生日期子脚本，在参数区，定义 String 类型输入参数 in_id，用于向此脚本传入身份证号码数据；定义 String 类型输出参数 out_id，用于从此脚本传出出生日期数据，如图 5-159 所示。

图 5-159　定义参数

（6）在开始节点的下方添加"eval-运行 python 表达式"控件，设置"表达式"属性为"@{in_id}[6:10]+'-'+@{in_id}[10:12]+'-'+@{in_id}[12:14]"；设置"执行结果"属性为"out_id"，如图 5-160 所示，其作用为截取身份证号码中的年、月、日数据，以"-"连接，组成新字符串。

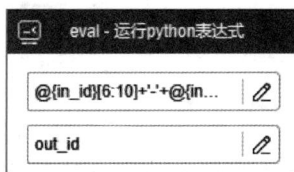

图 5-160　截取出生日期数据

（7）保存子脚本。

（8）返回 Main 脚本，添加"CallScript-调用子脚本"控件，设置"脚本路径"属性为"筛选出生日期.xml"，设置"输入参数"属性为"@{id_number}"，设置"输出参数"属性为"@{birthday}"，如图 5-161 所示。

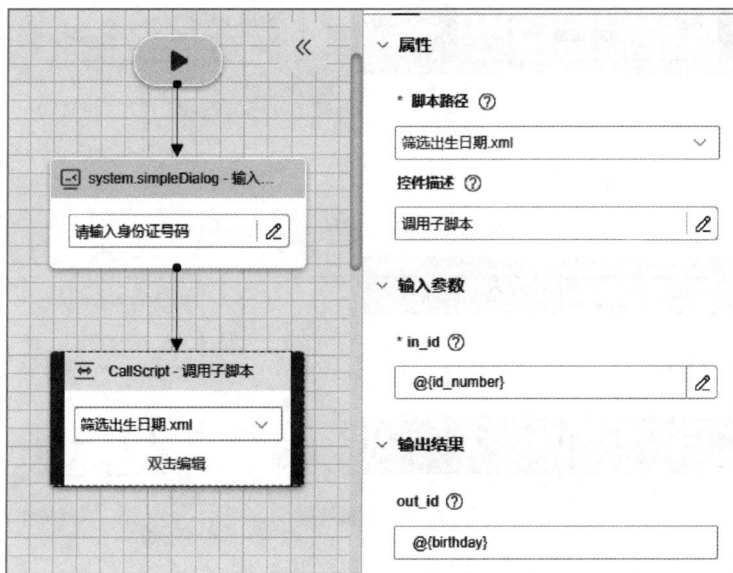

图 5-161　调用子脚本

145

（9）在"CallScript-调用子脚本"控件之后添加"消息窗口"控件，设置"消息框内容"属性为"@{birthday}"，如图 5-162 所示。

（10）进入加密身份证信息子脚本，在开始节点的下方添加"eval-运行 python 表达式"控件，设置"表达式"属性为"@{id_number}[:2]+'*'*3+@{id_number}[5:7] +'*'*3+@{id_number}[10:12]+'*'*3+@{id_number}[15:]"；设置"执行结果"属性为"id_number"，其作用为用"*"替换身份证号码的部分信息，如图 5-163 所示。

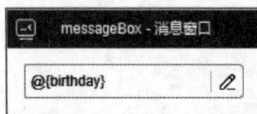

图 5-162　输出出生日期

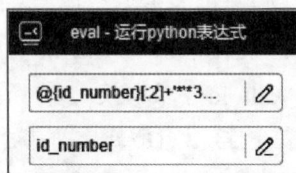

图 5-163　加密身份证信息

（11）保存子脚本。

（12）返回 Main 脚本，添加"Subprocess-调用子脚本"控件，设置"脚本路径"属性为"加密身份证信息.xml"，如图 5-164 所示。

（13）在"Subprocess-调用子脚本"控件之后添加"消息窗口"控件，设置"消息框内容"属性为"@{id_number}"，如图 5-165 所示。

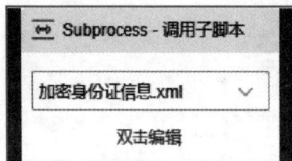

图 5-164　调用子脚本

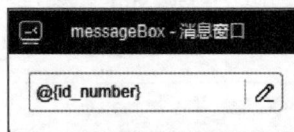

图 5-165　输出加密后的身份证信息

（14）保存 Main 脚本。

（15）执行 Main 脚本，结果如图 5-166 所示。

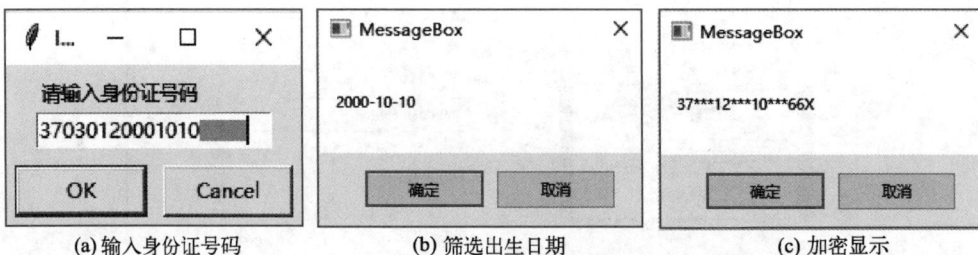

(a) 输入身份证号码　　　(b) 筛选出生日期　　　(c) 加密显示

图 5-166　运行结果

5.6 办公自动化

传统意义的办公自动化方式是指由办公人员应用计算机软件实现各种办公需求。在通用办公领域，文字类、表格类软件的使用频率非常高，工作人员往往需要投入大量时间和精力利用这些软件处理办公事务。而 RPA 擅长将重复的办公工作自动化，大幅度提升了办公效率。

▶ 5.6.1 Excel 自动化

1. 基本功能

Excel 是 Microsoft Office 套件中的核心组件之一，是一款功能强大的电子表格软件，具有制作表格、自动计算、生成图表、数据管理等功能，广泛应用在管理、统计、财经、金融等众多领域。

Excel 表格自动化是 RPA 办公软件自动化的一个重要方面。WeAutomate Studio 提供表格读取、表格写入、通用操作三类 Excel 表格自动化控件，如图 5-167 所示，可以灵活、方便地获取单元格、单元格区域、行、列、工作表数据，并对其进行增加、删除、修改等操作，也可以进行设置表格格式、创建透视表、执行宏等比较复杂的 Excel 操作。

图 5-167　Excel 表格控件

Excel 表格自动化操作一般遵循打开 Excel 文件、读写 Excel 文件、保存 Excel 文件、关闭 Excel 文件的流程进行。在设计自动化流程之前，需要确认已经安装好 Excel。

2. 表格读取

表格读取类控件用于获取单元格、单元格区域、行、列及工作表数据。常用的表格读取类控件及其主要参数如表 5-6 所示。

表 5-6　常用的表格读取类控件及其主要参数

控件	参数	参数功能
获取单元格文本	工作表 Sheet	需要激活的 Excel 工作表名称或者索引
	单元格位置	读取单元格的位置
	合并单元格的处理方式	合并的单元格中的每个单元格的值完全一样
	按照显示读取	按照单元格显示的内容读取
获取单元格属性	属性名称	可以选择 backcolor、fontname、fontsize、fontcolor、fontbold 获得背景色、字体、字号、字体颜色、加粗的信息

控件	参数	参数功能
获取区域文本	单元格位置	单元格位置的范围
	格式化方法	skipLastEmpty：忽略表格末尾行列的空单元格数据，为可选项；formatCell：将获取的表格数据格式化显示，为可选项；skipLastEmpty,formatCell：同时配置以上两个参数
获取某列单元格文本	列号	文本所在列号，为正整数或者字母
	读取合并单元格的值	读取合并单元格的值，为可选项
	按照显示读取	formatCell：按照单元格显示的内容来读取，为可选项
获取某行单元格文本	行号	文本所在行号，为正整数
获取内容位置	目标范围	内容所在的范围，不填表示范围是当前 Sheet 页
	查找目标	第一个参数表示要查找的内容；第二个参数表示内容的类型，支持 Float 和 String 类型。若第二个参数没有，则表示不区分单元格的类型
	查找方式	like：表示模糊查找（value 可以部分匹配单元格内容），为可选项；formatCell：按照单元格显示的内容来查找，为可选项
获取列数	行数	填写行数，获取某一行的列数，省略表示获取当前 Sheet 页的总列数
获取行数	列数	填写列数，获取某一列的行数，省略表示获取当前 Sheet 页的总行数

3. 表格写入

表格写入类控件用于修改或调整单元格、单元格区域、行、列及工作表数据的内容或结构。常用的表格写入类控件及其主要参数如表 5-7 所示。

表 5-7 常用的表格写入类控件及其主要参数

控件	参数	参数功能
写入单元格	工作表 Sheet	需要激活的 Excel 工作表名称或者索引
	目标单元格	待写入的目标单元格
	写入内容	待写入的文本或者公式，公式以等号开头；若为空则表示删除单元格内容
写入范围单元格	目标范围	待写入的目标范围
	写入内容	待写入的文本或者公式，公式以等号开头；当设置单个数据时，所有单元格都写入相同的值；当设置为列表时，按顺序写入
复制粘贴	工作表 Sheet	需要激活的 Excel 工作表名称或者索引
	源数据位置	待复制的单元格的位置
	目标 Excel 文档	可以和源数据不在同一个文档中，为可选项；若省略，则表示在当前文档中

控件	参数	参数功能
复制粘贴	目标 Sheet 名	待粘贴数据的 Sheet
	目标起始位置	粘贴数据的开始单元格位置
	粘贴选项	all：粘贴全部；valuesandnumberformats：粘贴值和数字格式，若省略表示默认粘贴全部
	是否转置	是否行列转置，默认为 False
插入列	目标列号	正整数或字母
	插入列数	待插入的列数，为正整数
插入行	目标行号	正整数
	插入行数	待插入的行数，为正整数
	插入数据	往插入的行中添加数据，为 JSON 数组格式
删除单元格	单元格范围	待删除单元格的范围
删除列	起始列号	正整数或字母
	删除列数	待删除的列数（包括起始列），为正整数
删除行	起始行号	正整数
	删除行数	待删除的行数（包括起始行），为正整数
筛选表格数据	目标列	需要筛选的列，可以是正整数或字母
	过滤的条件	按照规则筛选数据；若省略则表示筛选所有数据
	复制到新 Sheet	将筛选出的数据复制到指定的新 Sheet，为可选项
创建数据透视表	源 Sheet 名	表示源 Sheet 页
	源表格范围	表示源表格范围
	目标 Sheet 名	目标 Sheet 页；若不存在则新建
	目标起始位置	表示目的范围的起始位置
	透视表名	表示透视表的名称
	设置参数、格式	设置透视表的参数和格式：可以包含多组数据，每一组数据用括号包裹，各组之间用逗号隔开。目前一组数据仅支持 2~3 个参数。第一个参数表示源数据的列标签（表头），第二个参数表示在透视表中的作用（行、列、统计等），第三个参数表示统计方式
刷新透视表	目标 Sheet 页	设置 Sheet 页
	透视表名称	透视表的名称

4. 通用操作

通用操作类控件用于实现对工作簿、工作表通用操作的自动化。常用的通用操作类控件及其主要参数如表 5-8 所示。

表 5-8　常用的通用操作类控件及其主要参数

控件	参数	参数功能
打开 Excel 文件	软件类型	可选择 Excel 或 WPS
	Excel 文件路径	Excel 文件的路径,若不存在则在该位置新建一个 Excel 文件
	工作表 Sheet	需要激活的工作表名称或索引
	是否可见	是否需要可视化打开,默认为 False,即不可见
	是否为只读	是否以只读方式打开,在只读模式下不可保存工作簿
	密码(只读权限/修改权限)	若 Excel 文件设置有读写权限,则需要填写读写权限的密码
关闭工作簿	Excel 对象	需要关闭的 Excel 文件
	保存文件	True 表示关闭时保存文件,False 表示关闭时不保存文件
另存为工作簿	Excel 对象	需要另存为的 Excel 文件
	另存为路径	指定另存为 Excel 的文件路径
	是否覆盖	若目录下存在同名文件,是否需要覆盖;默认为 False,即不覆盖
	密码(只读权限/修改权限)	若 Excel 文件设置有读写权限,则需要填写读写权限的密码
激活 Sheet	选择 Sheet 方式	按名称(name)或索引(index)选择工作表;若省略,表示默认使用名称选择工作表
	目标 Sheet 页	按 name 方式时填写 Sheet 名称,不区分大小写;按 index 方式时填写 Sheet 索引,正整数
增加 Sheet 页	Sheet 名称	待增加的 Sheet 的名称
	是否覆盖	当存在同名 Sheet 时,是否覆盖
	Sheet 索引位置	表示 Sheet 的索引位置,为整数,当增加的 Sheet 不存在时,若索引小于 1 则默认增加到第一页,若索引大于文件现有的总 Sheet 页索引,则默认增加到最后一页;当存在同名 Sheet 时,若是否覆盖为 True 则覆盖,若是否覆盖为 False 则不作处理
	激活工作表	选择是否激活新增的工作表
删除 Sheet 页	选择 Sheet 方式	按照 Sheet 页名称或索引删除,取值 sheetname 或者 index
	目标 Sheet 页	按照 sheetname 方式时,填写要删除的 Sheet 页名称;按照 index 方式时,填写索引(正整数),若索引大于文件现有的总 Sheet 页索引,则默认删除最后一个 Sheet 页
获取 Sheet 名称	Sheet 索引	正整数,若索引大于文件现有的总 Sheet 页索引,则默认获取最后一个 Sheet 页名称,若不填则表示获取当前 Sheet 页名称
表格数据排序	工作表	指定单元格所在的 Sheet 工作表,默认为当前工作表。可以使用 Sheet 页名称或索引,索引从 1 开始

续表

控件	参数	参数功能
表格数据排序	单元格范围	需要排序的单元格范围，默认为当前 Sheet 页的所有数据表格
	排序方向	sortrows 表示按列排序，sortcolumns 表示按行排序。默认按列排序，即根据一列或者多列排序行数据
	排序字段	选取需要排序的列或者行中的任意一个单元格
	排序顺序	默认升序，配合排序字段一起使用
执行 Excel 中的宏	宏名称	宏的名称
	输入参数	输入的参数，为可选项，若有多个参数则使用逗号隔开。注意：字符串类型参数需要加双引号
	执行宏密码	执行宏的密码，为可选项
调用外部的 VBA 函数	目标文件路径	目标 VBA 函数所在的文件的路径
	函数名	函数名
	函数参数	函数参数。注意：字符串类型参数需要加双引号

【例 5-20】 在当前项目路径下，有文件“销售记录表.xlsx”，表格数据如图 5-168 所示。

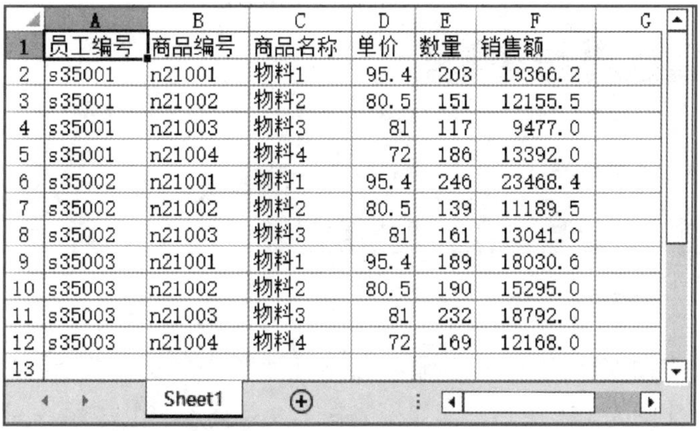

	A	B	C	D	E	F
1	员工编号	商品编号	商品名称	单价	数量	销售额
2	s35001	n21001	物料1	95.4	203	19366.2
3	s35001	n21002	物料2	80.5	151	12155.5
4	s35001	n21003	物料3	81	117	9477.0
5	s35001	n21004	物料4	72	186	13392.0
6	s35002	n21001	物料1	95.4	246	23468.4
7	s35002	n21002	物料2	80.5	139	11189.5
8	s35002	n21003	物料3	81	161	13041.0
9	s35003	n21001	物料1	95.4	189	18030.6
10	s35003	n21002	物料2	80.5	190	15295.0
11	s35003	n21003	物料3	81	232	18792.0
12	s35003	n21004	物料4	72	169	12168.0
13						

图 5-168 销售记录表.xlsx

实现以下流程的自动化：

（1）在销售记录表.xlsx 的 Sheet1 的第 9 行添加记录（s35002，n21004，物料 4，72，100）并计算销售额。

（2）以数量为关键字，降序排序。

（3）创建数据透视表，统计商品编号和销售额的数据信息。

（4）另存为“.\Output\销售信息.xlsx”。

操作步骤如下：

（1）启动 WeAutomate Studio，新建项目"例 5_20excel 自动化"。

（2）在变量区，定义 Array 类型变量 new，设定初始值为["s35002","n21004"，"物料 4",72,100]，如图 5-169 所示。

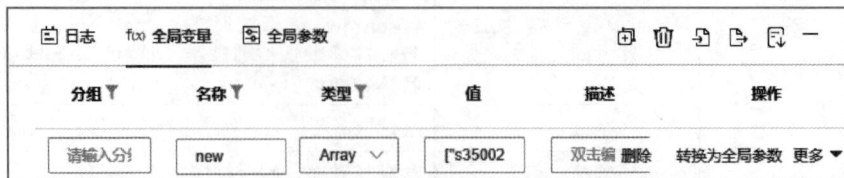

图 5-169　定义变量

（3）在开始节点的下方添加"打开 Excel 文件"控件，设置"Excel 文件路径"属性为"@{WORK_DIR}\销售记录表.xlsx"，如图 5-170 所示，"@{WORK_DIR}"表示当前项目路径。若流程涉及多个 Excel 文件，应为每个文件设置文件别名，以便区分。由于本例只涉及一个 Excel 文件，"Excel 文件对象别名"属性可默认为空，其他属性使用默认设置。

图 5-170　"打开 Excel 文件"控件

（4）添加"插入行"控件，设置"目标行号"属性为"9"；设置"插入行数"属性为"1"，如图 5-171 所示，其作用为在第 9 行插入一个空行。

（5）添加"写入范围单元格"控件，设置"目标范围"属性为"A9:E9"；设置"写入内容"属性为"@{new}"，如图 5-172 所示，其作用为在指定区域写入数据。

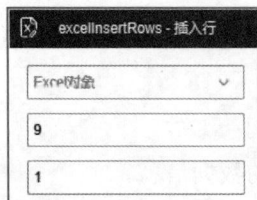

图 5-171　"插入行"控件

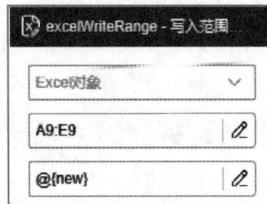

图 5-172　"写入范围单元格"控件

（6）添加"自动填充"控件，设置"起始范围"属性为"F8"；设置"填充范围"属性为"F8:F9"，如图 5-173 所示，其作用为以 F8 为起点，在 F8:F9 区域内自动填充数据，以实现对公式的自动填充。

（7）添加"表格数据排序"控件，设置"排序字段 1"属性为"E5"，如图 5-174 所示；设置"排序顺序 1"属性为"descending"，其作用为对字段 E 的数据降序排序，E5 为排序字段中任意选取的单元格。

图 5-173 "自动填充"控件

图 5-174 "表格数据排序"控件

（8）添加"创建数据透视表"控件，设置"源 Sheet 名"属性为"Sheet1"；设置"源表格范围"属性为"A1:F13"；设置"目标 Sheet 名"属性为"Sheet2"；设置"目标起始位置"属性为"A1"；设置"透视表名"属性为"物料汇总"；设置"设置参数、格式"属性为"(商品编号, xlRowField),(销售额, xlDataField, xlSum)"，如图 5-175 所示，其作用为选取 Sheet1 工作表的"A1:F13"区域，从 Sheet2 工作表的 A1 位置开始，创建数据透视表，数据透视表名称为物料汇总，以商品编号字段作为行标签，对销售额求和。

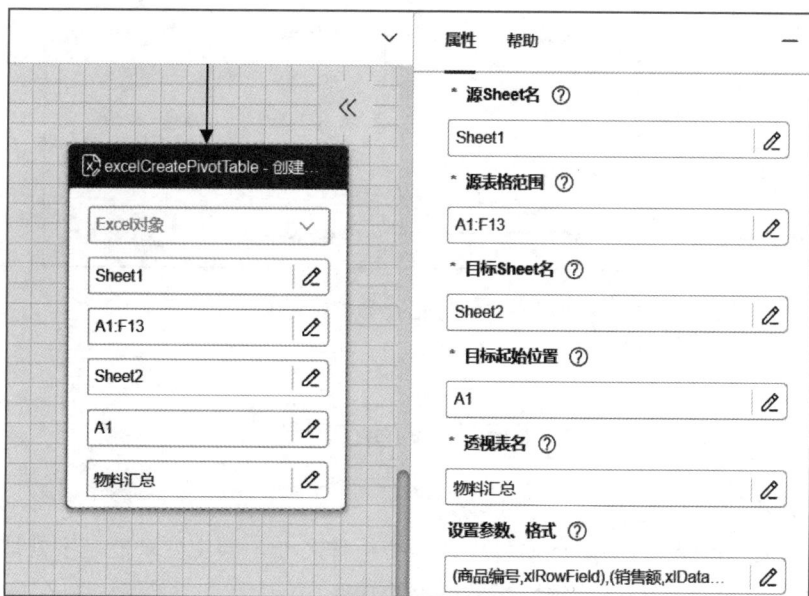

图 5-175 "创建数据透视表"控件

153

（9）添加“另存为工作簿”控件，设置“另存为路径”属性为“@{WORK_DIR}\Output\销售信息.xlsx”。

（10）添加“关闭工作簿”控件，设置“保存文件”属性为“False”，即在关闭工作簿时不保存工作簿文件。

（11）保存并执行脚本，指定路径处出现了新文件“销售信息.xlsx”，其中 Sheet1 工作表数据如图 5-176 所示，Sheet2 数据透视表如图 5-177 所示。

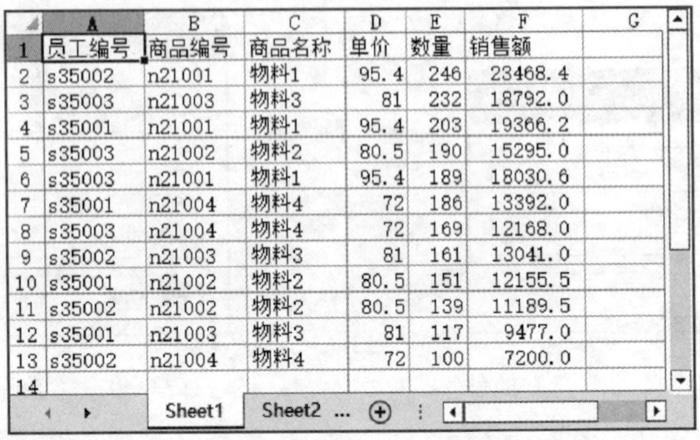

	A	B	C	D	E	F	G
1	员工编号	商品编号	商品名称	单价	数量	销售额	
2	s35002	n21001	物料1	95.4	246	23468.4	
3	s35003	n21003	物料3	81	232	18792.0	
4	s35001	n21001	物料1	95.4	203	19366.2	
5	s35003	n21002	物料2	80.5	190	15295.0	
6	s35003	n21001	物料1	95.4	189	18030.6	
7	s35001	n21004	物料4	72	186	13392.0	
8	s35003	n21004	物料4	72	169	12168.0	
9	s35002	n21003	物料3	81	161	13041.0	
10	s35001	n21002	物料2	80.5	151	12155.5	
11	s35002	n21002	物料2	80.5	139	11189.5	
12	s35001	n21003	物料3	81	117	9477.0	
13	s35002	n21004	物料4	72	100	7200.0	
14							

图 5-176　Sheet1 工作表数据

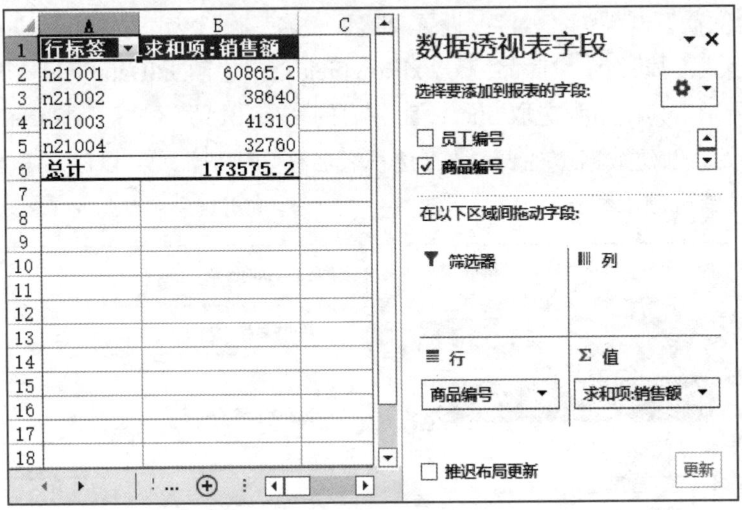

	A	B	C
1	行标签	求和项:销售额	
2	n21001	60865.2	
3	n21002	38640	
4	n21003	41310	
5	n21004	32760	
6	总计	173575.2	

图 5-177　Sheet2 数据透视表

5.6.2　Word 自动化

1．基本功能

Word 是 Microsoft Office 套件中的核心组件之一，其主要功能是字处理、图片处理、表格编排等，是办公领域必不可少的软件。

WeAutomate Studio 提供了 Word 文档自动化的基本功能，包括对文本的读取、替换、追加等基础操作，以及添加与替换图片、插入表格、设置书签内容、导出为 PDF 等，如图 5-178 所示。WeAutomate Studio 后续版本还将继续拓展 Word 文档自动化的功能范围。

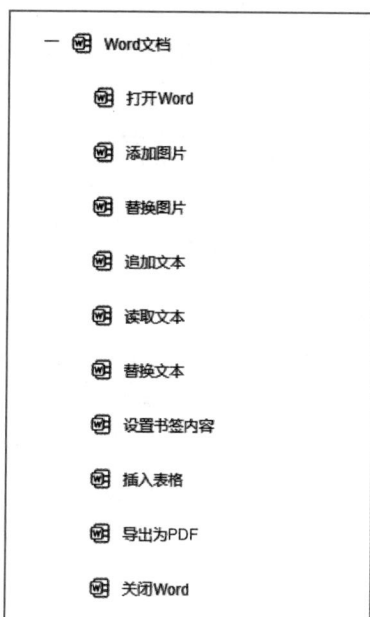

图 5-178　Word 文档控件

Word 文档自动化操作流程与 Excel 表格自动化操作流程类似，一般遵循打开 Word 文件、读写 Word 文件、保存 Word 文件、关闭 Word 文件的流程进行。

2. 主要操作

常用的 Word 自动化控件及其主要参数，如表 5-9 所示。

表 5-9　常用的 Word 自动化控件及其主要参数

控件	参数	参数功能
打开 Word	文档路径	Word 文档路径
	是否可见	设置打开的 Word 文档是否可见
追加文本	待追加文本	追加的文本内容
替换文本	替换方式	替换文本的方式（默认替换所有）。first：替换文档中查找结果的第一个；last：替换文档中查找结果的最后一个；all：替换文档中的所有查找结果；数字：替换文档中查找结果的第几个
	替换表达式	查找并替换内容，find_text=原内容，replace_text=替换内容
	是否替换页眉、页脚	替换区域是否包含页眉、页脚
添加图片	图片路径	待插入的图片的路径
替换图片	图片路径	用于替换的图片的路径

续表

控件	参数	参数功能
替换图片	图片的 Alt_text	被替换图片的 Alt_text。执行此命令前须在被替换的图片上添加 Alt 文本作为标记
插入表格	插入位置上的文本	插入位置上的正文内容或书签名,用于指定表格插入的位置
	目标位置类型	目标元素类型。其中,text:正文的内容;bookmark:正文的书签
	指定插入位置	指定表格插入文档中的第几个正文文本。仅当目标位置类型为文本时有效。0 代表第一个,−1 代表最后一个,不填代表所有
	表格内容	插入表格的内容,数据格式为二维表
	表格位置	表格相对目标元素插入的位置。dochead:在文档开头;doctail:在文档结尾;before:在目标元素之前;after:在目标元素之后;replace:将目标元素替换。若没有"插入位置上的文本"和"目标位置类型"参数,则只能选择 dochead、doctail;若参数选择了 before,after,replace,则为文档末尾
设置书签内容	书签名字	书签名
	设置的值	更改书签对应的内容
导出为 PDF	导出 PDF 全路径	导出 PDF 文件的全路径

【例 5-21】 在项目路径下,有两个 Word 文档:"RPA 机器人.docx",文档内容如图 5-179 所示;"数字员工.docx",文档内容如图 5-180 所示。

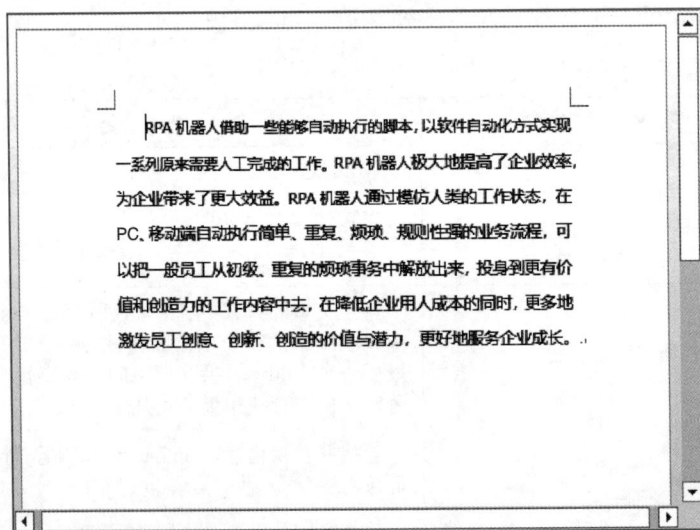

图 5-179 RPA 机器人.docx

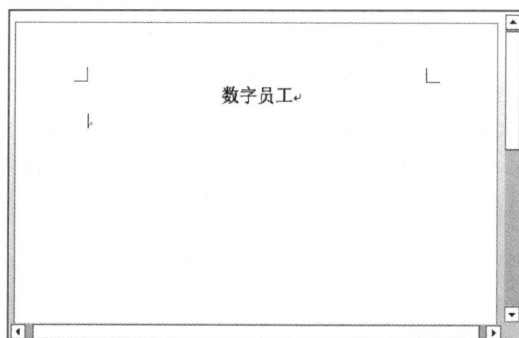

图 5-180　数字员工.docx

实现以下流程的自动化：

（1）读取文档"RPA 机器人.docx"的内容，写入文档"数字员工.docx"。

（2）在文档"数字员工.docx"末尾插入图片".\input\ case.jpg"。

（3）将文档"数字员工.docx"中所有的"RPA 机器人"替换为"数字员工"。

（4）导出 PDF 文件。

操作步骤如下：

（1）启动 WeAutomate Studio，新建项目"例 5_21word 自动化"。

（2）在项目区创建两个子脚本，分别命名为"读取 Word"和"编辑 Word"，如图 5-181 所示。

（3）进入读取 Word 子脚本，在开始节点的下方添加"打开 Word"控件，设置"文档路径"属性为"@{WORK_DIR}\RPA 机器人.docx"，如图 5-182 所示。

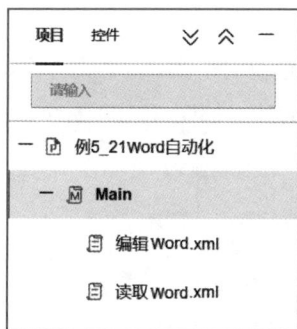

图 5-181　创建子脚本

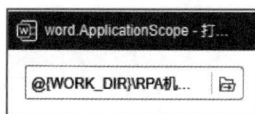

图 5-182　"打开 Word"控件

（4）添加"读取文本"控件，"文档内容"属性默认为"wordReadText_ret"，如图 5-183 所示。

（5）添加"关闭 Word"控件，如图 5-184 所示。

图 5-183　"读取文本"控件

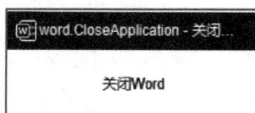

图 5-184　"关闭 Word"控件

（6）进入编辑 Word 子脚本，在开始节点的下方添加"打开 Word"控件，设置"文档路径"属性为"@{WORK_DIR}\数字员工.docx"。

（7）添加"追加文本"控件，设置"追加文本"属性为"@{wordReadText_ret}"，如图 5-185 所示，其作用为将步骤（3）至步骤（5）所获取的文档内容以追加的方式写入当前 Word 文档。

（8）添加"添加图片"控件，设置"图片路径"属性为"@{WORK_DIR}\Input\case.jpg"，如图 5-186 所示。

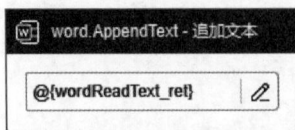

word.AppendText - 追加文本	word.AddPicture - 添加图片
@{wordReadText_ret}	@{WORK_DIR}\Input\c...

图 5-185 "追加文本"控件　　　　　图 5-186 "添加图片"控件

（9）添加"替换文本"控件，设置"替换方式"属性为"all"；设置"替换表达式"属性为"find_text=RPA 机器人，replace_text=数字员工"，如图 5-187 所示。

（10）添加"导出为 PDF"控件，设置"导出 PDF 全路径"属性为"@{WORK_DIR}\数字员工.pdf"，如图 5-188 所示。

word.ReplaceText - 替换文本	word.ExportToPDF - 导出为PDF
find_text=RPA机器人,r...	@{WORK_DIR}\数字员...

图 5-187 "替换文本"控件　　　　　图 5-188 "导出 PDF"控件

（11）添加"关闭 Word"控件。

（12）在 Main 脚本中，添加两个"Subprocess-调用子脚本"控件，分别设置"脚本路径"属性为"读取 Word.xml""编辑 Word.xml"，如图 5-189 所示。

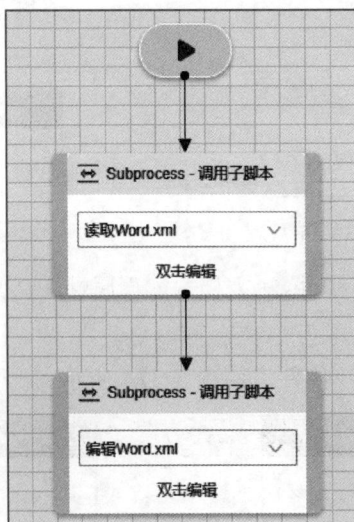

图 5-189 Main 脚本

（13）保存子脚本和 Main 脚本，执行 Main 脚本，"数字员工.docx"文档中的内容将得到更新，并产生新的 PDF 文件"数字员工.pdf"，其内容如图 5-190 所示。

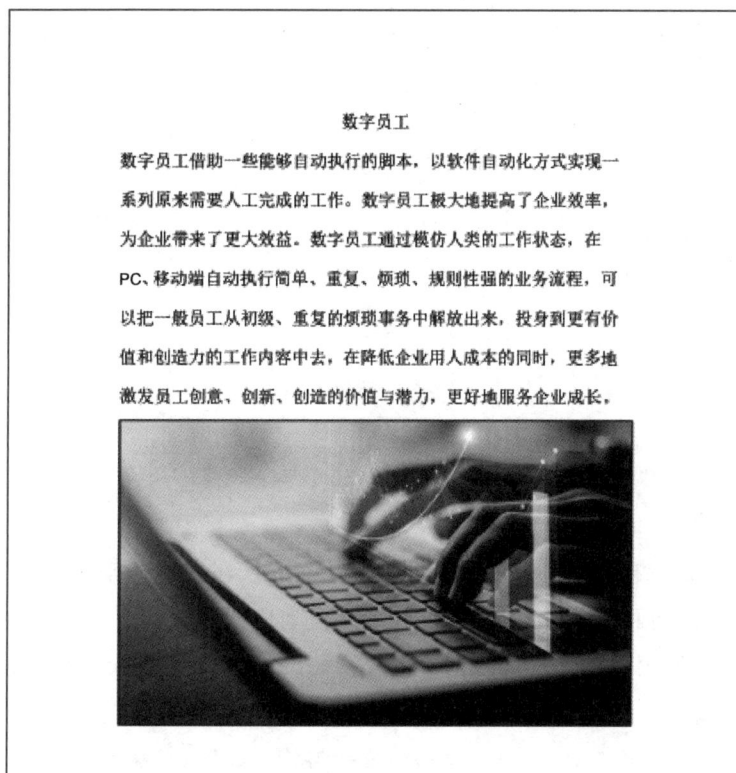

图 5-190　数字员工.pdf

5.7　用户界面自动化

除了 5.2.3 小节涉及的网页录制、应用程序录制可以自动产生代码，快速产生自动化流程外，WeAutomate Studio 还提供了功能强大的图形界面自动化控件，可以实现对 Web 应用和桌面应用的更加精准的自动化操作。

▶ 5.7.1　Web 应用自动化

1. 基本功能

WeAutomate Studio 提供了 Web 应用自动化的功能，可以通过模拟人对鼠标、键盘的操作，与浏览器进行交互，以及获取网页中的表格，UI 自动化控件如图 5-191 所示。

159

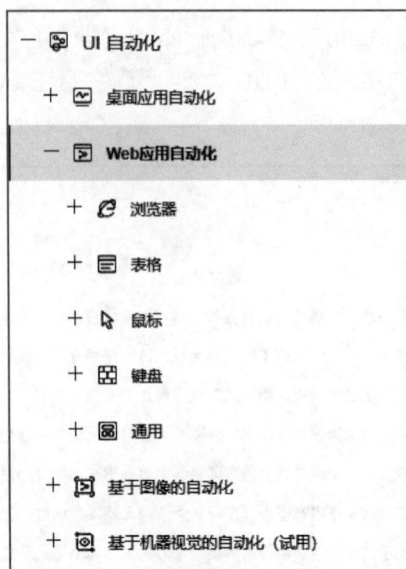

图 5-191　UI 自动化控件

2．Web 应用自动化控件

Web 应用自动化控件包括浏览器、表格、鼠标、键盘、通用操作共五类，涵盖了对网页元素的各种操作。常用的 Web 应用自动化控件及其主要参数如表 5-10 所示。使用 Web 应用自动化控件之前，需要安装浏览器插件。WeAutomate Studio 自动安装谷歌浏览器插件，其他浏览器配置请参考 5.1.2 小节。

表 5-10　常用的 Web 应用自动化控件及其主要参数

控件	参数	参数功能
打开网页	网页地址	目标 URL，需要填写对应的协议，如 HTTP、HTTPS、FILE 等
	浏览器类型	选择浏览器类型，为可选项
	最大化打开网页	如果值为 True，则打开网页时会最大化网页
退出浏览器	目标页面	目标页面所在的浏览器
	等待页面加载	执行操作前，等待页面的加载策略。complete：等待页面加载完成；loading：不等待页面加载完成。为空时默认为 complete。该参数不适用于异步的 AJAX 请求
关闭网页窗口	目标页面	录制或拾取的页面信息
	关闭方式	关闭窗口的方式，为可选项；others 表示关闭其他窗口，默认关闭当前窗口
获取网页表格	将返回值转换为	返回值默认为 Dataframe，可转换为 list
	目标元素	录制或拾取的表格元素信息
	下一页按钮	录制或拾取的下一页按钮元素信息
	下一页后延迟	点击下一页后的延迟（ms）

控件	参数	参数功能
鼠标单击网页元素	目标元素	录制或拾取的元素信息
	模拟人工点击	如果值为 True，则通过模拟人工的方式触发点击事件；如果值为 False 或空，则根据目标元素的自动化接口触发点击事件
滑动网页滚动条	操作元素	录制或拾取的页面或元素信息
	滚动条的位置	横向滚动条的位置，纵向滚动条的位置，取值方式：0,1000
在网页中输入文本	输入位置	录制或拾取的元素信息
	输入前清空	输入前是否清空文本框，默认清空
	输入内容	要输入的内容。如果是敏感数据，则使用参数来赋值，并将参数类型设置为 Sensitive
在网页中发送功能键	输入位置	录制或拾取的元素信息
	模拟人工按键盘	如果值为 True，则通过模拟人工的方式触发键盘事件；如果值为 False 或空，则根据目标元素的自动化接口触发键盘事件
	功能键	功能键或组合键，功能键基本格式：{功能键}，不区分大小写；组合键格式：{功能键}字符、{功能键}{功能键}字符
截取元素图片	目标元素	录制或拾取的元素信息
	保存路径	截取图片的保存目录
	图片名称	保存的图片名称，支持的图片格式：BMP、PNG、TIF
获取网页文本	目标元素	录制或拾取的元素信息
勾选下拉菜单	目标元素	录制或拾取的元素信息
	选择条目方法	选择选项元素的方法，可以通过索引、文本信息以及 value 值获取元素

3. UI Selector 定位网页元素

执行网页自动化时，需要获取网页中的文本、按钮、多选框等网页元素。WeAutomate Studio 内置了获取网页元素的工具 UI Selector，使网页自动化操作灵活、简单、可靠。Web 应用自动化控件及其属性面板中一般具有 UI Selector "编辑" 按钮和 "拾取" 按钮，如图 5-192 所示。

图 5-192　UI Selector

单击图 5-192 中的 "拾取" 按钮，并在网页中选择目标元素，系统会自动生成 UI Selector 选择器。可以通过单击图 5-192 中的 "编辑" 按钮，在 "目标元素" 对话框中查看和编辑选择器的详细信息，如图 5-193 所示。选择器以 JSON 对象的方式，存储网页中目标元素的浏览器信息、窗口定位信息、iframe 层定位信息以及 XPath、CSS 等定位信息。一般情况下，不需要额外编辑选择器。

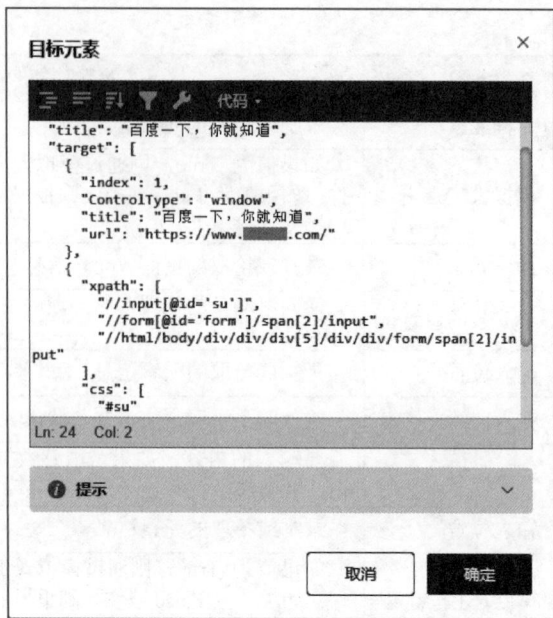

图 5-193　"目标元素"对话框

在获取网页元素时，UI Selector 无法直接拾取当前页面中的不可见元素，需要通过 Web 应用元素拾取器进行延迟拾取，如图 5-194 所示。在延迟拾取网页元素时，首先要设定延迟拾取时间，默认为 5 s，然后按 F2 键，开启倒计时，调整至显示网页元素，倒计时期间的操作不会被拾取。

4．表格数据处理

网页表格数据的处理是 Web 应用自动化流程中的常见场景。WeAutomate Studio 提供了"获取网页表格"控件，可以获取网页中的表格数据。该控件只支持网页中带有 table 标签的标准表格，支持分页数据的获取，可以返回一个 DataFrame 对象，可与 Excel 文件交换处理数据。

WeAutomate Studio 提供了一组表格数据处理控件，对 DataFrame 对象类型的数据进行操作，如图 5-195 所示。

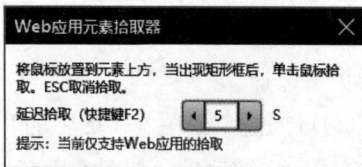

图 5-194　Web 应用元素拾取器

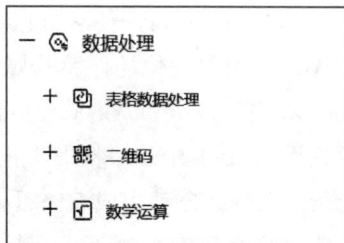

图 5-195　表格数据处理控件

常用的表格数据处理控件及其主要参数，如表 5-11 所示。

表 5-11 常用的表格数据处理控件及其主要参数

控件	参数	参数功能
表格写入 Excel	Excel 文件路径	写入的目标 Excel 路径
	Sheet 名称	写入指定的 Sheet 页
	指定数据列	指定 DataFrame 表格中需要写入 Excel 的列，格式为["col1","col2"]，默认为所有列
	是否写入列头	是否写入列头
	是否写入行号	是否写入行号
	目标 Sheet 的起始行	从目标 Sheet 中的指定行开始写入
	目标 Sheet 的起始列	从目标 Sheet 中的指定列开始写入
	编码	按指定的编码格式写入
	扩展参数	用户自定义参数，用于配置写入 Excel 文件的额外参数
读取 Excel 到表格	Excel 文件路径	待读取的 Excel 文件的路径
	Sheet 名称	指定读取的 Sheet 页名称，默认读取第一个
	数据头所在行	数据头所在行，默认为 0，表示第一行为数据头
	读取数据行数	读取数据行数
	用户自定义	用户自定义参数，用于配置读取 Excel 文件的额外参数
表格写入 CSV 文件	表格对象	DataFrame 类型变量，使用格式为@{variable name}
	CSV 路径	CSV 文件的保存路径
CSV 转为 Excel	CSV 文件路径	CSV 文件的保存路径
	Excel 文件路径	Excel 文件的保存路径
	分隔符	分隔符
	转换类型	数据类型转换，将数字类型转换为文本类型，防止数据丢失
获取指定列数据	列名称或索引	数据所在列的名称或索引
	行号	获取指定行的数据(单元格)，0 代表第一行数据，不指定时获取整列数据
获取表格行数	表格行数	DataFrame 对象类型数据的行数
获取表头	表头数组	DataFrame 对象类型数据的表头
创建 DataFrame 表格	指定列名称	指定数据的列名称、数组类型，若不指定则默认以数字命名
	指定行索引	指定数据的行索引、数组类型，默认行索引为数字序列，也可指定为其他类型

163

续表

控件	参数	参数功能
去除重复行	表格对象	DataFrame 对象类型变量,使用格式为@{variable name}
	列名称	指定用来判断重复的列,默认两行数据的所有列相等才表示重复数据
	保留策略	重复数据的保留策略,"first"表示保留第一条,"last"表示保留最后一条,"false"表示不保留
表格排序	排序维度	0 表示按列排序,1 表示按行排序
	列名称	指定排序的行名字或索引,如 0 代表按第 1 行数据排序;多行使用数组格式,如[0, 1]
新增行	新增数据	新增行的数据,支持列表数据或字典数据。列表数据的长度要与 DataFrame 对象类型数据的列数相等
	列头不匹配	列头不匹配的处理策略
删除行	筛选条件	删除行的筛选条件。给定数字筛选单行;给定用英文逗号分隔的多个数字筛选多行,也可自定义筛选条件
筛选表格	筛选表达式	筛选表达式,使用标准的 Python 语法表达式
	指定列名称	获取指定列的数据,为数组类型

【例 5-22】 抓取 TIOBE 程序设计语言排行榜,存入 Excel 文件。

操作步骤:

(1)启动 WeAutomate Studio,新建项目"例 5_22 获取网页表格"。

(2)在开始节点的下方添加"打开网页"控件,设置"网页地址"属性为 TIOBE 程序设计语言排行榜网址;"浏览器类型"属性默认为"Chrome",如图 5-196 所示;设置"超时时间"属性为"30000",设置"执行前延迟"属性为"1000",其含义为在执行此控件前延迟 1 s,并在 30 s 内反复尝试打开网页,直至成功打开或超时。以下 Web 应用自动化类控件的"超时时间"和"执行前延迟"设置相同。若运行时出现加载超时错误,可以考虑适当延长"超时时间"。

(3)启动本机 Chrome 浏览器,打开排行榜网页,滚动界面至表格呈现。

(4)在"打开网页"控件的下方添加"元素滚动到可视区域"控件,如图 5-197 所示,单击"拾取"按钮,切换至网页,单击拾取对象,定位表格位置,如图 5-198 所示。

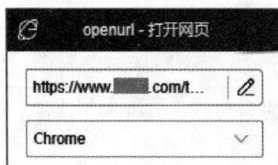

图 5-196 "打开网页"控件   图 5-197 "元素滚动到可视区域"控件

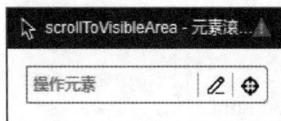

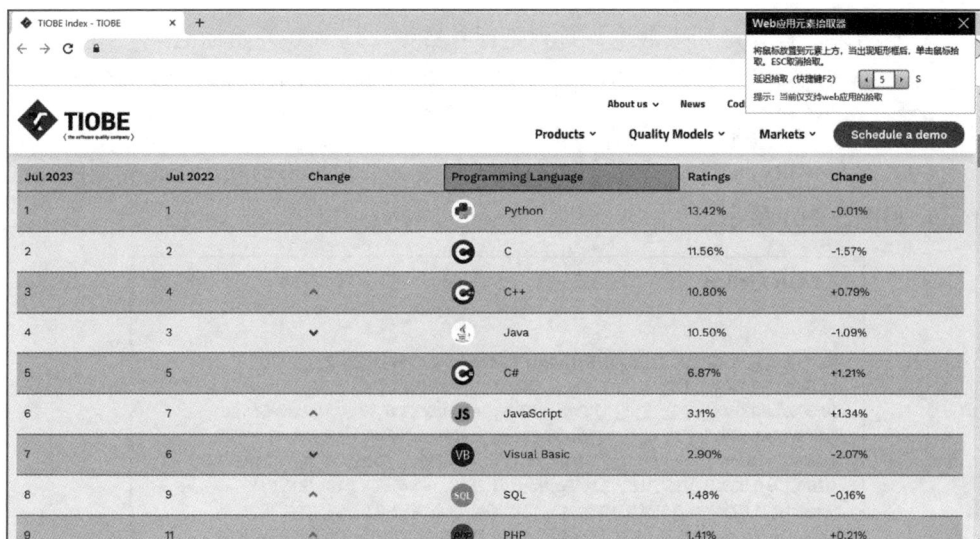

图 5-198 定位表格位置

（5）添加"获取网页表格"控件，如图 5-199 所示，单击"拾取"按钮，拾取网页表格，"表格数据"属性默认为"getTable_ret"，用于保存从网页上获取的表格数据。

（6）添加"消息窗口"控件，设置"消息框内容"属性为"@{getTable_ret}"。

（7）保存并执行脚本，获取的表格数据如图 5-200 所示。

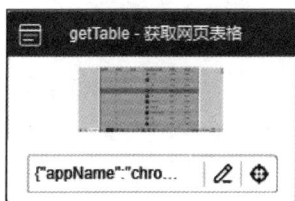

图 5-199 "获取网页表格"控件

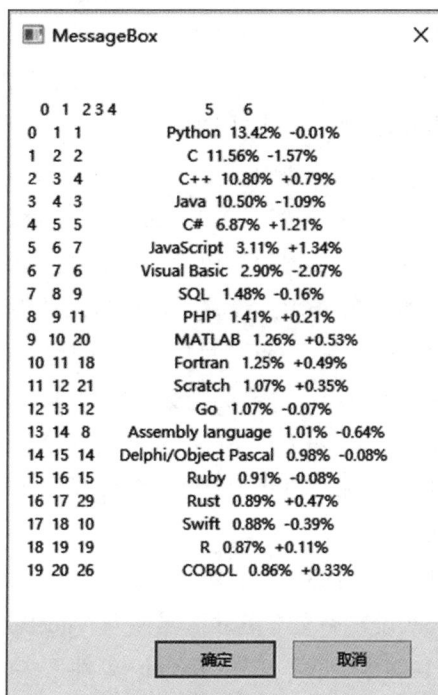

图 5-200 获取的表格数据

观察结果，首行是列头数据，首列是行号数据，均从 0 开始标记。

（8）设置步骤（5）中"获取网页表格"控件的"将返回值转换为"属性为"list"。

（9）保存并执行脚本，显示 DataFrame 对象类型数据被转换为 list 类型的数据形式，如图 5-201 所示。

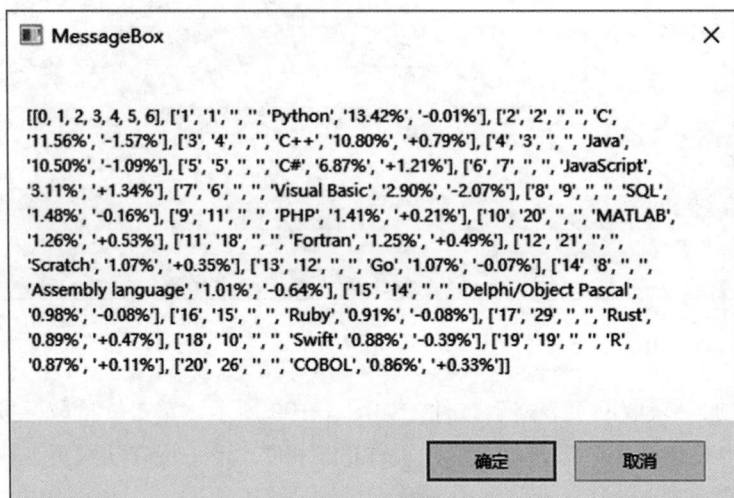

图 5-201 list 类型的表格数据

通过以上数据可见，此表格列头为 0、1、4、5、6 的数据为所需数据，且并未获取到网页表格中的列名称和两列图片数据。

（10）步骤（6）至步骤（9）是对所获取的 DataFrame 对象类型数据的分析，可以省略和跳过。将"获取网页表格"控件中的"将返回值转换为"属性恢复为 DataFrame 对象类型。

（11）添加"表格写入 Excel"控件，设置"表格对象"属性为"@{getTable_ret}"；设置"Excel 文件路径"属性为"@{WORK_DIR}\tiobe.xlsx"；设置"指定数据列"属性为"[0,1,4,5,6]"；设置"是否写入列头"属性为"False"；设置"是否写入行号"属性为"False"；设置"目标 sheet 的起始行"属性为"1"，如图 5-202 所示。其作用为取 DataFrame 对象类型数据的第 0、1、4、5、6 列数据，存入 tiobe.xlsx 文件默认的 Sheet 页，在默认 Sheet 页中从第 2 行开始写入。

（12）添加"功能块"控件，设置"语句块名称"属性为"写表头"，如图 5-203 所示。

（13）双击进入功能块，依次添加 5 个"获取网页文本"控件，拾取网页表头信息，依次设置"文本信息"属性为"getText_ret0"至"getText_ret4"。

（14）添加"打开 Excel 文件"控件，设置"Excel 文件路径"属性为"@{WORK_DIR}\tiobe.xlsx"。

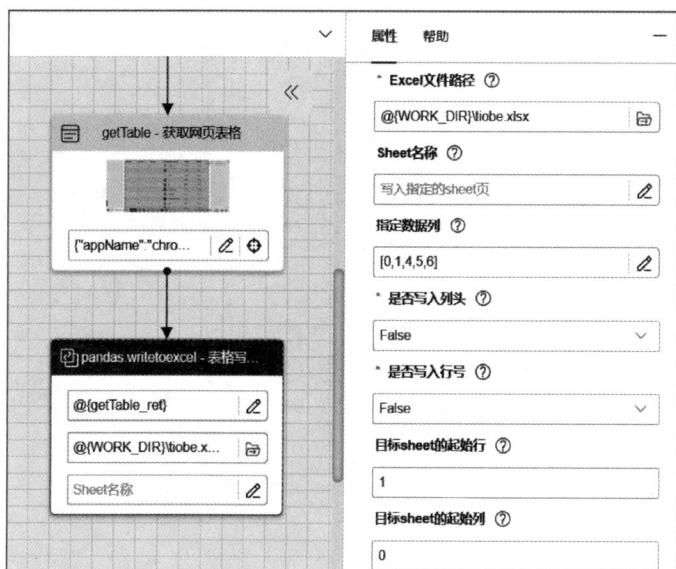

图 5-202 设置"表格写入 Excel"控件　　　　图 5-203 "功能块"控件

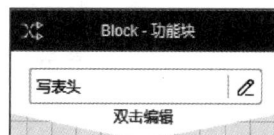

（15）依次添加 5 个"写入单元格"控件，依次设置"目标单元格"属性为"A1"至"E1"，依次设置"写入内容"属性为"@{getText_ret0}"至"@{getText_ret4}"。

（16）添加"关闭工作簿"控件。整体功能块结构如图 5-204 所示。

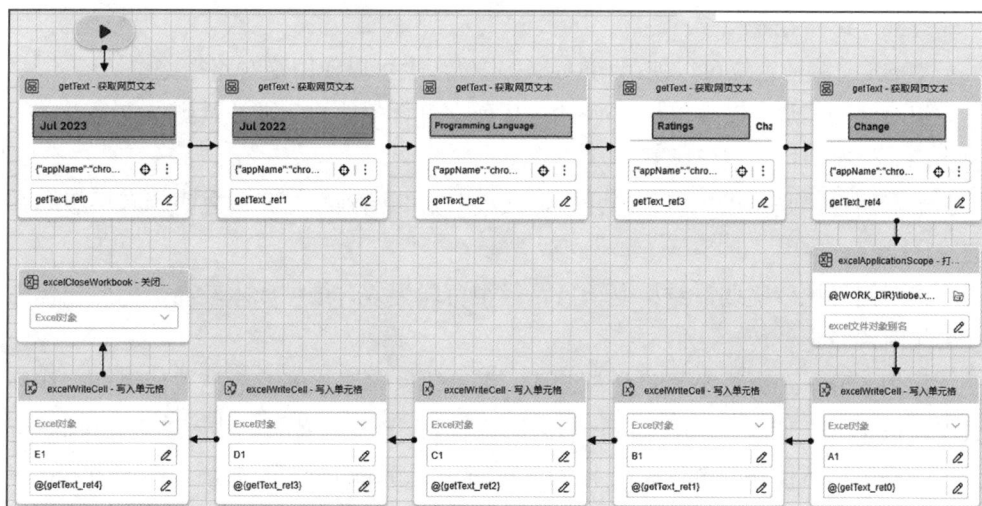

图 5-204　整体功能块结构

（17）保存并执行脚本，将网页表格数据存入文件"tiobe.xlsx"，文件内容如图 5-205 所示。

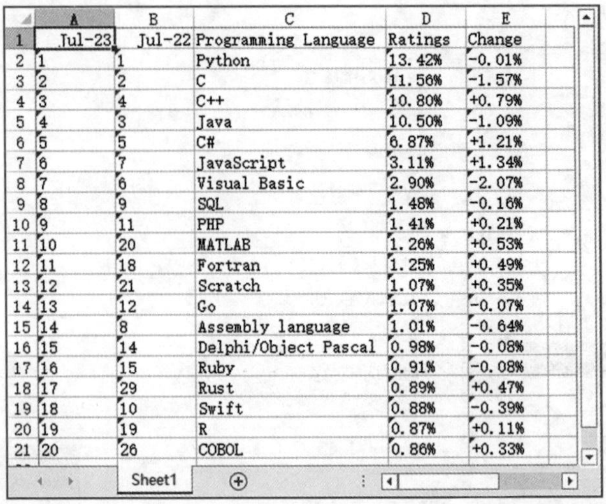

	A	B	C	D	E
1	Jul-23	Jul-22	Programming Language	Ratings	Change
2	1	1	Python	13.42%	-0.01%
3	2	2	C	11.56%	-1.57%
4	3	4	C++	10.80%	+0.79%
5	4	3	Java	10.50%	-1.09%
6	5	5	C#	6.87%	+1.21%
7	6	7	JavaScript	3.11%	+1.34%
8	7	6	Visual Basic	2.90%	-2.07%
9	8	9	SQL	1.48%	-0.16%
10	9	11	PHP	1.41%	+0.21%
11	10	20	MATLAB	1.26%	+0.53%
12	11	18	Fortran	1.25%	+0.49%
13	12	21	Scratch	1.07%	+0.35%
14	13	12	Go	1.07%	-0.07%
15	14	8	Assembly language	1.01%	-0.64%
16	15	14	Delphi/Object Pascal	0.98%	-0.08%
17	16	15	Ruby	0.91%	-0.08%
18	17	29	Rust	0.89%	+0.47%
19	18	10	Swift	0.88%	-0.39%
20	19	19	R	0.87%	+0.11%
21	20	26	COBOL	0.86%	+0.33%

图 5-205　运行结果

5．XPath 定位网页元素

XPath 即 XML 路径语言（XML path language），是一种基于 XML 的树状结构，使用路径表达式在 XML 文档中查找节点路径的语言。

创建 XPath 定位网页元素的基本格式为“//标签名[@属性名=属性值]”。例如，//input[@id='su']，其作用为定位 input 标签中 id 属性值是“su”的元素。XPath 具有非常灵活的定位方式，以下简要介绍几种常用的定位方式。

方式一：路径定位

XPath 的路径定位可以使用相对路径定位，也可以使用绝对路径定位。

相对路径：是指以双斜杠(//)开始，从任意符合条件的元素开始到指定元素之间的路径，没有严格的层级关系。

绝对路径：是指以单斜杠(/)开始，从根节点开始到指定元素之间的有层级关系的路径。

绝对路径比较脆弱，结构变动后路径很可能失效，维护成本较高，因此应优先使用相对路径定位。

使用 Chrome 浏览器的开发者工具，可以快速获取 XPath 表达式。例如，在网页中，按下 F12 或者“Ctrl+Shift+I”，可打开开发者工具界面，然后单击“Inspect”按钮，将鼠标指针移动至目标元素“Programming Language”，如图 5-206 所示，单击目标元素。

在 Elements 下，选中元素的代码段高亮显示。右键单击此代码段，在弹出的快捷菜单中选择 Copy→Copy XPath 命令，将相对路径粘贴至搜索栏，如图 5-207 所示。右键单击此代码段，在弹出的快捷菜单中选择 Copy→Copy full XPath 命令，将绝对路径粘贴至搜索栏，如图 5-208 所示。

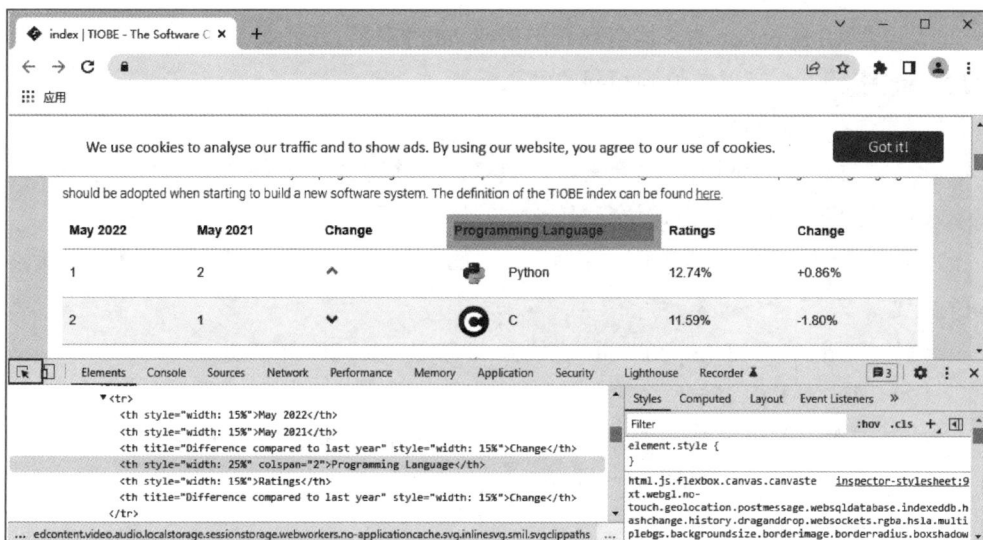

图 5-206 定位网页元素

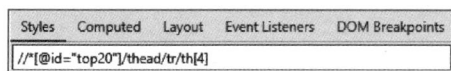

图 5-207 相对路径定位

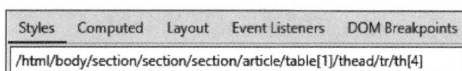

图 5-208 绝对路径定位

在例 5-22 中，"获取网页文本"控件通过"拾取"按钮自动生成 UI Selector 选择器，单击相应控件的"编辑"按钮，查看选择器的详细信息，如图 5-209 所示。从图 5-209 中可以看出，自动获取到的多个 XPath 路径之间是"或"的关系。

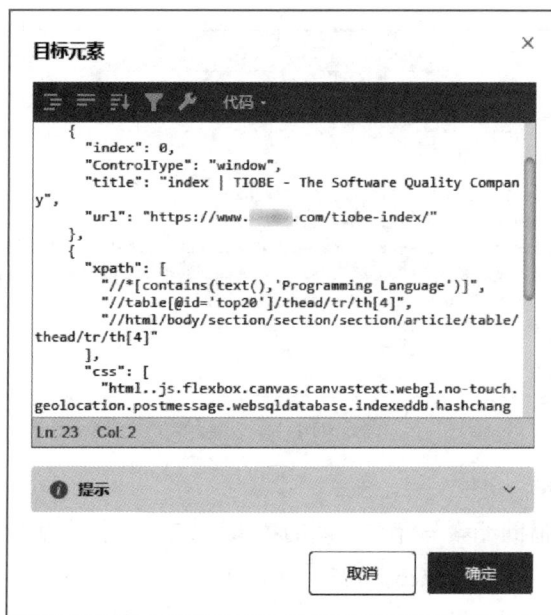

图 5-209 UI Selector 选择器的详细信息

169

无论是 UI Selector 选择器自动获取的 XPath 路径，还是与通过开发者工具获取的 XPath 路径，都可以定位到相同的网页元素。

方式二：元素属性定位

这种方式适用于网页中的元素特征突出，能够通过特征来进行定位的情况。

（1）标签名+节点属性定位

若元素在网页中有具有唯一性的属性，如 id、name 等，则可以通过该元素属性进行定位。

例如：//table[@id='top20']，可定位到 id 值是"top20"的 table 元素。

（2）通过文本内容定位

若元素在页面中有具有唯一性的文本内容，则可以通过该文本内容进行定位。

例如：//a[text()='新闻']，可定位到文本内容是"新闻"的元素。

（3）通过部分属性值定位

适用于属性值有部分内容固定的情况。

例如：//*[contains(text(),'Programming Language')]，可定位到文本内容中包含"Programming Language"的元素。

方式三：索引定位

如果网页中存在多个特征相同的元素，在定位到由这些元素组成的集合后，可以使用索引进行定位。注意，XPath 索引从 1 开始。

例如：在 Elements 下，"@id='top20'"节点的下层中有 6 个标签名为 th 的兄弟节点，如图 5-210 所示，这 6 个兄弟节点的 XPath 索引为 1 至 6，如定位到第 4 个节点的 XPath 为"//*[@id='top20']/thead/tr/th[4]"。

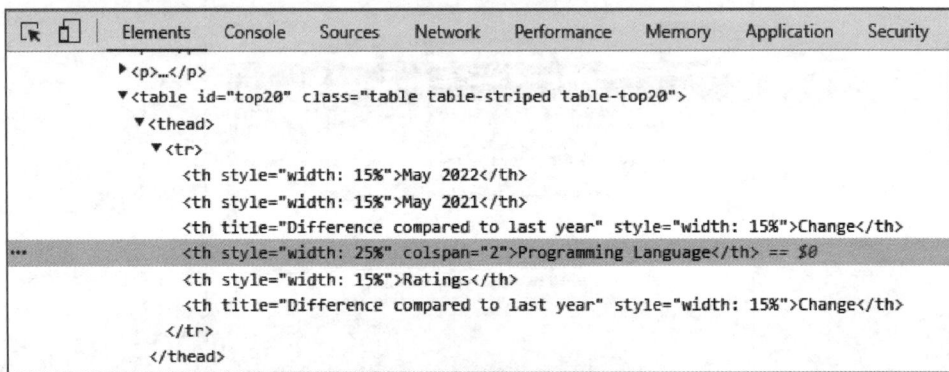

图 5-210　索引定位

方式四：XPath 轴定位

XPath 轴可以借助元素与元素之间的关系，定位当前节点的父节点（parent）、子节点（child）、祖先节点（ancestor）、子孙节点（descendant）、后节点（following）、前节点（preceding）、后兄弟节点（following-sibling）、前兄弟节点（preceding-sibling），因而可以精准地定位动态元素。

使用 XPath 轴的语法规则如下：

轴名称::节点名称

例如：查找 id='top20'元素下层标签名为 th 的第 4 个元素，编辑 XPath 为 "//*[@id='top20']/descendant::th[4]"。

【例 5-23】 编辑 XPath，遍历显示 TIOBE 程序设计语言排行榜的表头信息。

通过对 XPath 的分析可知，6 个表头元素为兄弟节点，索引不同，因此设置索引为变量，即可遍历各元素。

操作步骤：

（1）启动 WeAutomate Studio，新建项目"例 5_23XPath"。

（2）在开始节点的下方添加"打开网页"控件，设置"网页地址"属性，如图 5-211 所示；"浏览器类型"属性默认为"Chrome"；设置"超时时间"属性为"30000"，设置"执行前延迟"属性为"1000"。以下 Web 应用自动化控件的"超时时间"和"执行前延迟"设置相同。

（3）启动本机 Chrome 浏览器，打开 TIOBE 程序设计语言排行榜网页，滚动界面至表格呈现。

（4）在"打开网页"控件的下方添加"元素滚动到可视区域"控件，如图 5-212 所示，单击"拾取"按钮，切换至网页，单击拾取对象。

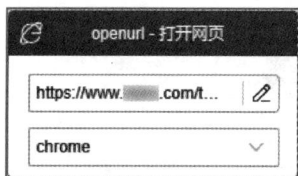

图 5-211 "打开网页"控件

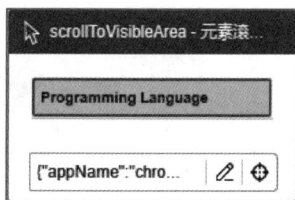

图 5-212 "元素滚动到可视区域"控件

（5）添加"遍历/计次循环"控件，设置"数据集合"属性为"range(1,7)"，设置"条目名称"属性为"i"，如图 5-213 所示。

（6）添加"获取网页文本"控件，作为"进入循环体"分支，拾取一项表头信息，"文本信息"属性默认为"getText_ret"，用来保存文本信息，如图 5-214 所示，修改 XPath 为 "//table[@id='top20']/thead/tr/th[@{i}]" 或 "//table[@id='top20']/descendant::th[@{i}]" 并删除 CSS，如图 5-215 所示。

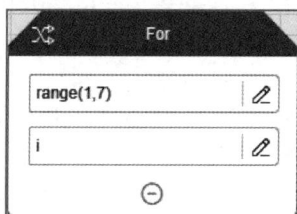

图 5-213 设置循环

图 5-214 获取一项表头文本

171

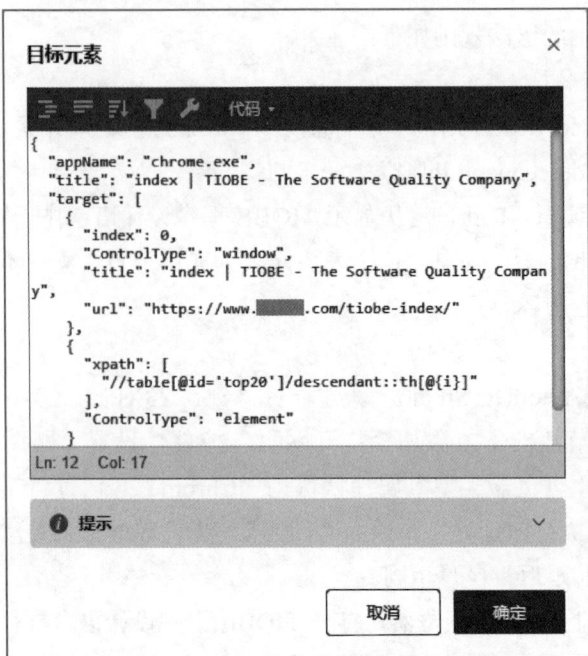

图 5-215 修改 XPath

（7）添加"消息窗口"控件，设置"消息框内容"属性为"@{getTable_ret}"，如图 5-216 所示。

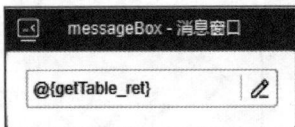

图 5-216 "消息窗口"控件

（8）保存并执行脚本，依次显示表头信息。

▶ 5.7.2 桌面应用自动化

Windows 桌面应用自动化，涉及鼠标、键盘、窗口及通用操作等，UI Selector 选择器也适用于对桌面元素进行定位和拾取。桌面应用自动化控件与 Web 应用自动化控件相似，此处不再列举。

【例 5-24】 将从记事本中获取的文字信息作为关键字，在 bilibili 网站中搜索，呈现搜索结果。系统桌面上有 1 个记事本文件"搜索信息.txt"，其文字内容如图 5-217 所示。

为了确保桌面信息识别的准确性，需要设置 WeAutomate Studio 运行时最小化。设置方法为单击其设计界面左侧的导航栏→设置→常规，将"运行时最小化"设置为"开"。

操作步骤：

（1）启动 WeAutomate Studio，新建项目"例5_ 24Web 与应用程序自动化"。

（2）在项目区，创建两个子脚本"网络搜索""获取待查信息"，如图 5-218 所示。

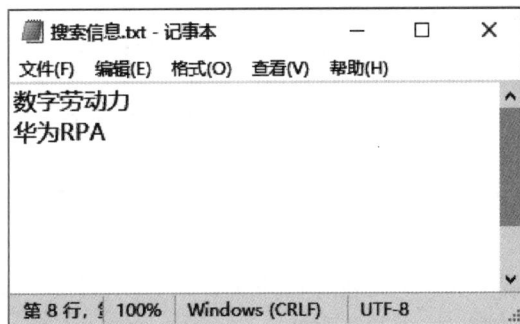

图 5-217　搜索信息　　　　　　　　　　图 5-218　脚本结构

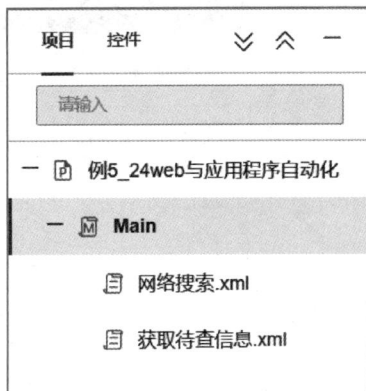

（3）进入获取待查信息子脚本，在开始节点的下方添加"鼠标双击"控件，单击控件的"拾取"按钮，在系统桌面上，将鼠标指针移动至"搜索信息.txt"文件图标上，待出现蓝色选中框时，单击"搜索信息.txt"文件图标，即可完成拾取，如图 5-219 所示；设置"执行前延迟"属性为"500"，单位为毫秒，即执行此控件前等待 0.5 s。为了确保运行过程的稳定性，此子脚本中各控件的"执行前延迟"属性均设置为"500"。在系统桌面上，手工打开文件"搜索信息.txt"。

（4）添加"获取文本"控件，单击"拾取"按钮，单击选中的记事本界面，拾取记事本文本，"文本内容"属性默认为"control_text"，用来保存文本值，如图 5-220 所示。

图 5-219　拾取记事本文件图标　　　　图 5-220　拾取记事本文本内容

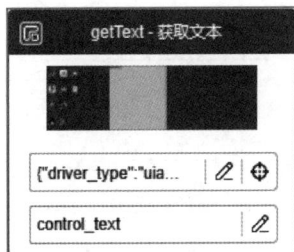

（5）添加"eval-运行 python 表达式"控件，设置"表达式"属性为"@{control_text}.split()"；"执行结果"属性默认为"eval_ret"，如图 5-221 所示，其作用为将获取的字符串数据分割为一个列表数据。在此步骤前后，可以添加"消息窗口"控件，

173

查看分割前后的数据变化。

（6）添加"关闭窗口"控件，拾取记事本界面，如图 5-222 所示，以自动关闭记事本文件"搜索信息.txt"。

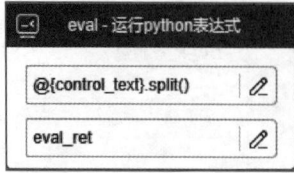

图 5-221　分割字符串并创建列表

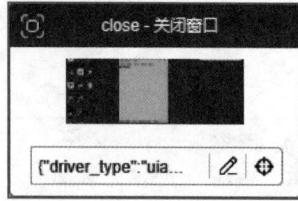

图 5-222　"关闭窗口"控件

（7）保存子脚本，在运行此子脚本之前，需要关闭或最小化其他窗口，避免遮挡拾取内容。

（8）进入网络搜索子脚本，在开始节点的下方添加"打开网页"控件，设置"网页地址"属性为 bilibili 网址；"浏览器类型"属性，使用默认的"Chrome"浏览器，如图 5-223 所示；设置"超时时间"属性为"10000"；设置"执行前延迟"属性为"500"。设置"超时时间"和"执行前延迟"可以有效保障自动化流程顺利执行，减少因网速问题而造成的意外情况，这两个属性的设置同样适用于其他控件。手动在 Chrome 浏览器中打开网页，以便后续拾取网页元素。

（9）添加"遍历/计次循环"控件，设置"数据集合"属性为"@{eval_ret}"，设置"条目名称"属性为"infor"，如图 5-224 所示，其作用为遍历各条待搜索的信息。

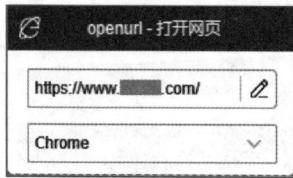

图 5-223　"打开网页"控件

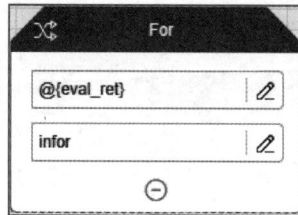

图 5-224　遍历各条待搜索的信息

（10）添加"在网页中输入文本"控件，作为"进入循环体"分支。单击"拾取"按钮，在网页中，将鼠标指针移动至搜索框，待搜索框出现蓝色选中框时单击搜索框，即可完成对搜索框的拾取；设置"输入内容"属性为"@{infor}"，如图 5-225 所示，其作用为将一条待搜索信息输入搜索框。

（11）在"在网页中输入文本"控件的下方添加"在网页中发送功能键"控件，如图 5-226 所示，拾取网页搜索框，设置"模拟人工按键盘"属性为"True"；设置"功能键"属性为"{Enter}"，其作用为在完成文本输入后按回车键。

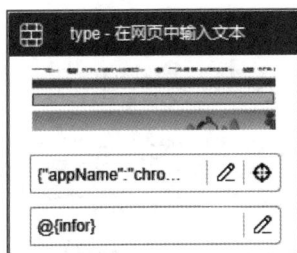

图 5-225 "在网页中输入文本"控件

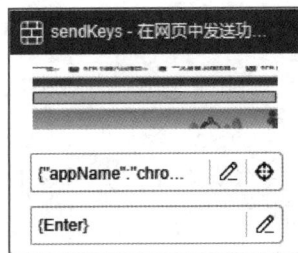

图 5-226 "在网页中发送功能键"控件

（12）添加"消息窗口"控件作为"退出循环体"分支，设置"消息框内容"属性为"查询结束！"，如图 5-227 所示。

（13）保存子脚本。

（14）返回 Main 脚本，添加两个"Subprocess-调用子脚本"控件，依次设置"脚本路径"属性为"获取待查信息.xml""网络搜索.xml"，如图 5-228 所示。

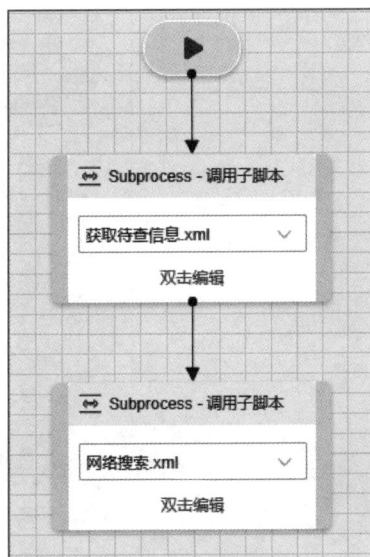

图 5-227 "消息窗口"控件

图 5-228 流程结构

（15）保存 Main 脚本，运行 Main 脚本，网页中呈现搜索结果。

5.8 邮件自动化

▶ 5.8.1 基本功能

电子邮件是现代社会人们工作和生活中不可或缺的通信方式，它能够传输文字、图片、声音、视频等多种形式的内容。电子邮件在互联网上的发送与接收，需要遵循电子邮件协议，如SMTP、POPv3、IMAP4。

SMTP（simple mail transfer protocol，简单邮件传送协议），通常用于把电子邮件从客户机传输到服务器。

POPv3 协议（post office protocol version 3，邮局协议第 3 版），负责从邮件服务器中检索电子邮件。

IMAP4（internet message access protocol 4，互联网消息访问协议第 4 版），是一种优于 POPv3 的协议。和 POPv3 一样，IMAP4 也能下载邮件、从服务器中删除邮件、检查是否有新邮件，但 IMAP4 克服了 POPv3 的一些缺点，增强了灵活性。

邮件自动化是使用频率非常高的流程自动化技术，主要实现发送邮件和接收邮件两个功能。WeAutomate Studio 将邮件的常用操作集成到邮件自动化控件中，如图 5-229 所示。

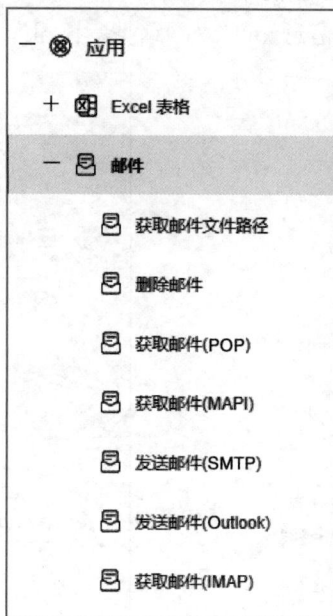

图 5-229　邮件自动化控件

WeAutomate Studio 支持 Outlook 邮箱账户使用获取邮件（MAPI）控件和发送邮件（Outlook）控件自动收发邮件，操作简单。在使用获取邮件（POP）控件、获取邮件（IMAP）控件和发送邮件（SMTP）控件自动收发邮件之前，需要申请授权码，配置服务器。本节以 QQ 邮箱为例，介绍邮件自动化。

▶ 5.8.2　发送邮件自动化

发送邮件控件，用于自动发送邮件给指定的收件人，常用的发送邮件控件及其主要参数如表 5-12 所示。

表 5-12 常用的发送邮件控件及其主要参数

控件	参数	参数功能
发送邮件（Outlook）	内容设置	设置邮件正文模板、邮件正文变量、主题、正文图片、邮件附件
	发送设置	设置收件人、抄送人、秘密抄送人
发送邮件（SMTP）	登录凭证	设置邮箱服务器、邮箱账号、邮箱密码
	协议	邮局协议，默认使用 smtps_unidirectional_auth
	服务器端口	587 和 465 为安全加密端口，25 为不加密端口，默认使用端口 587。SMTP 选择端口 25，选择其他协议时如果不确定所使用的 SMTP 服务器的 SSL 端口，可以尝试选择端口 465 或 587
	内容设置	设置邮件正文模板、邮件正文变量、主题、正文图片、邮件附件
	发送设置	设置发件人、收件人、抄送人、秘密抄送人

以 QQ 邮箱为例，在使用发送邮件控件之前，需要申请授权码。

操作步骤如下：

（1）登录 QQ 邮箱，单击"设置"→"账号"，进入"邮箱设置"界面，单击"账户"选项卡，在界面中找到"POP3/IMAP/SMTP/Exchange/CardDAV/CalDAV 服务"，开启 IMAP/SMTP 服务，如图 5-230 所示。

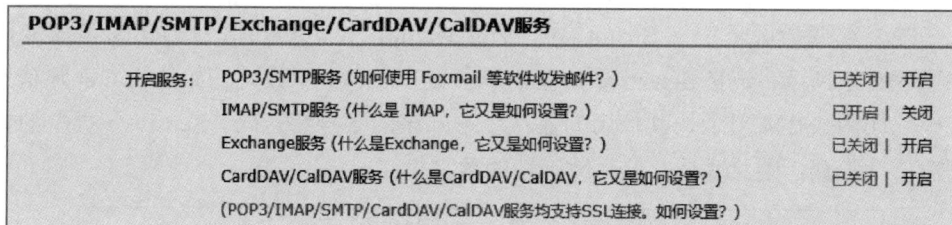

图 5-230 开启 IMAP/SMTP 服务

（2）弹出"验证密保"对话框，按照提示发送短信，如图 5-231 所示。

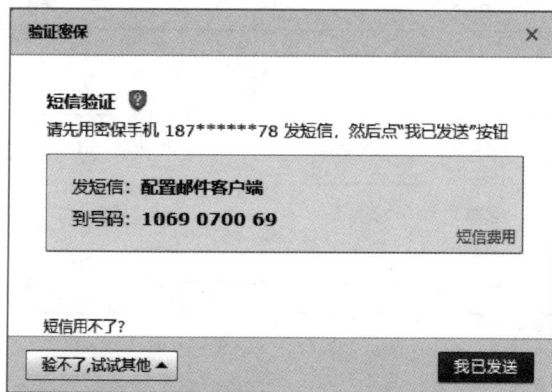

图 5-231 "验证密保"对话框

177

（3）成功开启 IMAP/SMTP 服务，显示授权码，如图 5-232 所示。授权码仅显示一次，可自行保存。

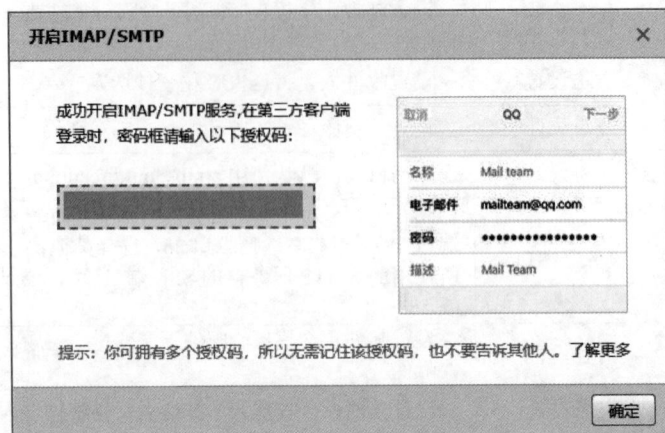

图 5-232　获取授权码

【例 5-25】　将例 5-20 中的文件"销售信息.xlsx"以附件形式发送给指定收件人。

操作步骤：

（1）启动 WeAutomate Studio，新建项目"例 5_25 发送邮件"。

（2）在变量区，定义 String 类型变量 Name，设定初始值为 QQ 邮箱账号，如图 5-233 所示；定义 Sensitive 类型全局参数 Password，设定初始值为 QQ 邮箱授权码，如图 5-234 所示，其作用为保存登录邮箱的账号和密码。Sensitive 类型的数据会自动隐藏，因此适合存储高敏感性的数据。

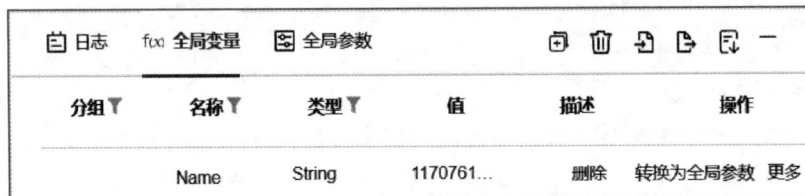

图 5-233　定义邮箱变量

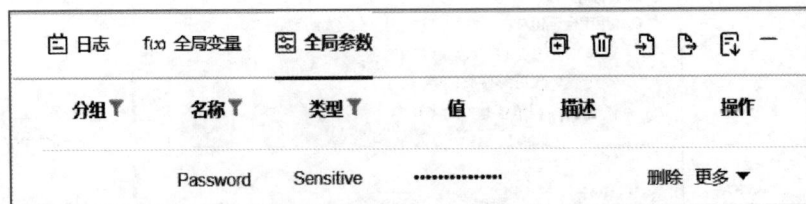

图 5-234　定义密码变量

（3）在开始节点的下方添加"发送邮件（SMTP）"控件，设置"登录凭证"属性，设置"邮箱服务器"为"smtp.qq.com"；设置"邮箱账号"为"@{Name}"；设置"邮箱密码"属性为"@{Password}"，如图 5-235 所示。"smtp.qq.com"是 QQ 邮箱的发送邮件服务器，使用 SSL，端口号为 465 或 587。

图 5-235　设置"登录凭证"属性

设置"内容设置"属性，如图 5-236 所示，设置"邮件附件"为"D:\Program Files\Huawei\案例\例 5_20excel 自动化\Output\销售信息.xlsx"，此路径可以通过在资源管理器中复制文件路径和文件名快速填写。

图 5-236　设置"内容设置"属性

179

　　设置"发送设置"属性，设置"发件人"为发件人的邮箱，设置"收件人"为指定收件人的邮箱，如图 5-237 所示。

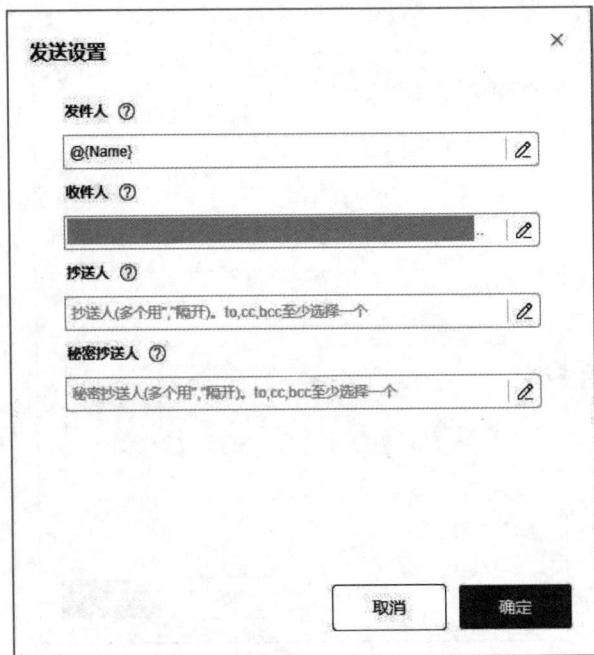

图 5-237　设置"发送设置"属性

　　"协议"和"服务器端口"属性使用默认设置，如图 5-238 所示。

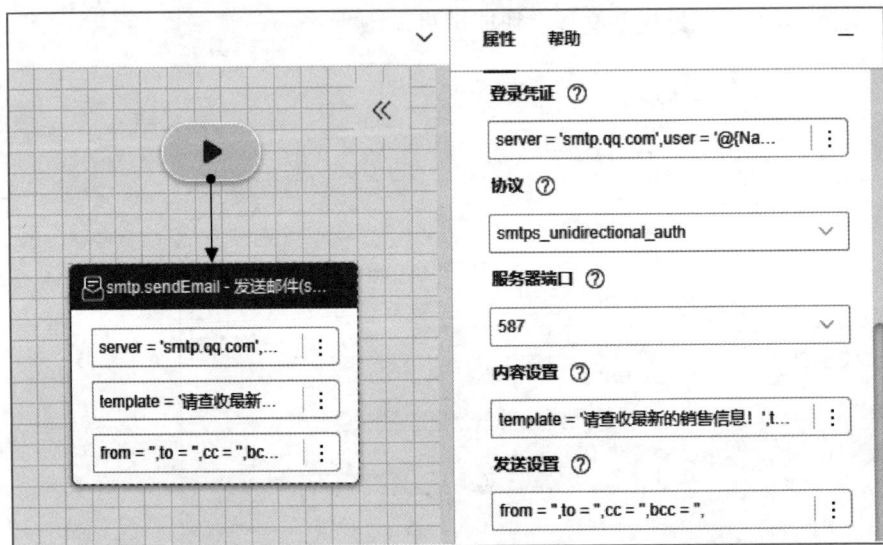

图 5-238　"协议"和"服务器端口"属性设置

　　（4）保存并执行脚本，即可自动发送邮件。

▶ 5.8.3 接收邮件自动化

获取邮件控件用于自动接收邮件，可以按照时间、发送人、收件人、抄送人、主题等条件筛选所需的邮件，常用的获取邮件控件及其主要参数如表 5-13 所示。

表 5-13 常用的获取邮件控件及其主要参数

控件	参数	参数功能
获取邮件 （MAPI）	筛选邮件日期	获取指定日期、获取指定日期区间
	按照相关人筛选	设置筛选邮件发件人、筛选邮件收件人、筛选邮件抄送人
	筛选主题	按照主题筛选
	其他筛选条件	筛选邮件状态、筛选文件夹邮件
	接收设置	设置筛选邮件模式、改变邮件状态、筛选邮件内容类型、设置邮件存放路径
获取邮件 （IMAP）	登录凭证	邮箱服务器、邮箱账号、邮箱密码
	协议	邮箱协议，imap4_ssl 为安全加密协议，imap4 为不加密协议，默认使用安全加密协议 imap4_ssl
	服务器端口	邮箱服务器端口，993 为安全加密端口，143 为不加密端口，默认使用端口 993；imap4_ssl 协议选择端口 993，imap4 协议选择端口 143
获取邮件 （POP）	服务器端口	995 为安全加密端口，110 为不加密端口，默认使用端口 995；pop3 协议选择端口 110，其他协议选择端口 995
获取邮件 文件路径	邮件存放路径	为可选项，如果自定义了邮件的存放路径，需要配置此参数，默认路径为 C:/Users/%USERNAME%/AppData/Roaming/antroot/email
	文件扩展名	要获取的文件的扩展名
	获取模式	要获取的模式，one 表示离获取时间最近的邮件的文件路径，all 表示获取全部邮件的文件路径
删除邮件	邮件存放路径	为可选项，如果自定义了邮件的存放路径，则需要配置此参数

【例 5-26】 自动获取指定日期区间内主题为"RPA"的邮件，下载并保存邮件的全部内容。收件箱内容如图 5-239 所示。

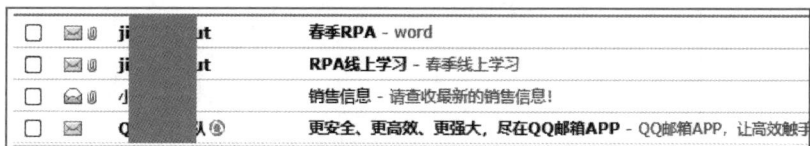

图 5-239 收件箱内容

操作步骤：

（1）启动 WeAutomate Studio，新建项目"例 5_26 获取邮件"。

（2）在变量区，定义 String 类型变量 Name，设定初始值为 QQ 邮箱账号，如图 5-240 所示；定义 Sensitive 类型全局参数 Password，设定初始值为 QQ 邮箱授权

181

码，如图 5-241 所示。

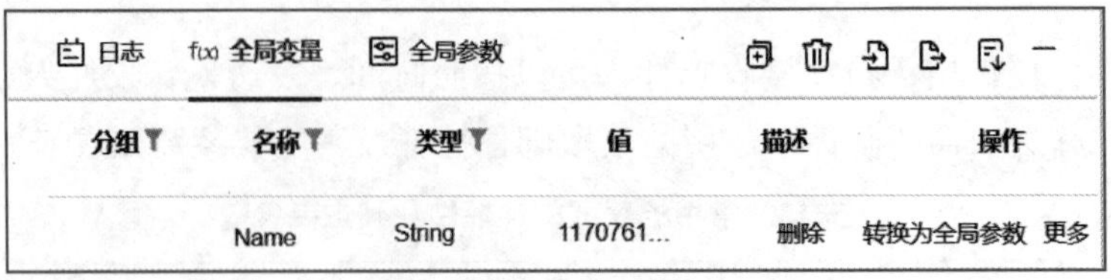

图 5-240　定义邮箱变量

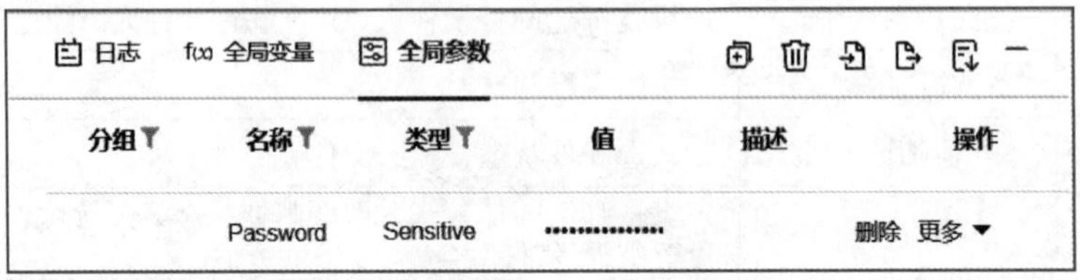

图 5-241　定义密码变量

（3）在开始节点的下方添加"获取邮件(IMAP)"控件，设置"登录凭证"属性，设置"邮箱服务器"为"imap.qq.com"；设置"邮箱账号"为"@{Name}"；设置"邮箱密码"为"@{Password}"，如图 5-242 所示。"imap.qq.com"是 QQ 邮箱的接收邮件服务器，使用 SSL，端口号为 993。

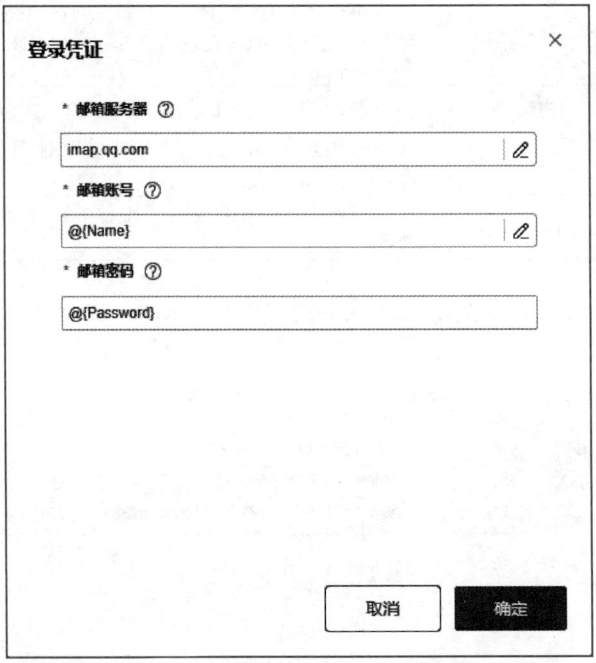

图 5-242　设置"登录凭证"属性

"协议"和"服务器端口"属性使用默认设置；设置"筛选邮件日期"属性为

182

"20220406-20220409",日期区间为开始日期至截止日期;设置"筛选主题"属性为
"RPA",即筛选出邮件名中包含"RPA"的邮件,注意,此处区分大小写。

设置"接收设置"属性,如图 5-243 所示。设置"不改变邮件状态"为"true",
即保持邮件的未读状态;设置"筛选邮件内容类型"为"all",即获取邮件的所有内
容,包括正文和附件;设置"邮件存放路径"属性为"D:\Program Files\Huawei\案
例\例 5_26 获取邮件\保存邮件"。

图 5-243 设置"接收设置"属性

设置"超时时间"属性为"3000",即在 3 s 内反复尝试,避免因网络延迟而导
致执行失败。

(4)保存并执行脚本,自动获取了两封邮件,每封邮件的内容都保存在一个文
件夹中,如图 5-244 所示。

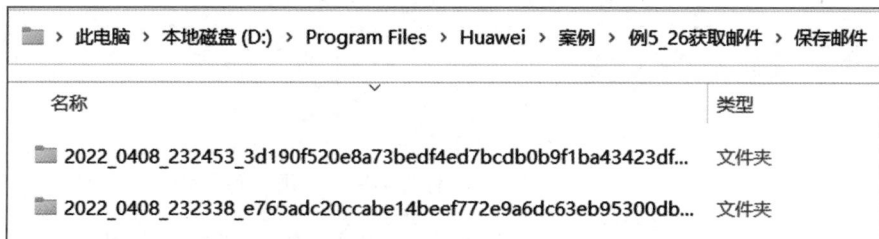

图 5-244 自动获取的邮件

5.9 文件处理自动化

▶ 5.9.1 基本功能

在日常工作中人们经常会对文件或文件夹进行操作，如创建、移动、复制、删除、压缩与解压缩等。WeAutomate Studio 提供了对文件和文件夹的自动化操作方法，不仅包括创建、移动、复制、删除、压缩与解压缩等常规操作，还包括对 PDF、JSON、XPS、CSV、HTML 等类型文件的读写操作等。通过文件处理控件可以实现对文件的各种自动化操作，如图 5-245 所示。

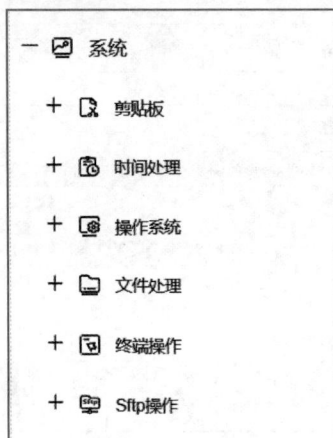

图 5-245 文件处理控件

▶ 5.9.2 文件操作

常用的文件处理控件及其主要参数，如表 5-14 所示。

表 5-14 常用的文件处理控件及其主要参数

控件	参数	参数功能
移动文件	原文件	被移动的文件
	目标路径	目标目录
	移动方式	当目标目录中存在与原文件名称相同的文件时，可设置此参数，进行不同的处理方式：overwrite 为覆盖目标目录中的文件，skip 为跳过目标目录中的文件，默认是 overwrite
压缩文件	压缩文件名	压缩后文件的绝对路径
	压缩文件类型	压缩文件格式，扩展名为.7z、.zip、.tar
	待压缩目录	待压缩的文件或者目录，可以使用通配符

控件	参数	参数功能
解压文件	解压路径	解压缩后的文件路径
	待解压文件	压缩文件的路径
列出目录下的文件	目标路径	目标目录
	数据返回的格式	为可选项，默认返回目录下所有文件的全路径，设置为 shortPath，只显示文件名，设置为 currentdirectoryonly，只获取当前目录下的文件
读取 PDF 文件	文件路径	文件的绝对路径
	页号	指定读取的页数，可以指定读取某一页或者某一范围内的页数，若要读取 PDF 文件的全部页数，可填写 all
	指定数据类型	指定读取的数据类型；text：文本内容，table：表格数据
PDF 转为图片	文件路径	PDF 文件的绝对路径
	保存路径	PDF 转换成图片后的保存路径
	保存文件名	PDF 转换成图片后的图片名称，使用的文件名必须以有效的图像格式文件扩展名结尾。支持的文件扩展名包括.png、.jpg、.jpeg、.tif、.tiff、.bmp 和.gif
	指定转换图片的页数	指定转换图片的页数，可以指定将某一页或者某一范围内的页数转换为图片，若需要将 PDF 全部转换为图片，可填写 all
图片转 PDF	图片路径	图片的保存路径，将要转成 PDF 文件的图片统一放在此路径下；支持转换成 PDF 文件的图像格式，包括 PNG、JPG、JPEG、TIF、TIFF、BMP 和 GIF
	保存路径	图片转换成 PDF 文件后的保存路径
	保存文件名称	图片转换为 PDF 文件后的文件名称，使用的文件名必须以.pdf 结尾
PDF 拆分	保存文件	PDF 拆分后的文件名称，使用的文件名必须以.pdf 结尾
	指定拆分 PDF 的页数	指定拆分 PDF 的页数，可以指定单页，也可以指定开始页数和结束页数
PDF 合并	待合并文件列表	需要合并的 PDF 文件的绝对路径列表，多个路径用";"分开
	合并保存路径	PDF 合并后生成的文件的保存路径
	合并后文件名称	PDF 合并后生成的文件的名称，文件名必须以.pdf 结尾
读取文本文件	文件路径	文件的绝对路径
读取 JSON 文件	文件路径	文件的绝对路径

续表

控件	参数	参数功能
读取 XPS 文件	指定读取内容	指定读取的数据类型；text：文本内容，image：图片数据
写文本文件	文件路径	文件的路径
	数据内容	数据的内容
	写入方式	配置写入方式，取值方式：w/a/wb/ab，默认为 w；w 为清空写，a 为追加写，wb 为二进制写，ab 为二进制追加写
	编码设置	可配置写入编码，取值方式：utf-8/gb2312/gb18030，默认为 utf-8
写 JSON 文件	是否为标准 JSON	写入内容是否为正确 JSON 数据，True 为正确数据，False 为不正确数据，默认为 False。若写入内容的键值对为字符串，需要包含引号
判断文件存在	文件或目录	文件或者目录路径

【例 5-27】　从例 5-26 获取的邮件信息中，筛选所有 PDF 类型的文件，将其移动到指定文件夹中，并为该文件夹制作一份压缩文件。

操作步骤：

（1）启动 WeAutomate Studio，新建项目"例 5_27 文件自动化"。

（2）在开始节点的下方添加"列出目录下的文件"控件，设置"目标路径"属性为"D:\Program Files\Huawei\案例\例 5_26 获取邮件\保存邮件"，"文件列表"属性默认为"fileList_ret"，如图 5-246 所示。

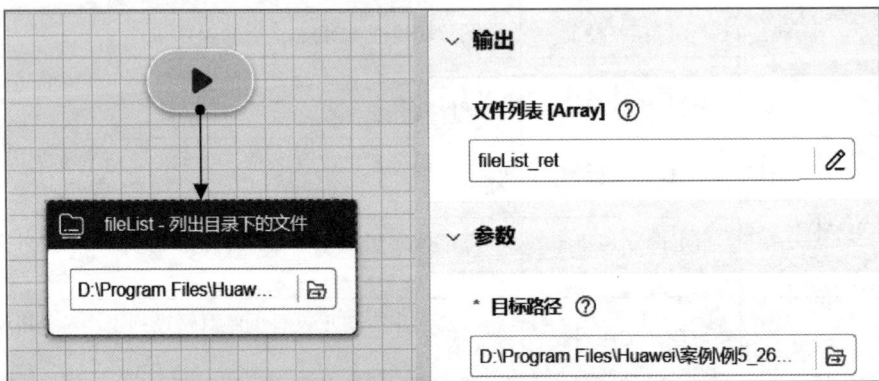

图 5-246　列出目录下的文件

（3）在"列出目录下的文件"控件的下方添加"消息窗口"控件，查看"保存邮件"目录下的文件信息。

（4）添加"遍历/计次循环"控件，设置"数据集合"属性为"@{fileList_ret}"，设置"条目名称"属性为"pdfFile"，如图 5-247 所示，其作用为遍历"保存邮件"

目录下的所有文件。

（5）添加"条件分支"控件，作为"进入循环体"分支，设置"条件表达式"属性为""pdf" in @{pdffile}"，其作用为判断字符串"pdf"是否存在于@{pdffile}中，结果为布尔值，据此筛选 PDF 类型文件。

（6）添加"移动文件"控件，作为"条件成立"分支。设置"原文件"属性为"@{pdffile}"，设置"目标路径"属性为"@{WORK_DIR}\pdf 汇总"，如图 5-248 所示，其作用为将 PDF 文件移动至本项目中的目标文件夹"pdf 汇总"。

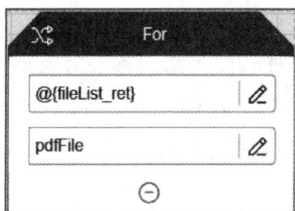

图 5-247　遍历所有文件

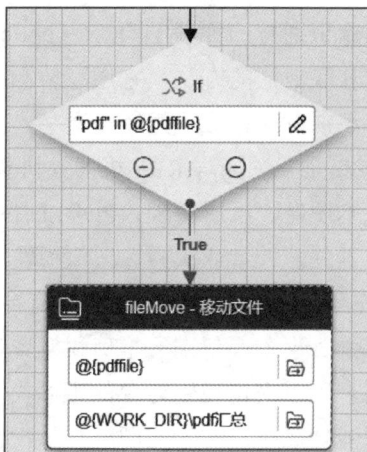

图 5-248　条件分支

（7）添加"压缩文件"控件，作为"退出循环体"分支。设置"压缩文件名"属性为"D:\Program Files\Huawei\案例\例 5_27 文件自动化\pdf 汇总.zip"；设置"压缩文件类型"属性为"zip"；设置"待压缩目录"属性为"D:\Program Files\Huawei\案例\例 5_27 文件自动化\pdf 汇总"，设置"超时时间"属性为"3000"，如图 5-249 所示，其作用为将文件夹"pdf 汇总"压缩为文件"pdf 汇总.zip"。

图 5-249　压缩文件

（8）保存并执行脚本，在项目目录下生成一个压缩文件"pdf 汇总.zip"。

5.10 图像识别自动化

▶ 5.10.1 基本功能

图像识别是一种基于 OCR（optical character recognition，光学字符识别）技术的准确获取数据的方法，它通过检测扫描件上的明暗变化来确定文字的形状，然后用字符识别方法将形状翻译成文字，是目前应用得最多的人工智能技术之一。

OCR 是一项能与 RPA 机器人协作的重要技术，相当于 RPA 数字机器人的眼睛，能够识别图像、纸质文档、PDF 文件中的文字，以及格式固定的卡证、票据，如身份证、驾驶证、营业执照、增值税发票等。

WeAutomate Studio 提供了具有针对性的图像识别控件，包括图片在线识别、身份证识别、火车票识别、增值税发票识别、结婚证识别和表格识别，如图 5-250 所示。用户可以根据识别对象的不同类型选择相应控件，通过简单操作就能应用这项人工智能技术解决实际问题。

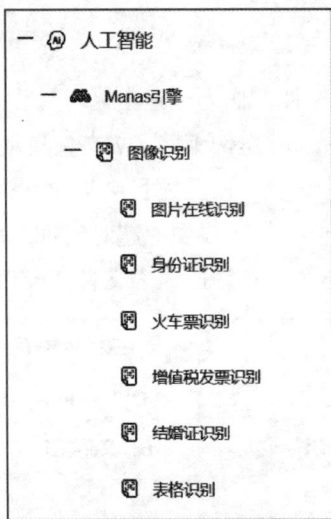

图 5-250 图像识别控件

▶ 5.10.2 增值税发票识别

WeAutomate Studio 增值税发票识别，集成了华为强大的 OCR 能力，支持增值税普通发票、增值税专用发票、增值税电子发票等票据所有关键字段的自动识别和结构化提取。增值税发票识别控件的主要参数如表 5-15 所示。

表 5-15 增值税发票识别控件的主要参数

控件	参数	参数功能
增值税发票识别	图片文件	图片路径，支持 PNG、JPG、JPEG、BMP 4 种格式，图片大小不超过 3 MB 且图像每个字符的像素大小为 5～5 120，不支持修改过类型的文件
	User ID	访问 OCR 在线接口的 User ID
	User Key	访问 OCR 在线接口的 User Key
	发票类型	增值税发票类型
	保存目录名	保存图片识别结果的文件目录
	保存文件名	保存图片识别结果的文件名字，只适用于 CSV 文件

通过此控件，仅需要对参数进行简单设置，即可获取 JSON 格式的发票数据，方便进行后续的数据处理。

【例 5-28】 在 ".\Input" 路径下有 1 张发票文件：交通发票.png，如图 5-251 所示。识别发票信息，存入 Excel 文件。

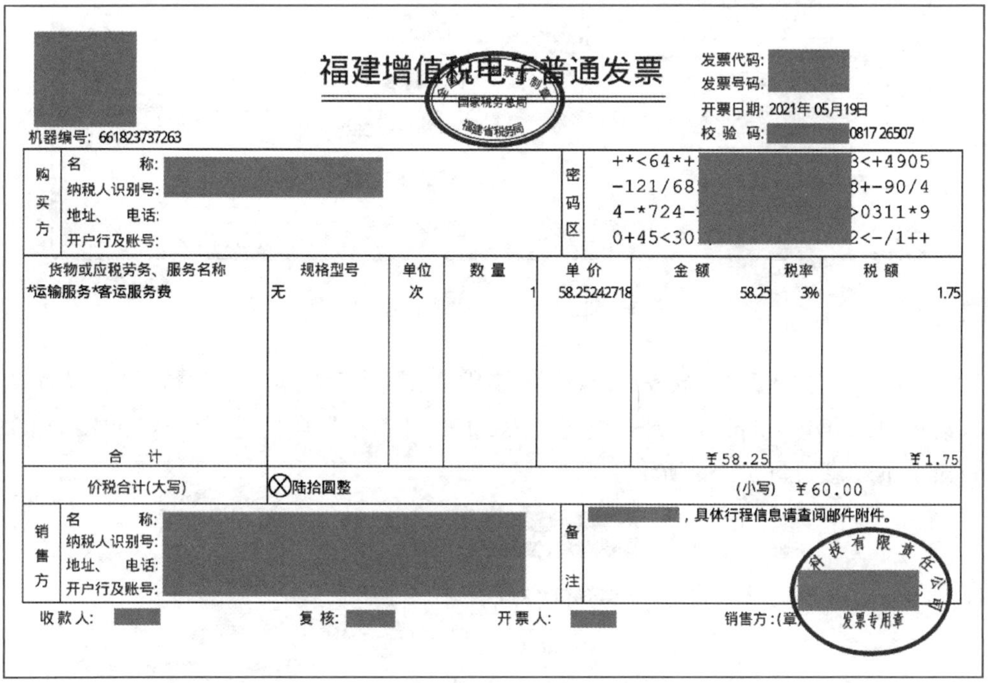

图 5-251 发票文件示例

操作步骤：

（1）启动 WeAutomate Studio，新建项目"例 5_28 发票识别"。

189

（2）在开始节点的下方添加"增值税发票识别"控件，设置"图片文件"属性为"@{WORK_DIR}\Input\交通发票.png"；设置"User ID"属性为"com.huawei.gts.rparobot"；设置"User Key"属性为 OCR 在线接口的 User ID；设置"保存目录名"属性为"@{WORK_DIR}"；设置"保存文件名"属性为"fapiao.csv"，如图 5-252 所示，其作用为识别发票信息，将获取的数据存入项目路径下的 fapiao.csv 文件。"User ID"属性和"User Key"属性可以使用华为 RPA 官网提供的测试 User ID 和 AppToken 进行在线识别。

图 5-252 "增值税发票识别"控件

（3）添加"CSV 转为 Excel"控件，设置"CSV 文件路径"属性为"@{WORK_DIR}\fapiao.csv"；设置"Excel 文件路径"属性为"@{WORK_DIR}\fapiao.xlsx"，如图 5-253 所示。

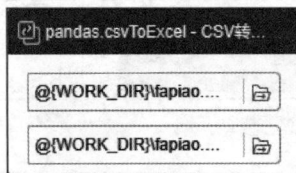

图 5-253 "CSV 转 Excel"控件

（4）保存并执行脚本，获取的发票数据会被存入 fapiao.xlsx 文件，其内容如图 5-254 所示。

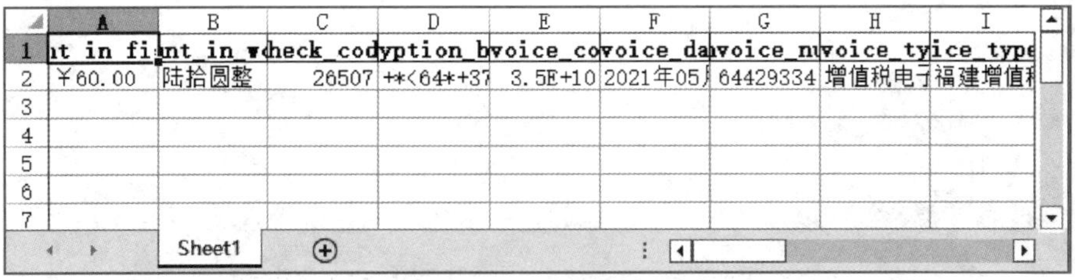

图 5-254　发票数据

成功获取发票数据之后，就可以结合其他自动化需求，进行后续的相关处理。

习　题　五

1. 华为 WeAutomate 平台的三大组件是什么？它们分别具有什么功能？它们之间有何关联？

2. 描述三种 UI 录制方案之间的区别。

3. 常用的列表类型数据处理方法有哪些？

4. 常用的字典类型数据处理方法有哪些？

5. 简述功能块控件与调用子脚本控件在流程设计中的作用。

6. 在流程设计过程中，可以使用哪些方法监测数据的变动情况？

7. 从字符串"3 月 6 日，122333@qq.com 消费 120 元，star2020@163.com 消费 89 元。"中筛选出消费数据。

8. 自动化流程设计：使用百度搜索"数字化劳动力"，获取其百度百科中的第一段文字信息，将其存入 Word 文件，并使用"添加图片"等控件进行编排。

9. 自动化流程设计：利用 OCR 功能识别自己的身份证信息。

10. 自动化流程设计：记事本文件中有 10 行由姓名和身份证号码组成的个人信息数据，筛选出姓名、出生日期和性别信息，并将其写入 Excel 文件。

11. 自动化流程设计：Excel 文件中保存了 5 位收件人的信息，包括姓名和邮箱名称。要求自动读取 5 位收件人的信息，并发送包含正文和一个 PDF 文件的邮件。

第6章 典型应用场景案例

【本章导读】

目前，RPA 的应用已从金融行业扩展到制造、电信、医疗、政务、能源、零售、物流等各个行业。麦肯锡在相关报告中指出，即使只利用已有的自动化技术（例如 RPA、人工智能、语音技术），企业中就有近 45%的流程可以实现自动化。在各行业中，具体业务领域中的工作人员需要频繁使用计算机和各类软件进行事务处理，应用 RPA 能够推动企业中流程的自动化、标准化，促进传统流程的优化与再造，使企业提质增效。流程自动化的实施需要与现有的信息系统和业务流程深度融合，并与流程管理协同发展。RPA 不仅提供了流程自动化的解决方案，还推动了思维方式、工作方式和管理方式的转变。

本章将选取两个常见的应用场景——人事信息处理和会议事务处理，从 RPA 的角度进行流程分析、流程设计和敏捷开发，综合应用各种 RPA 自动化技术，实现人工流程向自动化流程的转变，提高办公效率，提升员工的工作幸福感。通过介绍典型应用场景案例，希望帮助读者直观地感受 RPA 的基本设计方法，在人机协同的工作环境中理解数字员工，并成为其设计者和管理者。

【知识要点】

第 1 节：邮件自动化、表格数据处理、文件处理自动化、Excel 自动化。

第 2 节：网页自动化、桌面应用自动化、Excel 自动化、Word 自动化、图像自动化、异常处理。

6.1 人事信息处理自动化

【例 6-1】某公司人事部门的一项人员信息处理工作为：人事部门以邮件的形式向各个部门发送名为"某部-人员信息.xlsx"的模板文件，各部门在填写完信息后，将文件发送回人事部门，人事部门将收到的文件汇总为一份文件，并按照名为"履历表.xlsx"的模板文件的格式，提取每位员工的数据项，并为每位员工制作一份履历表文件。

▶ 6.1.1 流程分析

1. 人工流程

人工流程的步骤如下：

（1）人事部门登录邮箱，以邮件的形式向各个部门群发名为"某部-人员信息.xlsx"的模板文件。

（2）各个部门填写数据，并按照模板文件命名格式重命名文件，在截止时间之前发送回人事部门。

（3）人事部门逐一接收邮件，下载附件。

（4）人事部门将下载的附件汇总合并。

（5）人事部门按照名为"履历表.xlsx"的模板文件的格式，从汇总文件中逐一提取每位员工的数据项，并为每位员工制作一份履历表文件，并将文件分别保存起来。

人工流程如图 6-1 所示。

图 6-1 人工流程

2. 存在的问题

在上述流程中，存在数据量大、人工录入易出错和重复性工作多等问题，可以通过实施 RPA 来解决。

▶ 6.1.2 RPA 流程设计

1. 总体流程结构

在上述流程中，除了各部门填写数据和回复邮件需要人工操作之外，其他流程都可以由人事部门通过 RPA 技术实现自动化。利用 RPA 的邮件自动化、表格数据处理、文件自动化和 Excel 自动化等技术，此流程中人事部门的全部工作均可以实现自动化。基于 RPA 的流程，如图 6-2 所示。

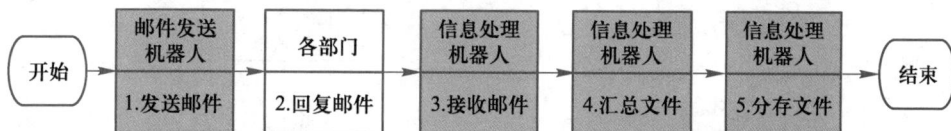

图 6-2 基于 RPA 的流程

该流程涉及多个部门和多位人员，流程时间较长。为了提高效率，这里设计两个机器人：邮件发送机器人和信息处理机器人。

邮件发送机器人负责向各部门发送带有附件"某部-人员信息.xlsx"的邮件，具体步骤如下：

（1）从文件"联系人信息.xlsx"中获取各部门联系人的邮箱信息。

（2）向各联系人发送邮件。

信息处理机器人负责接收邮件、汇总文件和分存文件，具体步骤如下：

（1）接收邮件，下载附件，并筛选所需的附件文件，将其保存在同一目录下。

（2）在该目录下逐一打开各个文件，提取文本信息，并将数据写入文件"汇总-人员信息.xlsx"。

（3）在"汇总-人员信息.xlsx"文件中逐行读取数据，获取所需的数据项，填入文件"履历表.xlsx"，最后将文件另存为"××履历表.xlsx"。

2. 邮件发送机器人流程结构

邮件发送机器人的工作流程为获取邮箱地址、发送邮件，发送邮件流程图如图 6-3 所示。

3. 信息处理机器人流程结构

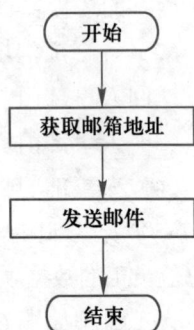

图 6-3 发送邮件流程图

信息处理机器人分为 3 个子流程：接收邮件、汇总文件和分存文件。其主流程图如图 6-4 所示，子流程图如图 6-5 至图 6-7 所示。

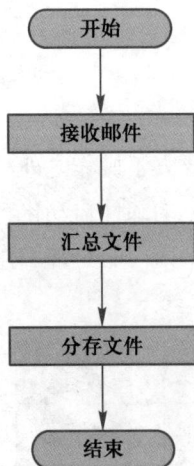

图 6-4 主流程图

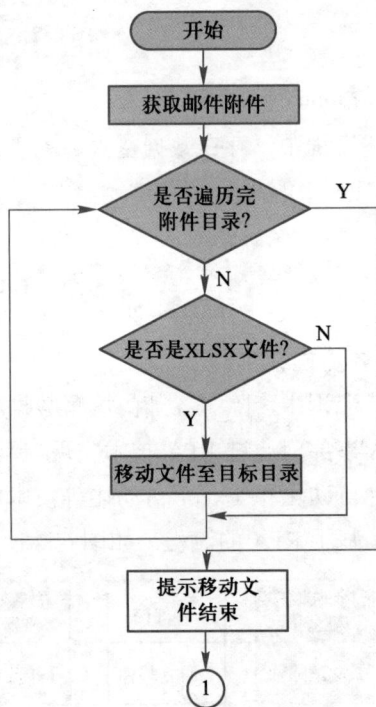

图 6-5 接收邮件流程图

194

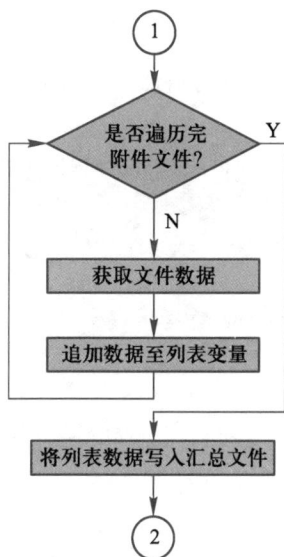

图 6-6 汇总文件流程图

图 6-7 分存文件流程图

4．数据文件

"联系人信息.xlsx"和"某部-人员信息.xlsx"，保存在"例 6_1_1 发送邮件"项目目录中。文件"联系人信息.xlsx"包含以下字段：部门名称、联系人姓名、联系人邮箱和联系人电话。文件"某部-人员信息.xlsx"包含以下字段：序号、部门、姓名、性别、出生年月、学历、身份证号码、手机号码和备注。

"汇总-人员信息.xlsx"和"履历表.xlsx"，保存在"例 6_1_2 信息处理"项目目录中。文件"汇总-人员信息.xlsx"的结构与文件"某部-人员信息.xlsx"相同，文件"履历表.xlsx"的内容则如图 6-8 所示。

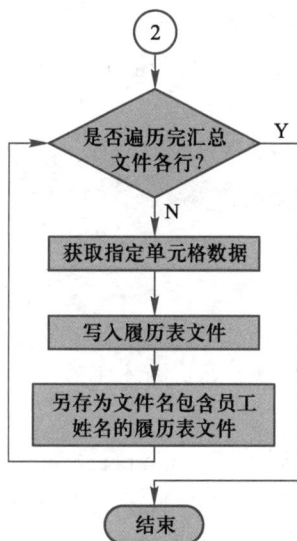

图 6-8 文件"履历表.xlsx"的内容

另外，本例中使用 QQ 邮箱自动收发邮件，在使用邮件自动化之前，用户需要先申请授权码，申请方法请参考 5.8 节。

5．人机交互

适当添加"消息窗口"控件，该控件的作用是在流程执行过程中监测数据的变动情况。

适当添加"注释"控件，该控件的作用是在流程设计中添加必要的说明性文字，增强流程的可读性。

▶ 6.1.3 RPA 流程开发

1．邮件发送机器人

操作步骤如下：

（1）启动 WeAutomate Studio，新建项目"例 6_1_1 发送邮件"。

（2）设置名为 Name 的全局变量保存登录邮箱的账号，类型为 String，值为 QQ 邮箱账号；设置名为 Password 的全局参数，类型为 Sensitive，值为 QQ 邮箱授权码。

（3）添加"读取 excel 到表格"控件，设置"Excel 文件路径"属性为"@{WORK_DIR}\联系人信息.xlsx"。"表格对象"属性默认为"readExcel_ret"，用于保存 DataFrame 对象类型数据。

（4）添加"获取指定列数据"控件，设置"DataFrame 对象"属性为"@{readExcel_ret}"；设置"列名称或索引"属性为"联系人邮箱"；"列数据"属性默认为"pandasgetDataByIndex_ret"，用于保存列数据；设置"将输出类型转换为"属性为"list"。

（5）添加"eval–运行 python 表达式"控件，设置"表达式"属性为"','.join(@ {pandasgetDataByIndex_ret})"。"执行结果"属性默认为"eval_ret"，其作用为将列表类型的邮箱信息转换为字符串类型。

步骤（3）至步骤（5）的作用是获取联系人的邮箱信息，其流程如图 6-9 所示。

（6）添加"发送邮件（SMTP）"控件，设置"登录凭证"属性，如图 6-10 所示。设置"内容设置"属性，如图 6-11 所示。在设置"邮件正文模板"属性时，可以编辑 HTML 标签，此处设置了换行和重点字加粗，如图 6-12 所示。设置"发送设置"属性，如图 6-13 所示。"协议"和"服务器端口"属性使用默认设置。

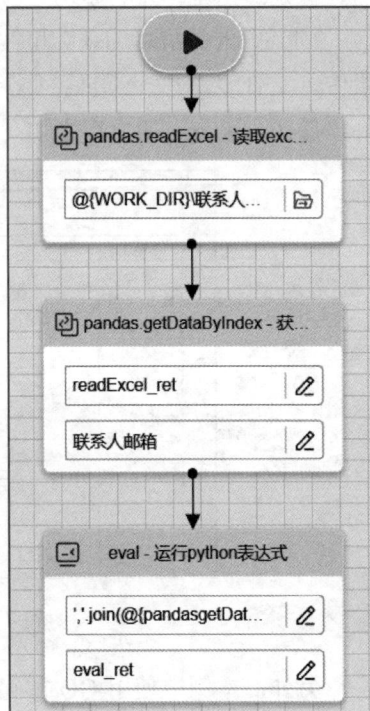

图 6-9 获取邮箱地址的流程

图 6-10 设置"登录凭证"属性

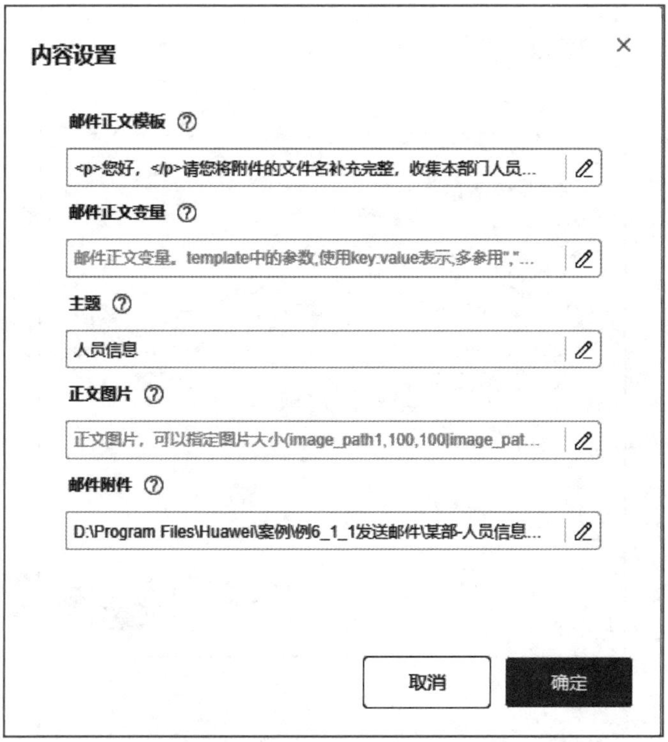

图 6-11 设置"内容设置"属性

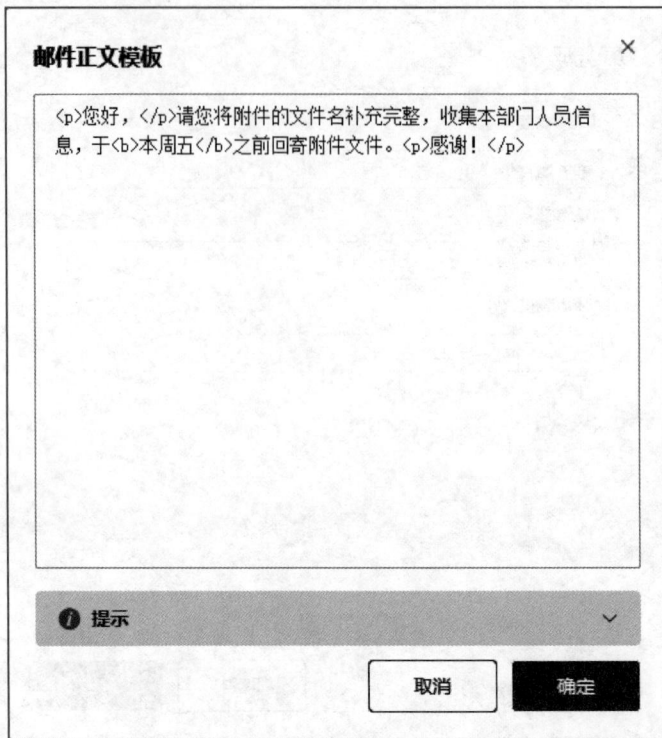

邮件正文模板　　　　　　　　　　　　×

<p>您好，</p>请您将附件的文件名补充完整，收集本部门人员信息，于<b>本周五</b>之前回寄附件文件。<p>感谢！</p>

i 提示　　　　　　　　　　　　　　　ᐯ

取消　　确定

图 6-12　设置"邮件正文模板"属性

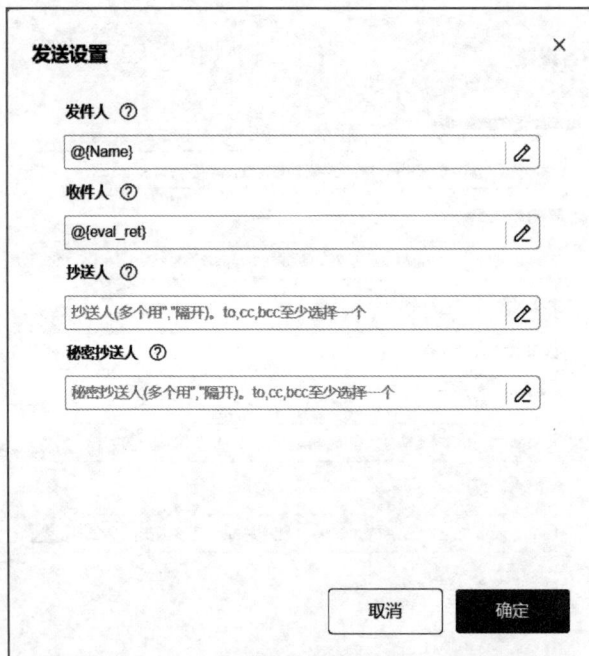

发送设置　　　　　　　　　　　　×

发件人 ⑦

@{Name}

收件人 ⑦

@{eval_ret}

抄送人 ⑦

抄送人(多个用","隔开)。to,cc,bcc至少选择一个

秘密抄送人 ⑦

秘密抄送人(多个用","隔开)。to,cc,bcc至少选择一个

取消　　确定

图 6-13　设置"发送设置"属性

（7）保存并执行脚本，邮件发送效果如图 6-14 所示。

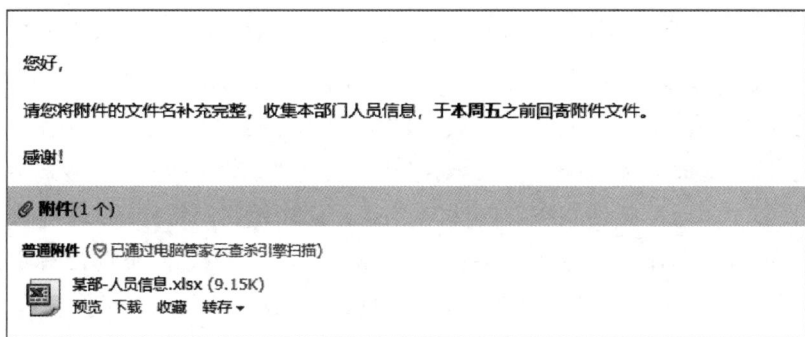

您好，

请您将附件的文件名补充完整，收集本部门人员信息，于**本周五**之前回寄附件文件。

感谢！

 附件(1 个)

普通附件 (☑ 已通过电脑管家云查杀引擎扫描)

某部-人员信息.xlsx (9.15K)
预览 下载 收藏 转存▾

图 6-14　邮件发送效果

2. 信息处理机器人

操作步骤如下：

（1）启动 WeAutomate Studio，新建项目"例 6_1_2 信息处理"。

（2）设置名为 Name 的全局变量保存登录邮箱的账号，类型为 String，值为 QQ邮箱账号；设置名为 Password 的全局参数，类型为 Sensitive，值为 QQ 邮箱授权码。

（3）在项目区中，依次创建 3 个脚本，分别为接收邮件、汇总文件、分存文件。

（4）在设计区，依次添加 3 个"Subprocess-调用子脚本"控件并建立连接，如图 6-15 所示。

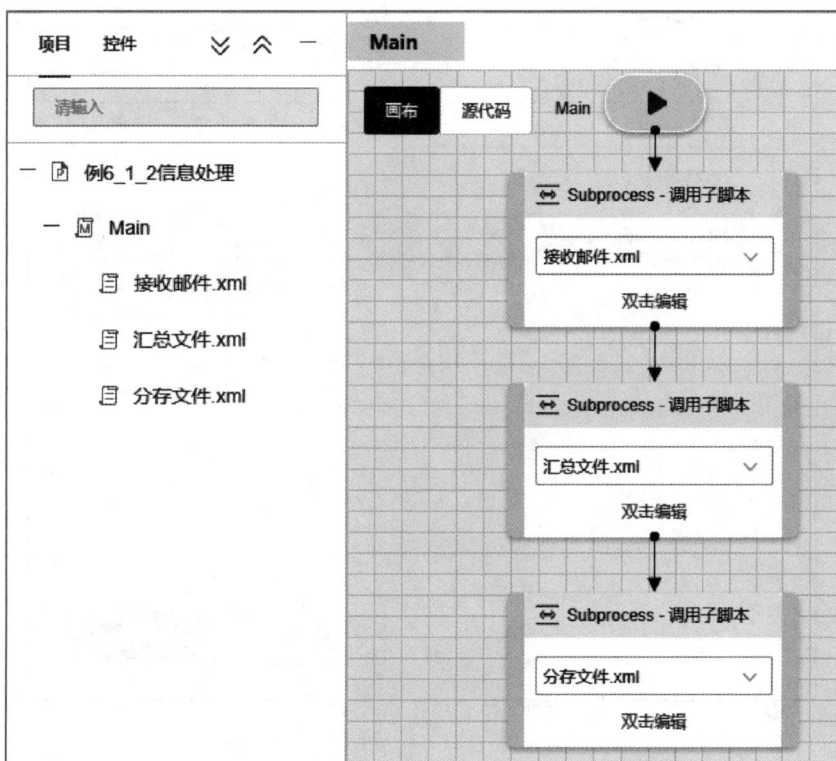

图 6-15　创建子脚本

（5）在接收邮件子脚本中，添加"获取邮件（IMAP）"控件，设置"登录凭证"属性，如图 6-16 所示。设置"筛选邮件日期"属性，即指定筛选时间段，如图 6-17 所示。设置"筛选主题"属性为"人员信息"，即指定邮件名中包含的关键信息。设置"接收设置"属性，如图 6-18 所示，其中，设置"筛选邮件模式"为"筛选所有邮件"；设置"不改变邮件状态"属性为"false"，表示将筛选出的邮件标记为已读邮件；设置"筛选邮件内容类型"属性为"attachment"，表示只筛选带附件的邮件；设置"邮件存放路径"属性为"@{WORK_DIR}\回收各部门人员信息表"，将带有附件的邮件保存至该目录下。"协议"与"服务器端口"属性，使用默认设置，如图 6-19 所示。

（6）由于接收到的每封邮件的附件均以一个文件夹的形式存在，因此需要将各附件文件夹中的 Excel 文件移动到同一目录下，以便进行后续处理。

添加"列出目录下的文件"控件，设置"目标路径"属性为"@{WORK_DIR}\回收各部门人员信息表"，"文件列表"属性默认为"fileList_ret"，如图 6-20 所示。

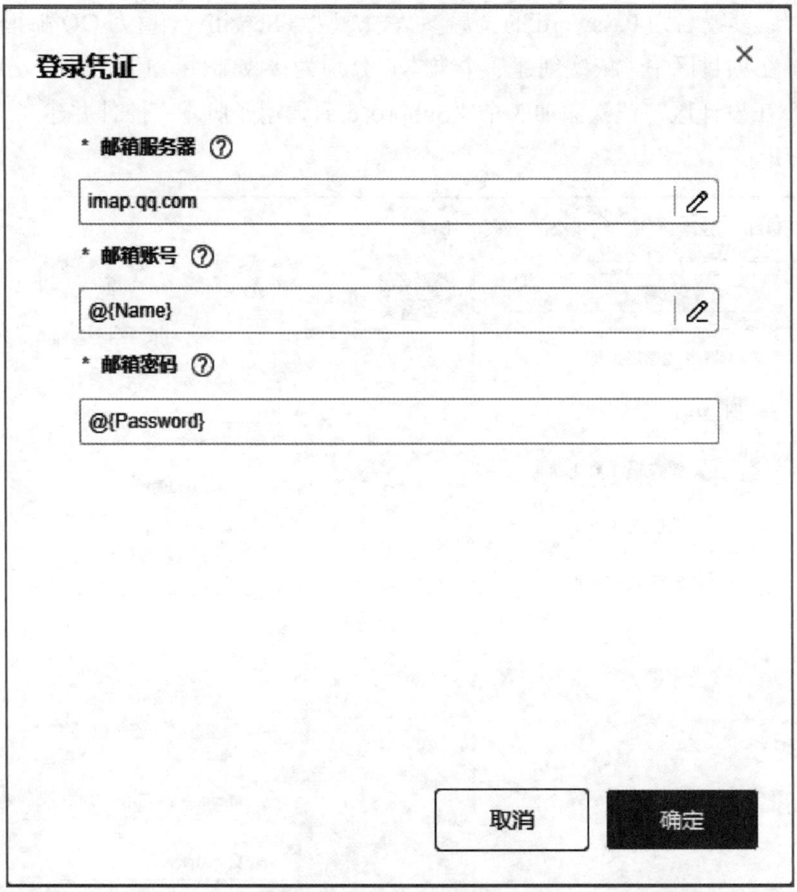

图 6-16 设置"登录凭证"属性

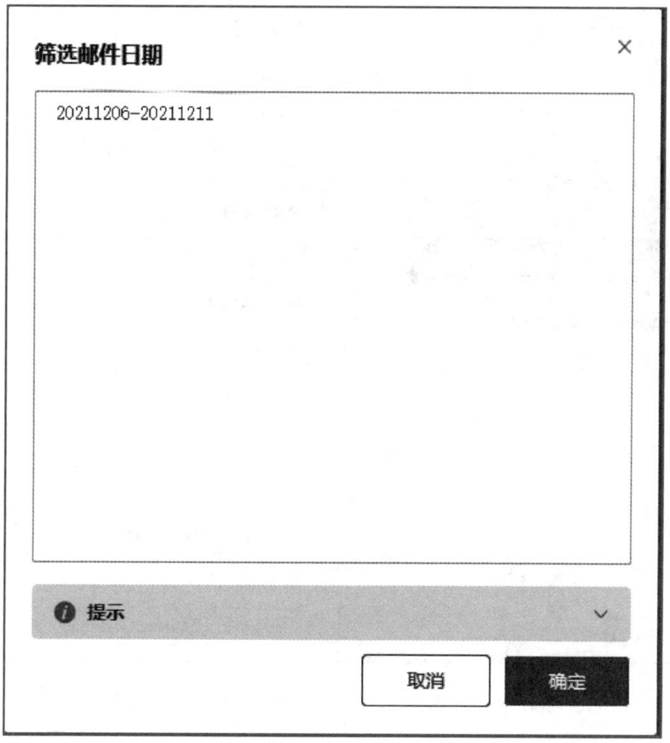

筛选邮件日期   ✕

20211206-20211211

ℹ 提示   ⌄

取消   确定

图 6-17 设置"筛选邮件日期"属性

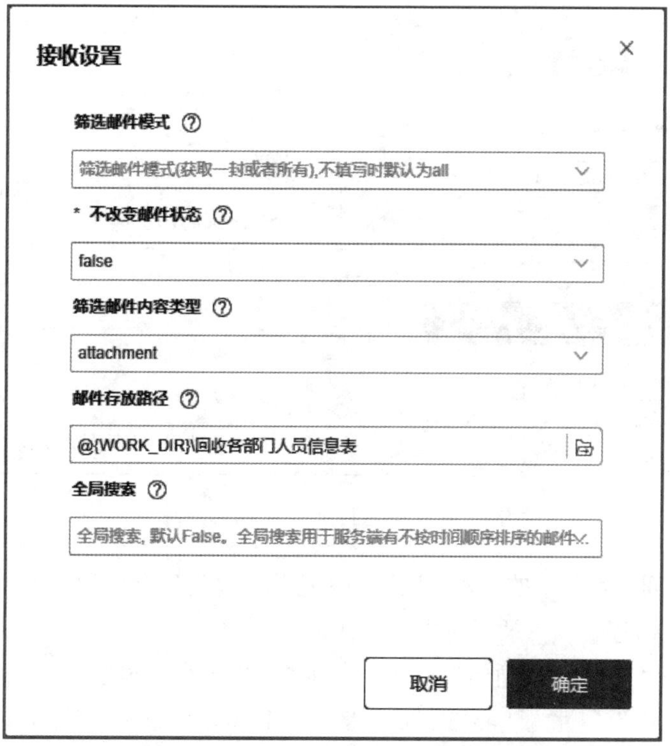

接收设置   ✕

筛选邮件模式 ⑦

筛选邮件模式(获取一封或者所有),不填写时默认为all   ⌄

* 不改变邮件状态 ⑦

false   ⌄

筛选邮件内容类型 ⑦

attachment   ⌄

邮件存放路径 ⑦

@{WORK_DIR}\回收各部门人员信息表   📁

全局搜索 ⑦

全局搜索,默认False。全局搜索用于服务端有不按时间顺序排序的邮件⌄

取消   确定

图 6-18 设置"接收设置"属性

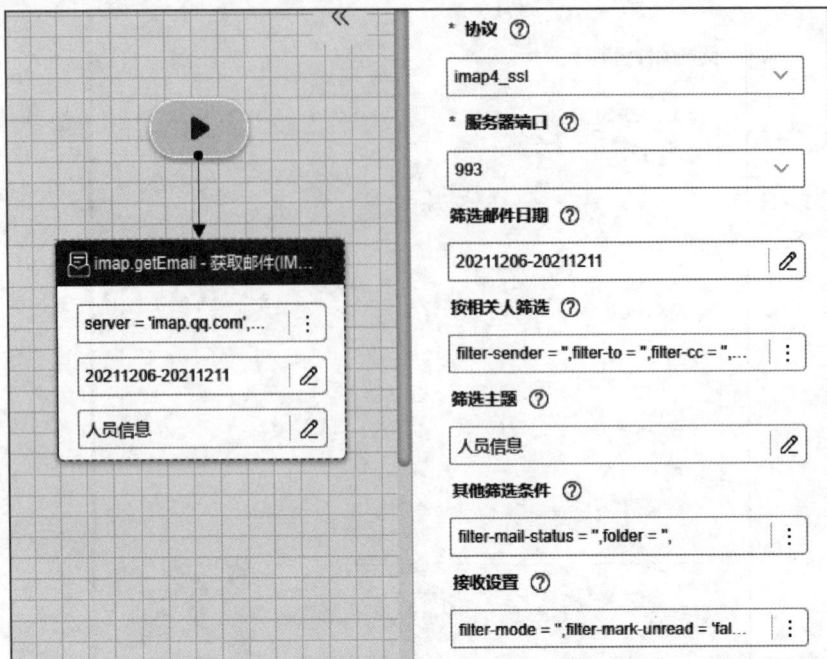

图 6-19 "协议"与"服务器端口"属性设置

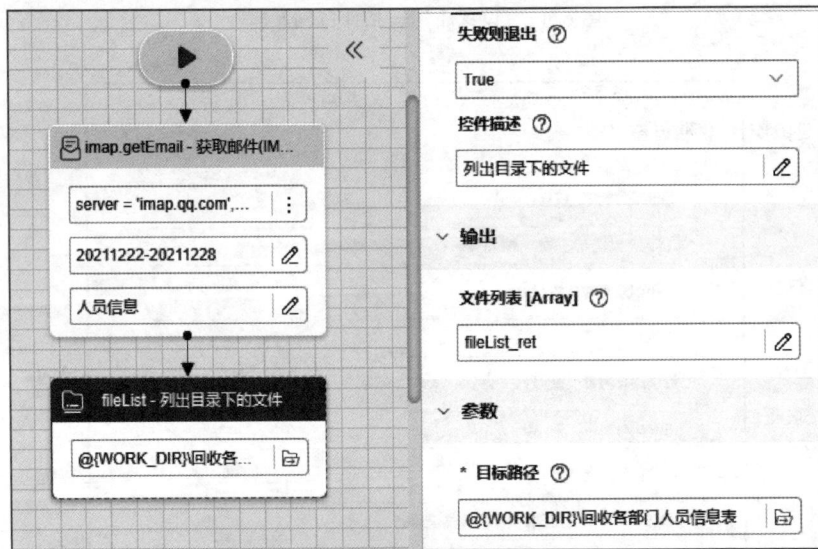

图 6-20 "列出目录下的文件"控件

（7）在"列出目录下的文件"控件的下方添加"消息窗口"控件，用于查看"回收各部门人员信息表"目录下的文件信息。

（8）添加"遍历/计次循环"控件，设置"数据集合"属性为"@{fileList_ret}"，设置"条目名称"属性为"attFile"，如图 6-21 所示。该控件的作用为遍历"回收各部门人员信息表"目录下的所有文件。

（9）添加"条件分支"控件，作为"进入循环体"分支，设置"条件表达式"属性为"xlsx" in @{attfile}"，其作用为判断字符串"xlsx"是否存在于@{attfile}中，以筛选 XLSX 类型的文件。

（10）添加"移动文件"控件，作为"条件成立"分支。设置"原文件"属性为"@{attfile}"，设置"目标路径"属性为"@{WORK_DIR}\各部门人员信息表"，如图 6-22 所示。该控件的作用为将筛选出的 Excel 文件移动至目标文件夹。

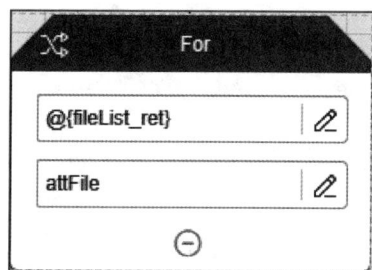

图 6-21　"遍历/计次循环"控件

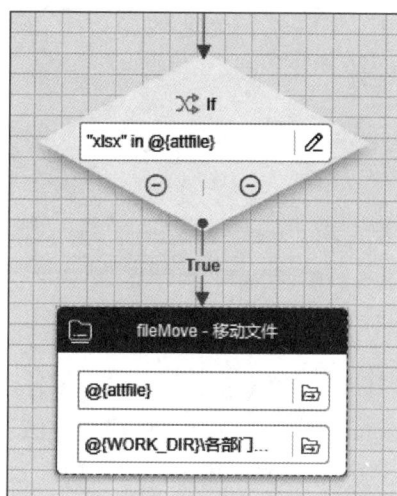

图 6-22　条件分支

（11）添加"消息窗口"控件，作为"退出循环体"分支。设置"消息框内容"属性为"附件文件已移动到'各部门人员信息表'目录下"。

（12）保存并运行脚本，本例以接收 4 封邮件、获取 4 个部门的人员信息为例，运行结果如图 6-23 所示，所有文件汇总到"各部门人员信息表"目录下。

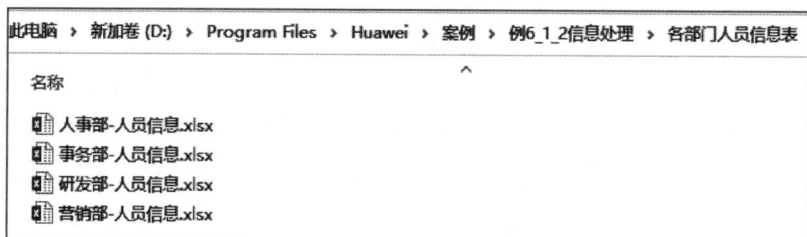

图 6-23　运行结果

（13）在汇总文件子脚本中添加 2 个全局变量：名称为 listSum，类型为 Array，用于存储所有人员的信息；名称为 rowSum，类型为 Number，初始值为 0，用于存储数据列表总行数，即人员总数。

（14）添加"列出目录下的文件"控件，设置"目标路径"属性为"@{WORK_DIR}\各部门人员信息表"；"文件列表"属性默认为"fileList_ret"。

（15）添加"遍历/计次循环"控件，设置"数据集合"属性为"@{fileList_ret}"，设置"条目名称"属性为"listFile"，其作用为遍历"各部门人员信息表"目录下的所有文件。

（16）添加"注释"控件，作为"进入循环体"分支。设置注释内容为"获取每个文件的数据"，如图6-24所示。

（17）添加"打开Excel文件"控件，设置"Excel文件路径"属性为"listFile"。

（18）添加"获取行数"控件，"总行数"属性默认为"excelGetRowCount_ret"，如图6-25所示。

图6-24　"注释"控件　　　　图6-25　"获取行数"控件

（19）添加"获取区域文本"控件，设置"单元格位置"属性为"B2:I@{excelGetRowCount_ret}"；设置"格式化方法"属性为"formatCell"，获取的表格数据按照原格式显示；"文本内容"属性默认为"excelReadRange_ret"，用于保存获取的区域文本内容，如图6-26所示。

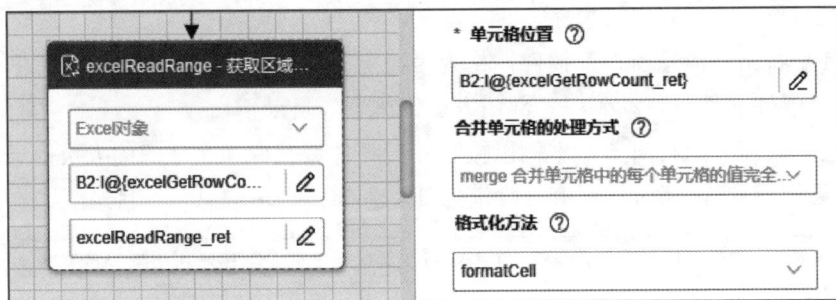

图6-26　"获取区域文本"控件

（20）添加"eval-运行python表达式"控件，设置"表达式"属性为"listSum+excelReadRange_ret"，设置"执行结果"属性为"listSum"，其作用为将每个文件的数据追加到列表变量listSum中。

（21）添加"关闭工作簿"控件。

（22）添加"注释"控件，作为"退出循环体"分支。设置注释内容为"所有人员数据写入汇总文件"。

（23）在"注释"控件的下方添加"eval-运行python表达式"控件，设置"表达式"属性为"len(listSum)"，设置"执行结果"属性为"rowSum"，其作用为获取数据列表listSum的元素数量，即数据的总行数，表示人员总数。

（24）添加"打开 Excel 文件"控件，设置"Excel 文件路径"属性为"@{WORK_DIR}\汇总-人员信息.xlsx"。

（25）添加"变量赋值"控件，设置"变量值"属性为"@{rowSum}+1"，设置"变量名"属性为"rowSum"，其作用为确定汇总文件写入数据后的总行数。

（26）添加"写入范围单元格"控件，设置"目标范围"属性为"B2:I@{rowSum}"，设置"写入内容"属性为"@{listSum}"，其作用为将所有人员数据写入汇总文件。

（27）添加"遍历/计次循环"控件，设置"数据集合"属性为"range(2,rowSum+1)"，设置"条目名称"属性为"Num"。"range(2,rowSum+1)"的作用为形成连续的整数序列对象，其数据范围为[2,rowSum+1)，使用此数据表示"序号"所在行的行号。

（28）添加"写入单元格"控件，作为"进入循环体"分支，设置"目标单元格"属性为"A@{Num}"，设置"写入内容"属性为"=@{Num}-1"，其作用为在目标单元格内填入序号。由于"写入内容"涉及公式计算，因此需要输入"="。

（29）添加"关闭工作簿"控件，作为"退出循环体"分支。

（30）保存并运行脚本，各文件中的数据都汇总到了文件"汇总-人员信息.xlsx"中，文件内容如图 6-27 所示。

	A	B	C	D	E	F	G	H	I
1	序号	部门	姓名	性别	出生年月	学历	身份证号	手机号码	备注
2	1	事务部	刘奇伟	男	1980年3月	研究生	350█19800327█	1876█8	
3	2	事务部	王程	女	1991年7月	本科	320█19910716█	1596█9	
4	3	事务部	李铭	女	1988年12月	本科	350█19881218█	1396█1	
5	4	事务部	王斌	男	1992年3月	本科	110█19920309█	1870█0	
6	5	人事部	刘辉	男	1978年10月	研究生	370█19781005█	1386█8	
7	6	人事部	王冰颖	女	1987年1月	本科	371█19870103█	1386█9	
8	7	研发部	李海涛	男	1993年10月	研究生	372█19931010█	1356█3	
9	8	研发部	赵新学	男	1996年11月	本科	371█19961105█	1356█4	
10	9	研发部	钱方祥	男	1995年9月	本科	330█19950923█	1356█2	
11	10	研发部	张佳艺	女	1994年12月	研究生	370█19941206█	1356█2	
12	11	研发部	刘蕙彬	女	1994年11月	研究生	370█19941108█	1356█1	
13	12	营销部	张青亚	女	1986年12月	研究生	370█19861221█	1385█1	
14	13	营销部	李晓	女	1989年10月	本科	371█19891002█	1385█2	
15	14	营销部	王连成	男	1990年5月	本科	130█19900519█	1385█3	
16									
17									

Sheet1 ⊕

图 6-27 人员信息汇总文件

（31）在分存文件子脚本中，添加 2 个"打开 Excel 文件"控件，设置第一个控件的"Excel 文件路径"属性为"@{WORK_DIR}\汇总-人员信息.xlsx"，设置"Excel 文件对象别名"属性为"a"；设置第二个控件的"Excel 文件路径"属性为"@{WORK_DIR}\履历表.xlsx"，设置"Excel 文件对象别名"属性为"b"。由于需要在分存文件子脚本中同时打开两个 Excel 文件，因此需要使用不同名的控件，以区分不同的文件。

（32）添加"遍历/计次循环"控件，设置"数据集合"属性为"range(2,rowSum+1)"，设置"条目名称"属性为"row"，依次表示数据所在行的行号。

（33）添加"功能块"控件，设置"语句块名称"属性为"获取单元格数据"，作为"进入循环体"分支。

（34）结合文件"履历表.xlsx"的内容需求，从每行获取 6 个字段的数据值，分别填到文件"履历表.xlsx"中的对应位置上。在"获取单元格数据"功能块中，添加 6 个"获取单元格文本"控件，如图 6-28 所示，设置"按照显示读取"属性均为"formatCell"，依次获取本行所需的数据。

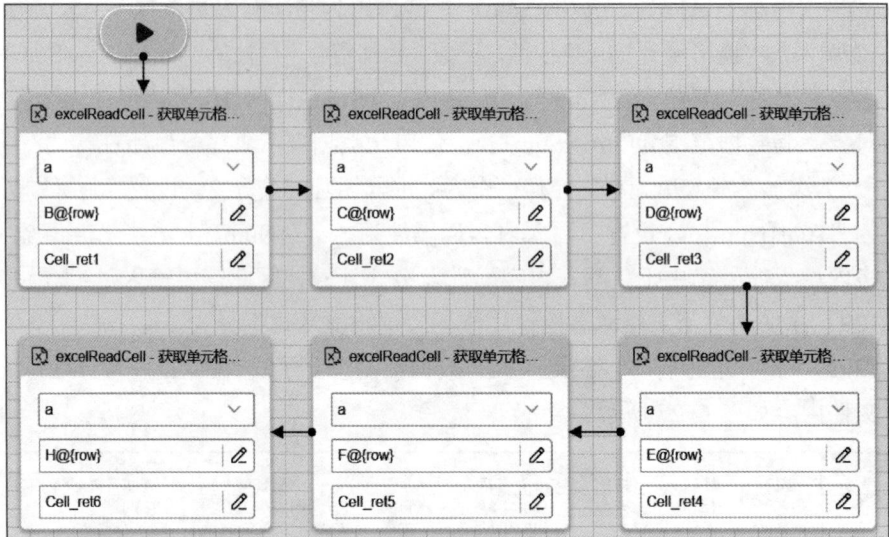

图 6-28　"获取单元格文本"控件

（35）添加"功能块"控件，设置"语句块名称"属性为"写入履历表文件"。

（36）在"写入履历表文件"功能块中添加 6 个"写入单元格"控件，依次向目标位置写入所需的数据，如图 6-29 所示。

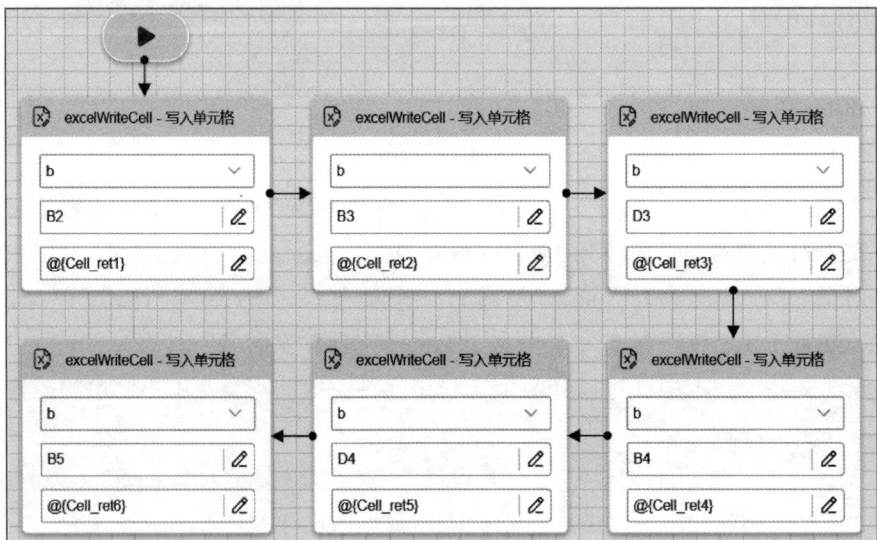

图 6-29　"写入单元格"控件

206

（37）在"写入履历表文件"功能块的下方添加"另存为工作簿"控件，设置"Excel 对象"属性为"b"，设置"另存为路径"属性为"D:\Program Files\Huawei\案例\例 6_1_2 信息处理\批量生成履历表\@{Cell_ret2}履历表.xlsx"，将姓名字段值添加到文件名中。设置"是否覆盖"属性为"False"，即如果出现同名文件，则不覆盖原文件。如图 6-30 所示。

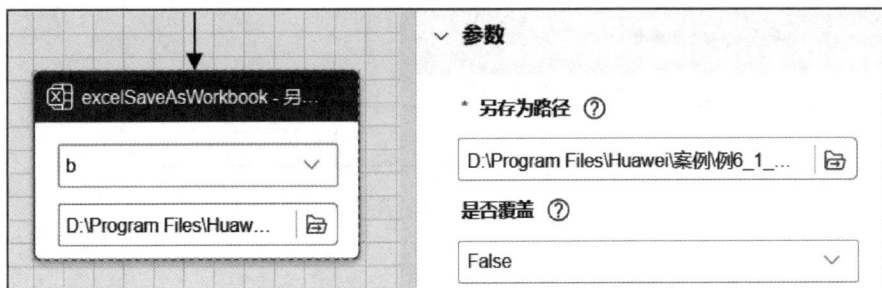

图 6-30 "另存为工作簿"控件

（38）在"遍历/计次循环"控件的右端箭头处添加"关闭工作簿"控件，设置"Excel 对象"属性为"a"，作为"退出循环体"分支。继续添加"关闭工作簿"控件，设置"Excel 对象"属性为"b"。

（39）保存并运行脚本，自动填充履历表数据，按姓名批量生成履历表，运行结果如图 6-31 和图 6-32 所示。

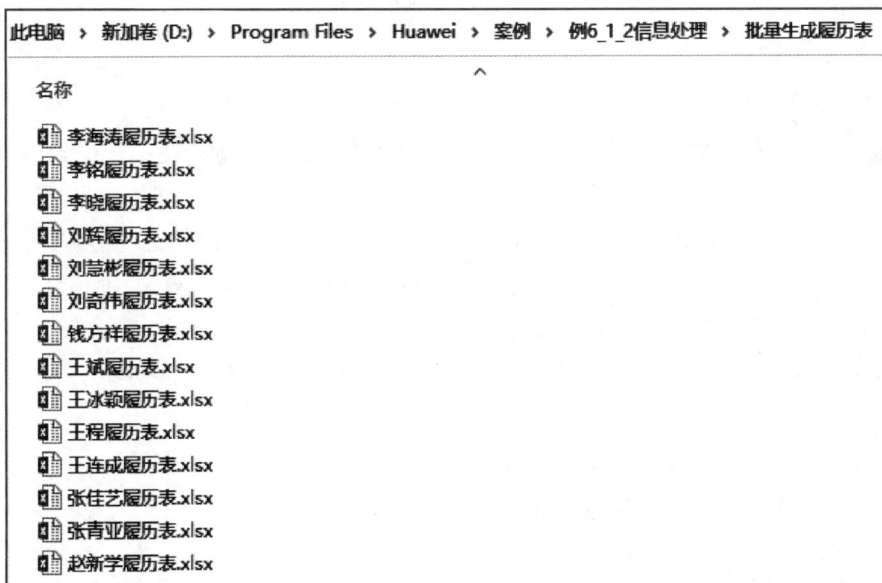

图 6-31 批量生成履历表

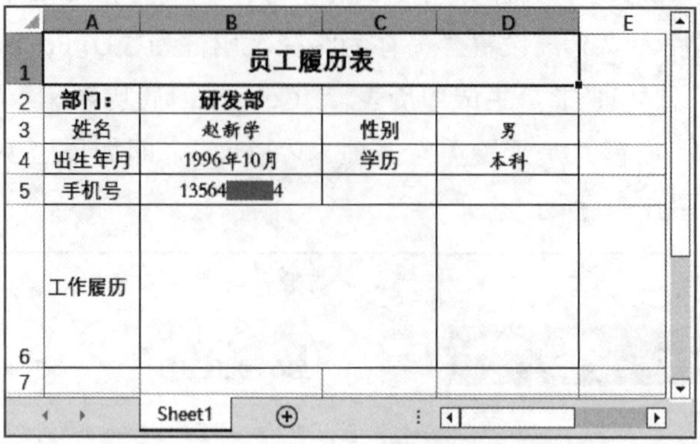

图 6-32 自动填充数据

6.2 会议事务处理自动化

【例 6-2】 某会议事务处理工作，包含以下工作：发送会议通知，接收参会人员的反馈信息，为参会人员预订酒店、车票或机票。在分析整体流程的基础上，设计和开发预订火车票的自动化流程。

▶ 6.2.1 业务流程分析

1. 人工流程

人工流程的步骤如下：

（1）会务方通过电子邮件和微信向拟参会人员发送会议通知。

（2）参会人员填报参会信息，添加会务方微信。

（3）会务方下载邮件附件，下载利用微信收集的填报文件，汇总参会人员信息。

（4）会务方将汇总文件分别保存为文件"预订酒店名单.xlsx""预订车票名单.xlsx"和"预订机票名单.xlsx"。

（5）会务方添加参会人员微信，核对文件信息，逐一通知信息不合规的参会人员，重新获取参会信息。

（6）会务方与参会人员通过微信保持沟通。

（7）会务方为参会人员预订酒店、车票或机票。

人工流程如图 6-33 所示。

2. 存在的问题

在上述流程中，存在数据量大、重复工作多、跨平台录入数据易出错等问题，可以通过实施 RPA 来解决这些问题。

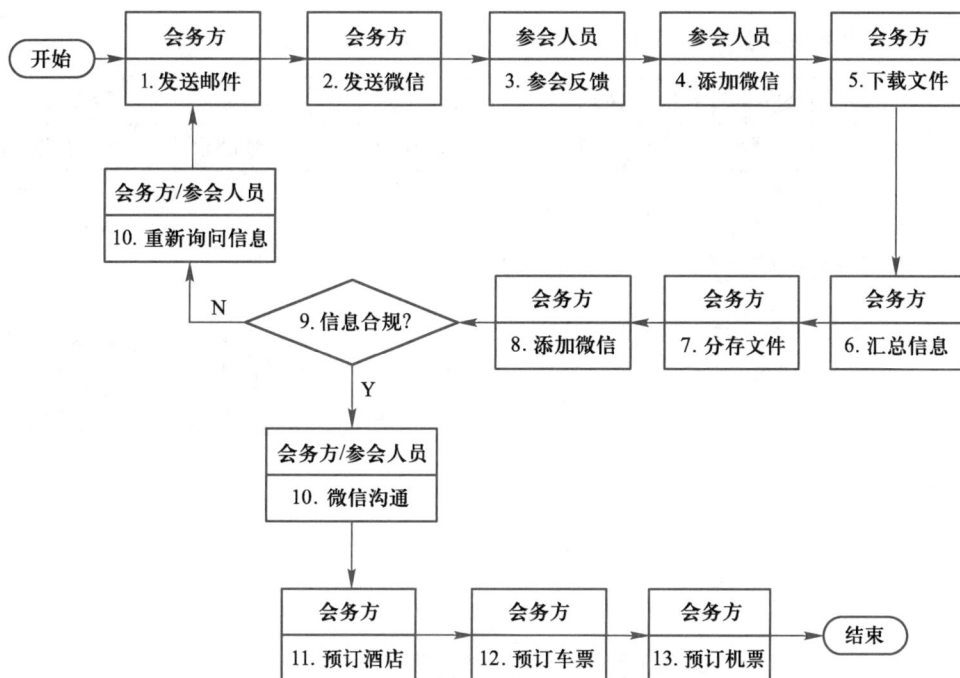

图 6-33 人工流程

▶ 6.2.2 RPA 流程设计

1. 总体流程结构

在上述流程中，除了参会人员回复参会信息、添加微信需要人工操作之外，其他流程都可以由会务方通过 RPA 技术实现自动化。该流程的时间跨度比较大，涉及的平台比较多。利用 RPA 的网页自动化、桌面应用自动化、Excel 自动化、Word 自动化、图像自动化和异常处理等技术，可以使上述流程中会务方的大部分工作实现自动化。基于 RPA 的流程如图 6-34 所示。

对于每个会议，都需要进行会议事务处理，这项工作具有较高的重复性。在以利用流程自动化的思维设计流程时，对信息的准确性有更为严格的要求，流程规则也需要进一步细化和明确。

预订酒店、预订车票和预订机票的工作，可以根据实际业务的需求有选择地进行，因此可以分别设计机器人，以便灵活调度和功能复用。在本例中可以设计 5 个机器人：发送信息机器人、信息处理机器人、预订酒店机器人、预订车票机器人和预订机票机器人，各个机器人由会务方调度执行。

发送信息机器人负责向拟参会人员发送会议通知和参会人员信息模板文件，具体步骤如下：

（1）根据拟参会人员名单文件"邮件名单.xlsx"，向拟参会人员发送邮件。

209

（2）根据拟参会人员名单文件"微信名单.xlsx"，向拟参会人员发送微信。

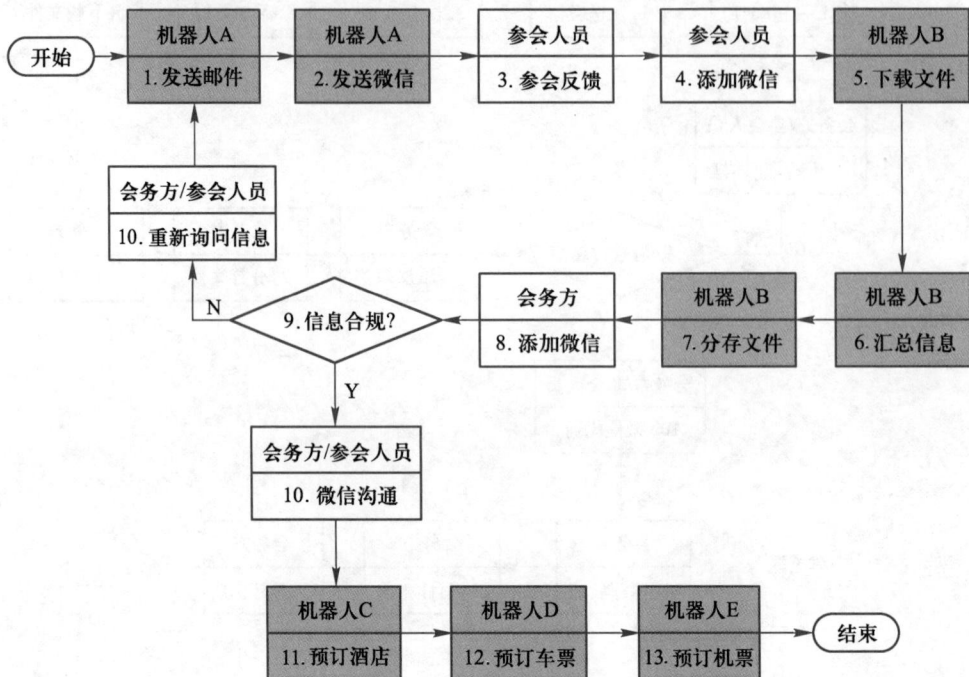

图 6-34　基于 RPA 的流程

信息处理机器人负责收集和整理参会人员填报的个人信息，具体步骤如下：

（1）接收邮件并下载附件，筛选所需的附件文件"××参会人员信息.xlsx"，依次获取文本信息，并将数据写入文件"汇总-参会人员信息.xlsx"。

（2）下载微信填报文件，提取文本信息，并将数据写入文件"汇总-参会人员信息.xlsx"。

（3）将文件"汇总-参会人员信息.xlsx"的内容分别保存为文件"预订酒店名单.xlsx""预订车票名单.xlsx"和"预订机票名单.xlsx"。

会务方核对各个文件中的信息，对于信息填写不合规的参会人员，可重新调用发送信息机器人。会务方通过微信与参会人员保持沟通，并根据需求调用预订酒店机器人、预订车票机器人或预订机票机器人，进行相关预订操作。

2. 预订车票机器人流程结构

预订车票机器人基于 RPA 设计，它可以模拟人工操作过程，完成订购车票、数据统计和微信通知等任务。在设计过程中，需要考虑订购过程中可能出现的各种情况，如车次无票、座席无票等，以及不可预知的异常情况。预订车票机器人的流程可分为 7 个子流程：登录、添加乘车人、删除未添加人员数据行、订购车票、保存未订购人员信息、微信通知已订购人员和微信通知未订购人员，主流程依次调用这 7 个子流程。其中，登录、添加乘车人、删除未添加人员数据行、订购车票子流程如图 6-35～图 6-38 所示。

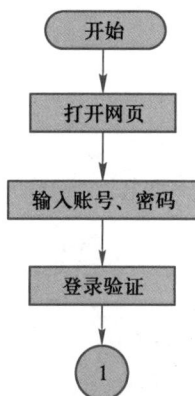

图 6-35 登录子流程

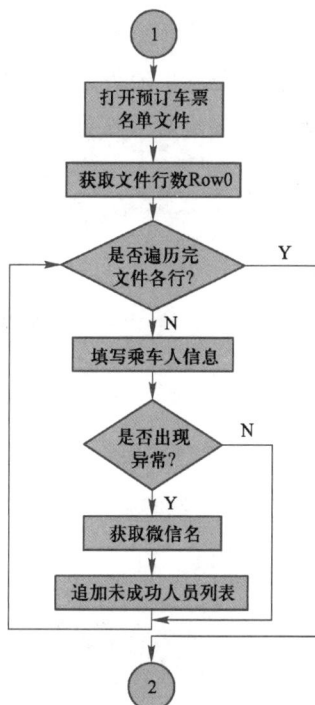

图 6-36 添加乘车人子流程

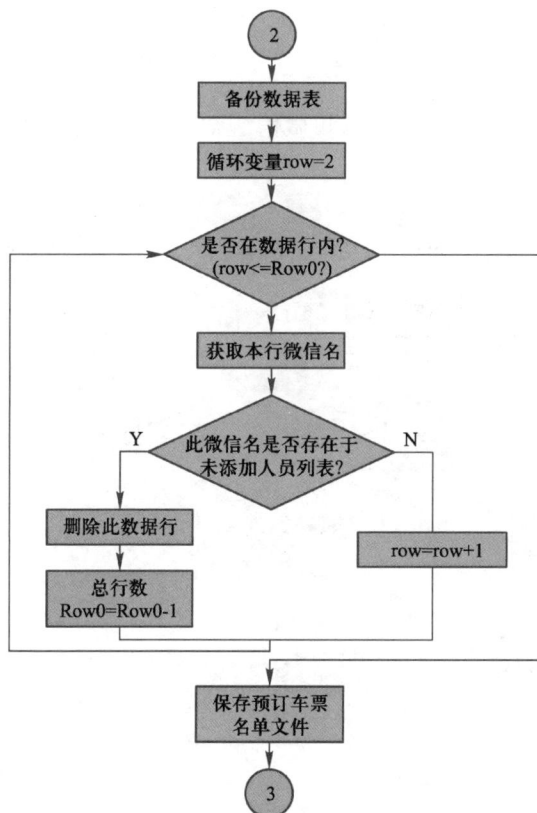

图 6-37 删除未添加人员数据行子流程

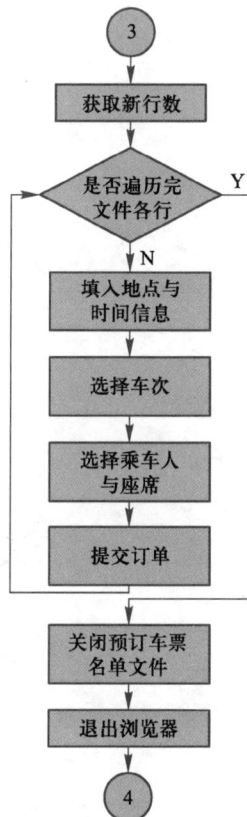

图 6-38 订购车票子流程

在订购车票子流程中，包含 4 个模拟人工操作步骤的子流程：填入地点与时间信息子流程、选择车次子流程、选择乘车人与座席子流程、提交订单子流程。其中，提交订单子流程需要进行异常处理，具体流程如图 6-39 所示。

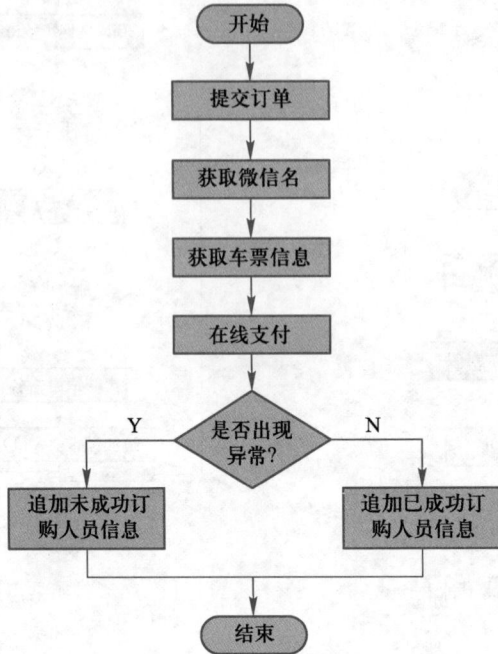

图 6-39　提交订单子流程

保存未订购人员信息、微信通知已订购人员和微信通知未订购人员子流程如图 6-40 至图 6-42 所示。

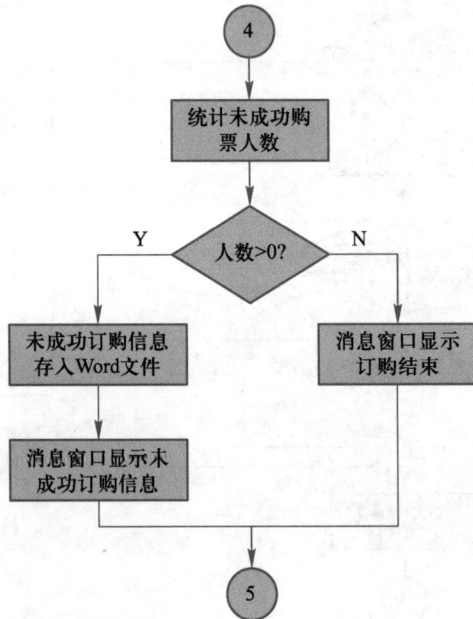

图 6-40　保存未订购人员信息子流程

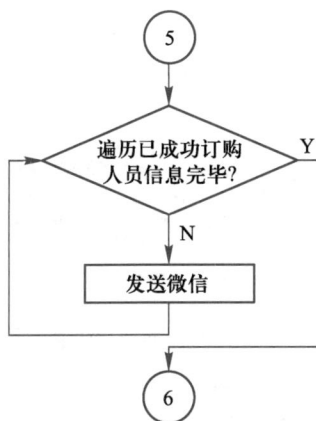

图 6-41　微信通知已订购人员子流程

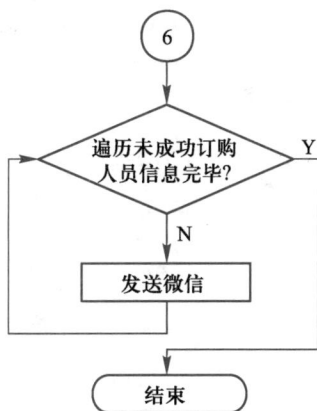

图 6-42　微信通知未订购人员子流程

3．数据文件

文件"预订车票名单.xlsx"保存在"例 6_2 订购火车票"项目目录下，其字段信息包括姓名、微信名、出发地、目的地、出发日期、出发时间段、车次、车型、座席类别、身份证号码、手机号码。

4．异常处理

在订购火车票的过程中，由于个人身份认证和网络环境等因素容易导致流程异常，因此本例设计两处异常处理。

（1）添加乘车人

若个人的身份证信息有误或手机号未认证，则无法正常订购车票。筛选出未认证的人员信息后转入人工操作。

（2）提交订单

提交订单时出现任何异常情况，都会导致订购失败。筛选出未订购成功的人员信息后转入人工操作。

5．人机交互

在进行在线支付时，机器人与人进行交互，共同完成支付工作。

▶ 6.2.3　RPA 流程开发

1．Main 脚本

操作步骤如下：

（1）启动 WeAutomate Studio，新建项目"例 6_2 订购火车票"。

（2）在变量区，定义 String 类型变量 id12306，值为网站账号；定义 Array 类型变量 failed，用来保存未订购人员的微信名；定义 String 类型变量 infor，用来保存车票信息；定义值默认为 1 的 Number 类型变量 flag，用来标记提交订单时未出现异常的状态；定义 Object 类型变量 succeed，用来保存已订购人员的微信名；定义变量如图 6-43 所示。设置全局参数 password，类型为 Sensitive，值为登录密码。

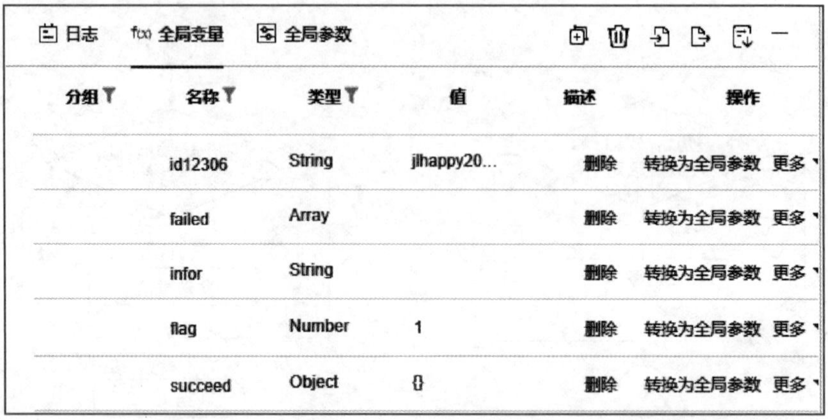

图 6-43　定义变量

（3）创建子脚本，项目目录如图 6-44 所示。

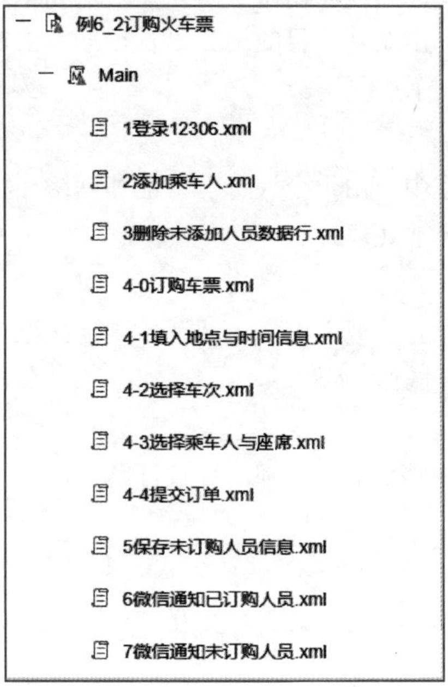

图 6-44　项目目录

（4）Main 脚本中依次调用 7 个子脚本：登录 12306、添加乘车人、删除未添加人员数据行、订购车票、保存未订购人员信息、微信通知已订购人员、微信通知未订购人员。

2. 登录 12306 子脚本

此子脚本负责输入账号、密码，进行登录验证，完成账号登录。

操作步骤如下：

（1）添加"打开网页"控件，设置"网页地址"属性为 12306 网站首页。

（2）添加"鼠标单击网页元素"控件，拾取"登录"按钮。

（3）添加两个"在网页中输入文本"控件，一个用于拾取"用户名"输入框并输入账号；另一个用于拾取"密码"输入框并输入密码。

（4）添加"鼠标单击网页元素"控件，拾取"立即登录"按钮。

（5）12306 网站需要进行登录验证，本例使用滑块验证方式。添加"获取网页元素坐标"控件，拾取"滑块"区域，"坐标信息"属性默认为"pos_ret"，如图 6-45 所示。

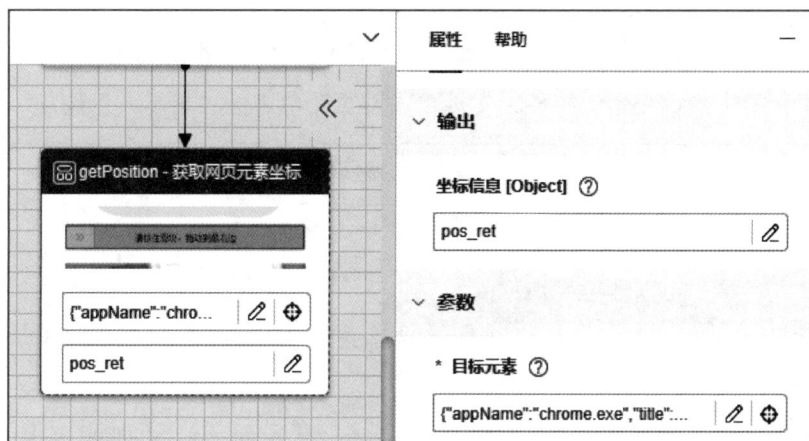

图 6-45 "获取网页元素坐标"控件

（6）添加两个"eval-运行 python 表达式"控件：一个是设置"表达式"属性为"@{pos_ret['x']}+340"，设置"执行结果"属性为"eval_x"；另一个是设置"表达式"属性为"@{pos_ret['y']}"，设置"执行结果"属性为"eval_y"，其作用为指定目的地坐标。

（7）添加"鼠标拖曳网页元素"控件，拾取"拖动块"，设置"目的地定位方法"属性为"pos"，设置"目的地坐标"属性为"@{eval_x},@{eval_y}"，如图 6-46 所示，其作用为将拖动块拖动至目的地。

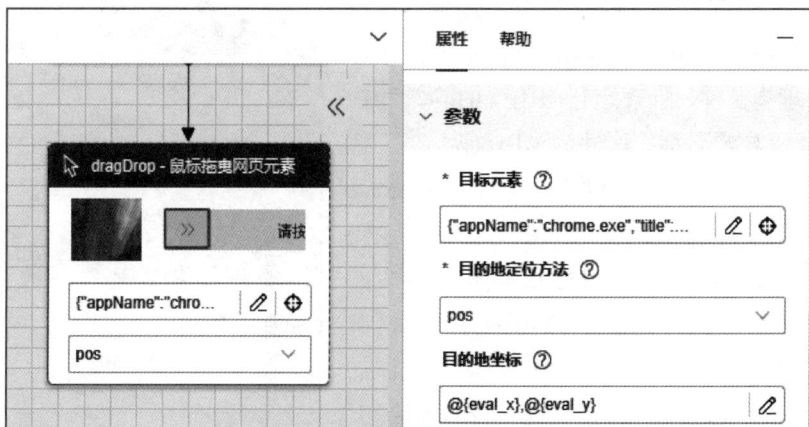

图 6-46 "鼠标拖曳网页元素"控件

215

（8）添加"鼠标单击网页元素"控件，拾取"确定"按钮。

3．添加乘车人子脚本

此子脚本负责遍历预订车票名单文件的各行，并依次读取相关数据填入网页。若添加异常，则记录未成功添加人员的微信号，后续转由人工处理。

操作步骤如下：

（1）添加"打开 Excel 文件"控件，设置"Excel 文件路径"属性为"@{WORK_DIR}\预订车票名单.xlsx"。

（2）添加"获取行数"控件，设置"总行数"属性为"Row0"，如图 6-47 所示。添加"鼠标单击网页元素"控件，实现单击网页菜单中的"乘车人"选项。

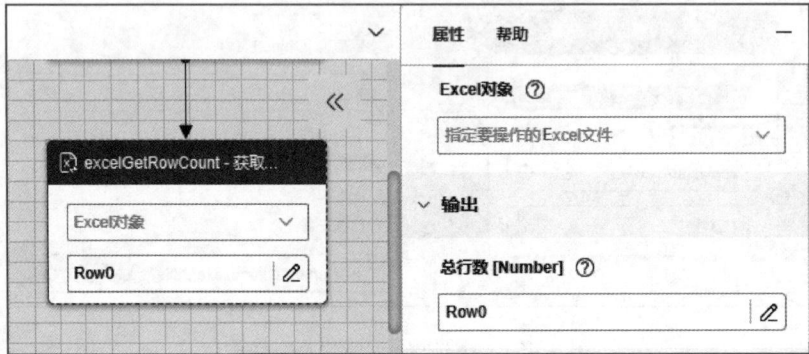

图 6-47 "获取行数"控件

（3）添加"遍历/计次循环"控件，设置"数据集合"属性为"range(2, @{Row0}+1)"，其作用为遍历文件"预订车票名单.xlsx"的各行。添加"功能块"控件作为"进入循环体"分支，设置"语句块名称"属性为"添加一位乘车人信息"。

（4）在"添加一位乘车人信息"功能块中，添加"鼠标单击网页元素"控件，拾取网页中的"添加"按钮；添加"功能块"控件，依次获取数据行中乘车人的姓名、身份证号码、手机号码信息并将其填入网页；添加"异常处理"控件，处理运行中出现的异常和错误，设置"异常名称"属性为"Exception"，代表有多个异常，如图 6-48 所示，WeAutomate Studio 异常处理遵循 Python 语法。在 Try 逻辑语句中添加"鼠标单击网页元素"控件，如图 6-49 所示；在 Catch 逻辑语句中对异常情况做处理，获取未成功添加人员的微信号，添加"执行 Python 语句"控件，设置"Python 语句"属性为"failed.append(@ {WeChat_ name})"，

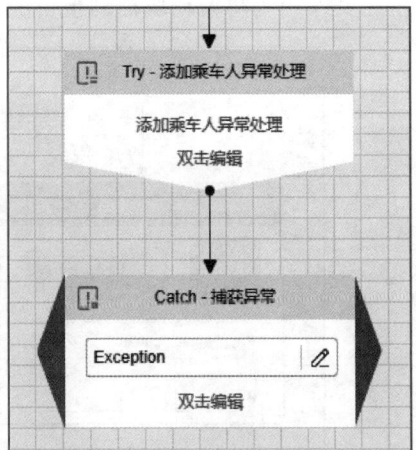

图 6-48 异常处理

216

其作用为将未成功添加人员的微信号追加到列表变量 failed 中，如图 6-50 所示。

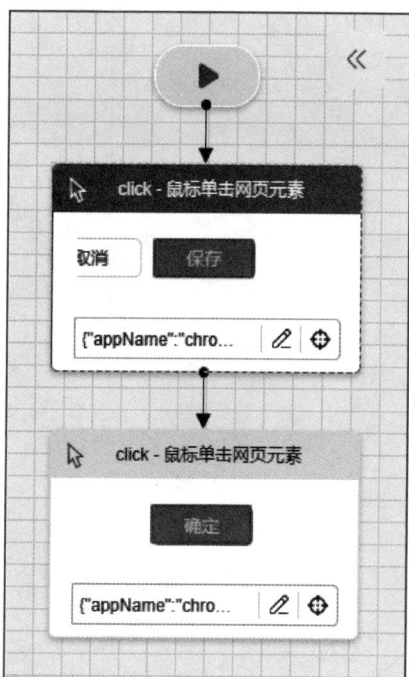

图 6-49　Try 逻辑语句

图 6-50　Catch 逻辑语句

（5）添加"消息窗口"控件，作为步骤（3）"遍历/计次循环"控件的"退出循环体"分支，设置"消息框内容"属性为"乘车人信息已添加完毕！"。

4．删除未添加人员数据行子脚本

此子脚本负责整理数据，将所有未添加为 12306 乘车人的人员信息从原表中删除，以为下一步为所有乘车人订购车票做准备。

操作步骤如下：

（1）添加"复制粘贴"控件，将 Sheet1 中的原始数据备份至 Sheet2。

（2）添加"激活 Sheet"控件，激活 Sheet1，继续后续操作。

（3）设置循环变量 row，表示行号，添加"While 条件循环"控件，设置"条件表达式"属性为"@{row}<=@{Row0}"。在"进入循环体"分支中，添加"获取单元格文本"控件，获取本行的微信名数据，然后添加"条件分支"控件，与列表变量 failed 中的数据进行比对，若此微信名存在于添加失败人员列表中，则删除此行，如图 6-51 所示。

（4）在"While 条件循环"控件的"退出循环体"分支中，添加"保存工作簿"控件，更新数据。

5．订购车票子脚本

该子脚本的功能是遍历预订车票名单文件的各行数据，为每位乘车人订购火车票。

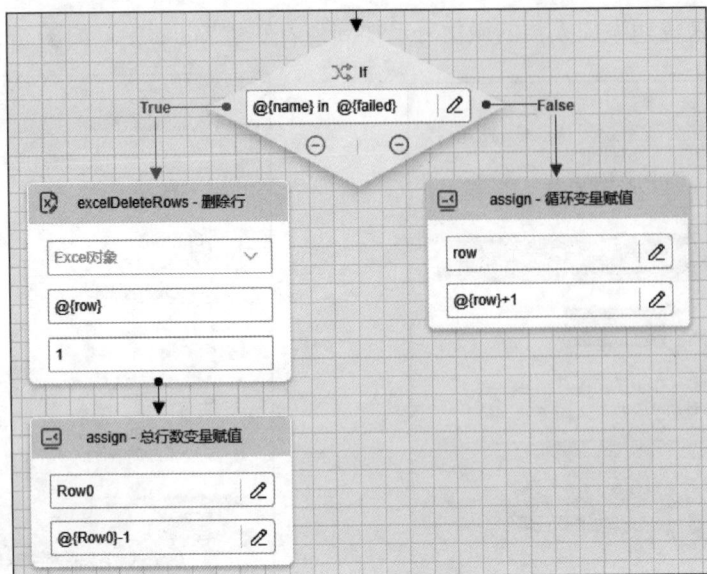

图 6-51　将微信名数据与列表变量进行数据比对

操作步骤如下：

（1）添加"获取行数"控件，将更新后的行数保存到变量 Row1 中。

（2）添加"遍历/计次循环"控件，设置"数据集合"属性为"range(2,@{Row1}+1)"。在"进入循环体"分支中，依次调用 4 个子脚本：填写地点与时间信息、选择车次、选择乘车人与座席、提交订单。在"退出循环体"分支，即订购完成之后，关闭预订车票名单文件，退出浏览器。

（3）在填写地点与时间信息子脚本中，模拟人工操作从文件"预订车票名单.xlsx"中复制单元格数据，并将其粘贴到网页中，以及在网页中执行回车键确认、点击鼠标等操作。首先，从文件数据行中获取出发地和目的地的单元格文本；其次，通过"保存到剪贴板"控件、"鼠标单击网页元素"控件和"在网页中发送功能键"控件，将数据粘贴到网页，如图 6-52 所示。

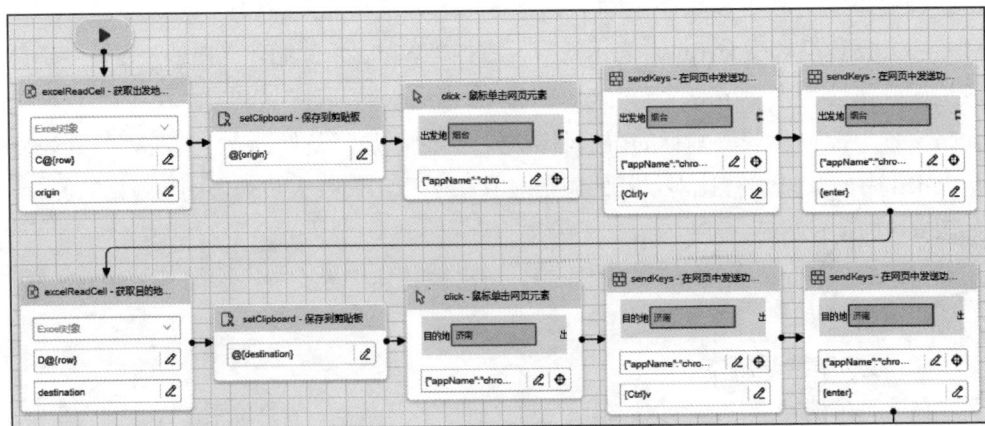

图 6-52　填写出发地和目的地

然后，从文件数据行中获取出发日期的单元格文本，并将其填入网页，如图 6-53 所示。

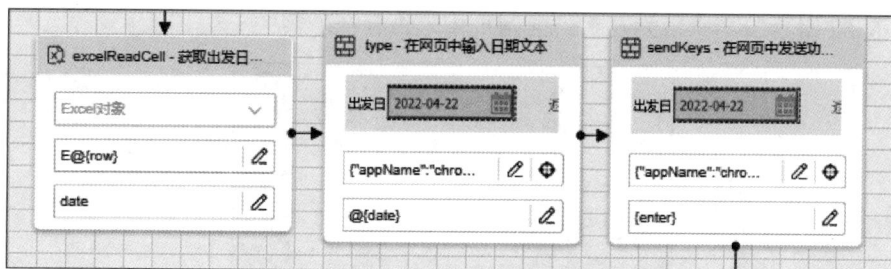

图 6-53 填写出发日期

之后添加 3 个"鼠标单击网页元素"控件，进一步控制筛选范围，如图 6-54 所示。

图 6-54 控制筛选范围

从文件数据行中获取出发时间段单元格文本，添加"选择下拉菜单"控件，设置"条目选择方法"属性为通过索引值选择出发时间段（index 从 0 开始标记），如图 6-55 所示。

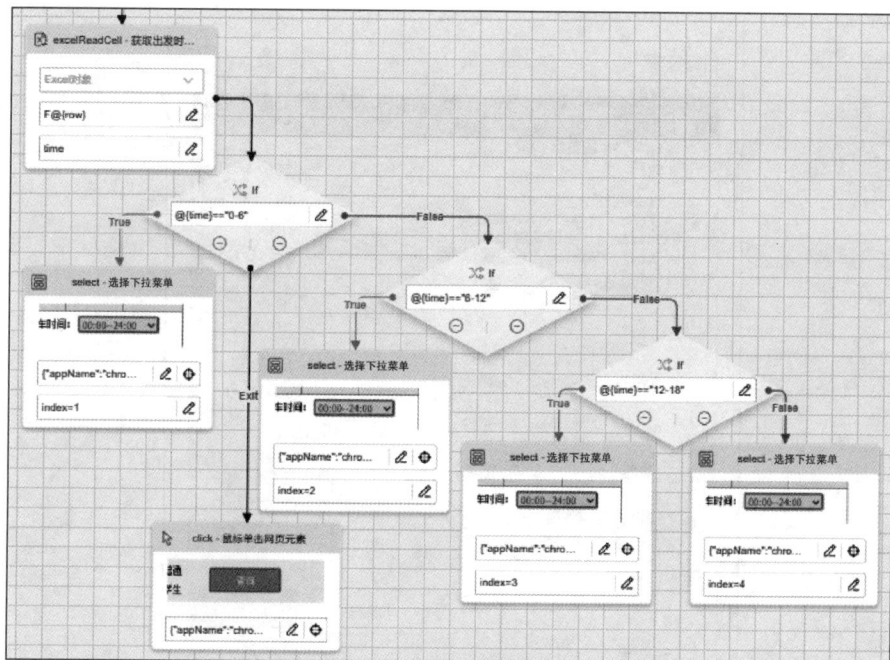

图 6-55 选择出发时间段

（4）在选择车次子脚本中，从文件数据行中获取车次单元格文本，添加"网页元素是否存在"控件，如图 6-56 所示。拾取网页中的任意一班车次，修改 XPath，如图 6-57 所示，其作用为判断当前网页中是否存在所需的车次。

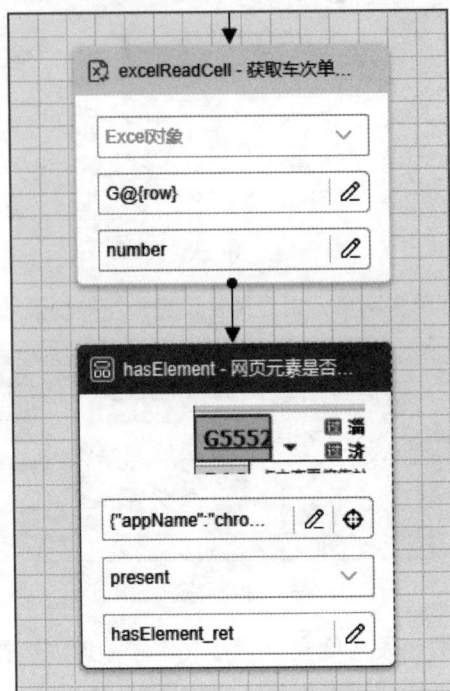

图 6-56　判断所需的车次是否存在

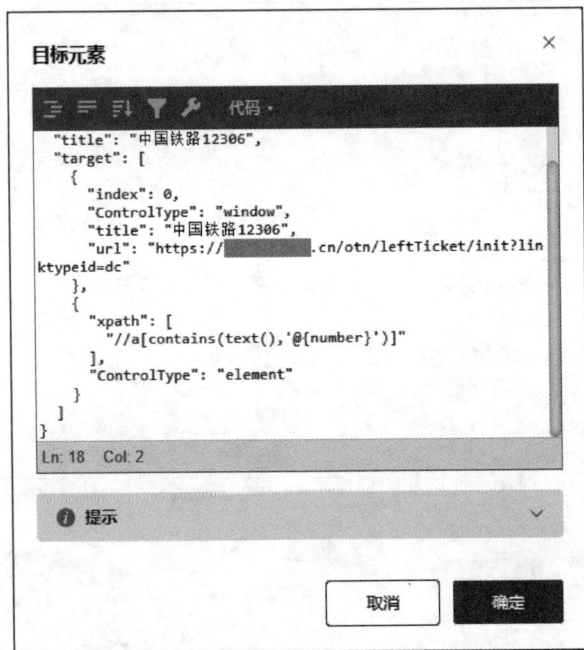

图 6-57　修改 XPath

添加"条件分支"控件，设置"条件表达式"属性为"@{hasElement_ret}==True"；在"条件成立"分支中，添加"鼠标单击网页元素"控件，修改 XPath 为"//a[contains(text(),'@{number}')]//following::a[1]"，其作用为单击所需车次后面的"预订"按钮；在"条件不成立"分支中，添加"鼠标单击网页元素"控件，拾取第一班车次的"预订"按钮，其作用为在所选车次已无车票的情况下，预订本时间段内的首班车次。分支结构如图 6-58 所示。

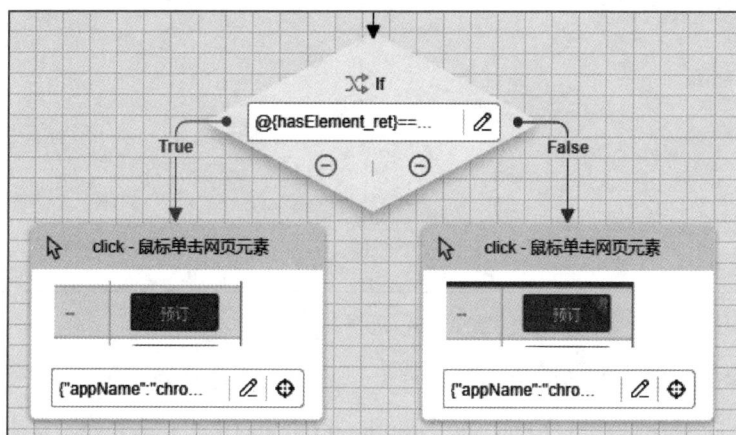

图 6-58 预订车次

（5）在选择乘车人与座席子脚本中，模拟人工填入乘车人姓名，并为其选择座席。首先，从文件"预订车票名单.xlsx"中获取姓名单元格中的文本，通过"在网页中输入姓名文本"控件和"在网页中发送功能键"控件将姓名填入网页，如图 6-59 所示。

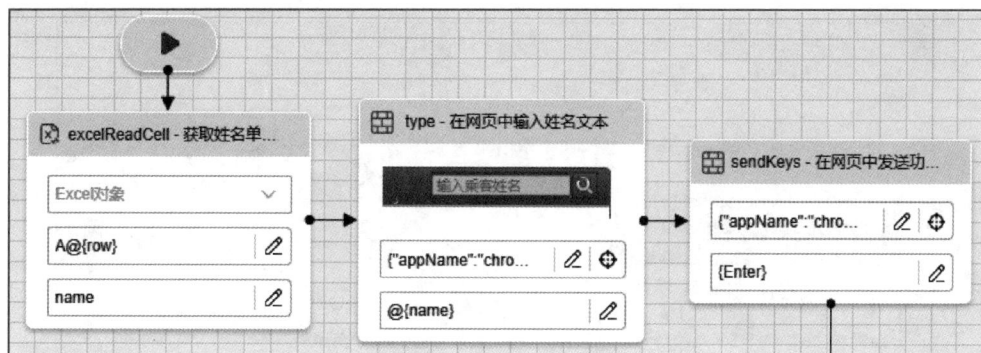

图 6-59 填入乘车人姓名

然后，添加"鼠标单击网页元素"控件拾取乘车人姓名复选框，从文件中获取座席类别单元格文本，为其选择座席，如图 6-60 所示。此处，需要考虑到若所选座席无车票的情况，按照二等座、一等座、商务座、特等座的顺序选择座席。

221

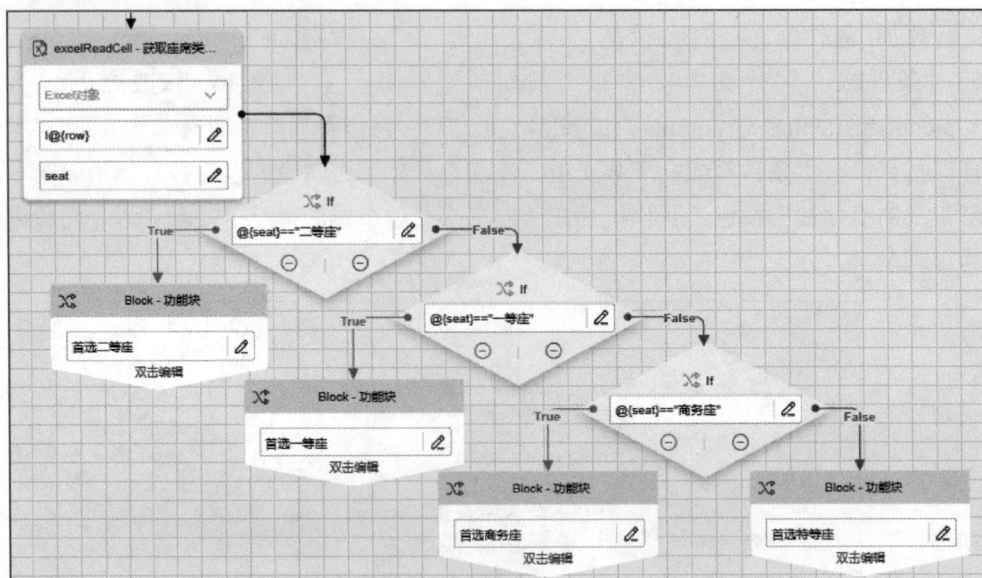

图 6-60　选择座席类别

以"首选二等座"功能块为例，首先，添加"网页元素是否存在"控件，拾取座席类别下拉菜单，修改 XPath 为"//option[contains(text(),'二等座')]"，"检查结果"属性使用默认值"hasElement_ret"，其作用为判断下拉列表中是否包含字符串"二等座"。添加"条件分支"控件，设置"条件表达式"属性为"@{hasElement_ret}==True"。添加"选择下拉菜单"控件作为"条件成立"分支，设置"条目选择方法"属性为"value=O"，如图 6-61 所示，其作用为若二等座有票则选择二等座。此处，不同座席所对应的 value 值可以通过按 F12 键或者 Ctrl+Shift+I 快捷键，打开 Chrome 浏览器的开发者工具查看下拉菜单的代码段，如图 6-62 所示。

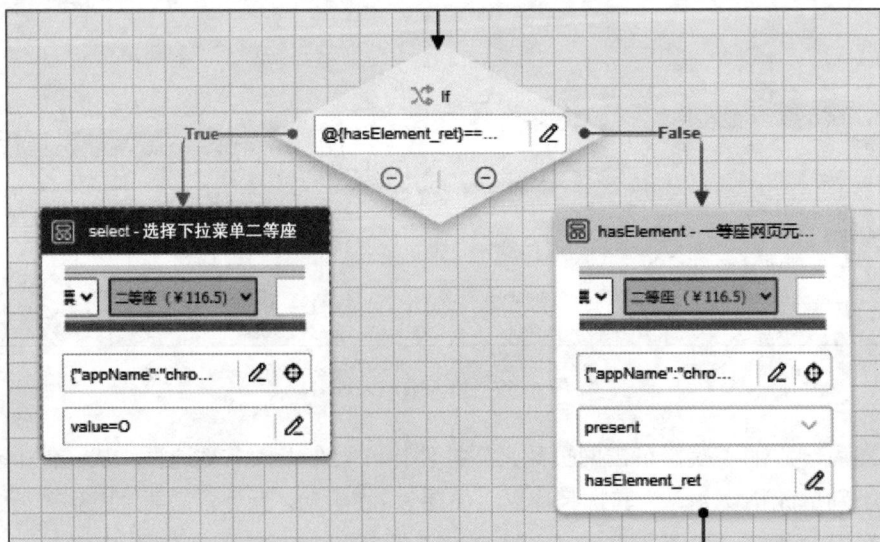

图 6-61　选择"二等座"

图 6-62　查看不同座席所对应的 value 值

在"条件不成立"分支中，添加"网页元素是否存在"控件，修改 XPath 为 "//option[contains(text(),'一等座')]"，其作用为判断下拉列表中是否包含字符串"一等座"。沿用选择二等座的流程设计逻辑，设计其他座席。

（6）在提交订单子脚本中，由于流程执行过程中出现的任何异常都能导致订购失败，因此要创建异常处理，以应对运行中出现的异常和错误，如图 6-63 所示。

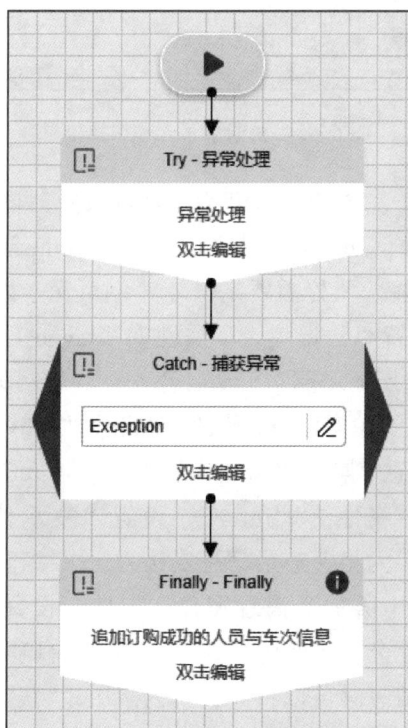

图 6-63　提交订单子脚本

在 Try 逻辑语句中，有提交订单、获取乘车人微信名和车票信息、网上支付共 3 项任务。首先，添加两个"鼠标单击网页元素"控件，拾取"提交"按钮，如图 6-64 所示。

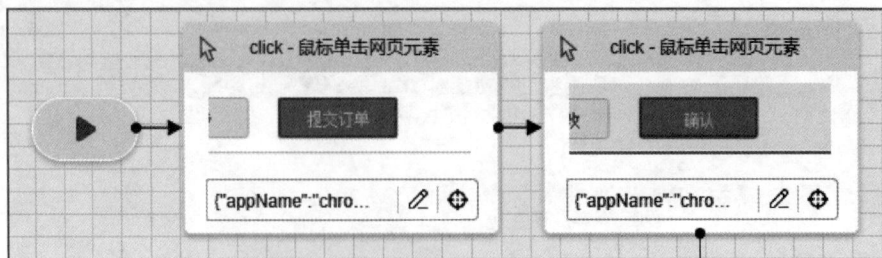

图 6-64 "鼠标单击网页元素"控件

在获取微信名单元格文本之后，添加"功能块"控件，设置"语句块名称"属性为"获取车票信息"，如图 6-65 所示。

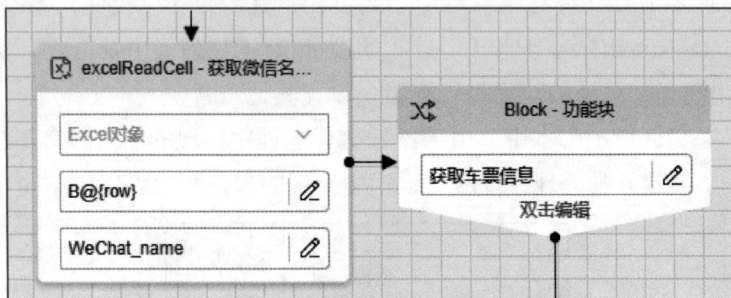

图 6-65 获取乘车人和车票信息

在"获取车票信息"功能块中，获得车票的发车时间、车次、出发地和目的地信息，以便之后通过微信通知参会人员。通过 Chrome 浏览器的开发者工具可查看车票信息的 XPath 路径，此处需要定位 4 个网页元素显示车票信息。添加"遍历/计次循环"控件，设置"数据集合"属性为"range(1,5)"，设置"条目名称"属性为"i"，其作用为遍历 4 个网页元素；添加"获取网页文本"控件，作为"进入循环体"分支，拾取某一车票信息，修改 XPath 为"//div[@id='show_title_ticket']/strong[@{i}]"，"文本信息"属性使用默认值"getText_ret"；继续添加"变量赋值"控件，设置"变量名"属性为"infor"，设置"变量值"属性为"@{infor}+@{getText_ret}"，其作用为将各车票信息连接为一个字符串存入变量 infor；可以在"退出循环体"分支中添加"消息窗口"控件，设置"消息框内容"属性为"@{infor}"，以便开发者查看数据运行情况，"消息窗口"控件不是流程的必要内容，所以在不需要弹出信息时可以将其设置为禁用。"获取车票信息"功能块的内容，如图 6-66 所示。

在线支付时，机器人与人进行交互，共同完成支付工作。添加"鼠标单击网页元素"控件，拾取网页元素；添加"等待网页元素出现"控件，拾取网页中的支付完成按钮，设置"超时时间"属性为"100000"，设置"执行前延迟"属性为"60000"，其作用为等待完成需要人工操作的支付工作；添加"鼠标单击网页元素"控件，确认支付完成，如图 6-67 所示。

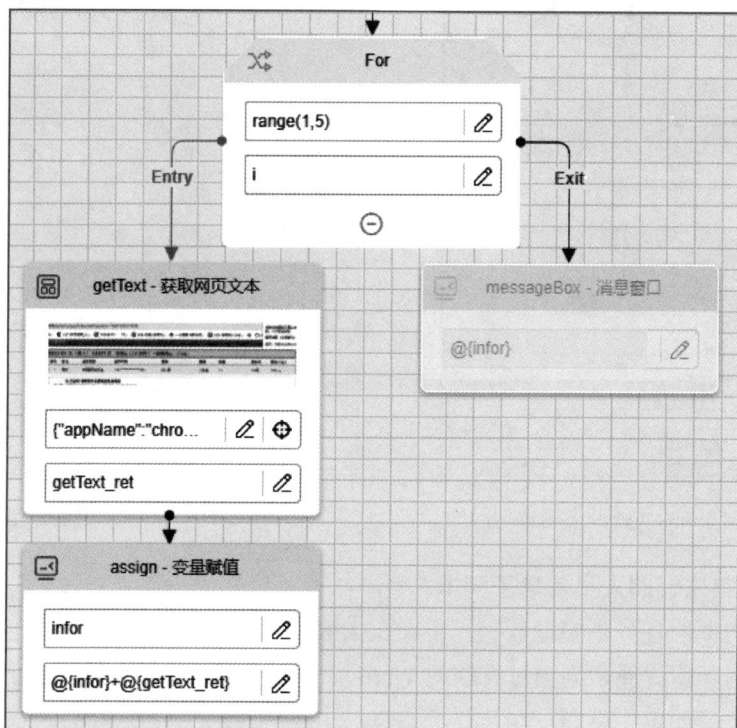

图 6-66 "获取车票信息"功能块

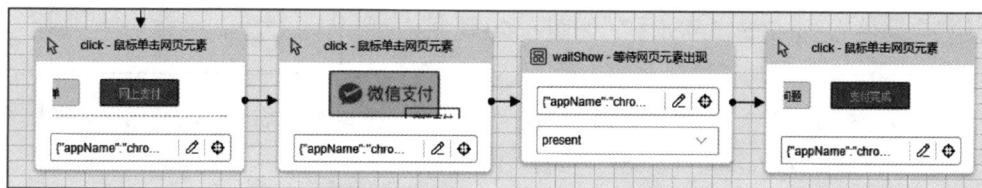

图 6-67 在线支付

在 Catch 逻辑语句中，对捕获的异常情况做处理。添加"执行 python 语句"，设置"Python 语句"属性为"failed.append(@{WeChat_name})"，其作用为获取未成功订购人员的微信号，将其追加到列表变量 failed 中；添加"变量赋值"控件，更新 flag 的值为 0，如图 6-68 所示。

在 Finally 逻辑语句中，执行处理异常之后的任务，即若订购成功，则记录成功订购人员的微信号和车票信息。添加"条件分支"控件，设置"条件表达式"属性为"@{flag}==1"；添加"执行 python 语句"控件，设置"Python 语句"属性为"succeed.update({@{WeChat_name}:@{infor}})"，如图 6-69 所示，其作用为将成功订购人员的微信号和车票信息追加到字典变量 succeed 中。

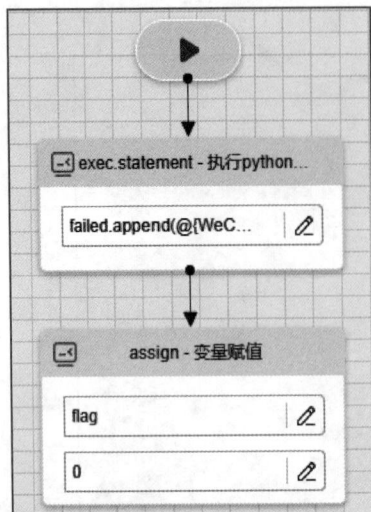

图 6-68 Catch 逻辑语句

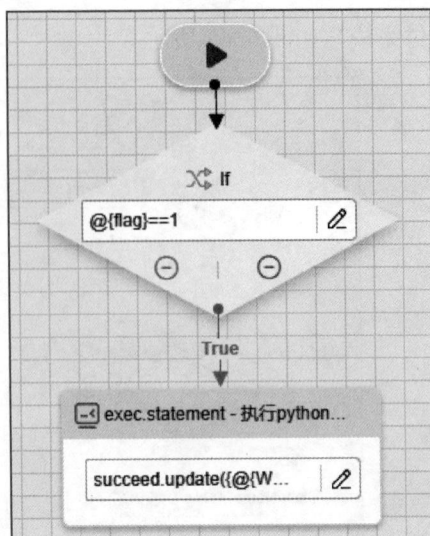

图 6-69 Finally 逻辑语句

6．保存未订购人员信息子脚本

该子脚本的任务是整理数据，若存在未成功添加乘车人或未成功购买车票的人员信息，则新建文件名为当日期的 Word 文件，保存未成功订购人员的微信名。

操作步骤如下：

（1）添加"eval-运行 python 表达式"控件，设置"执行结果"属性为"count_failed"，设置"表达式"属性为"len(@{failed})"，如图 6-70 所示，其作用为统计未成功订购人员的人数。

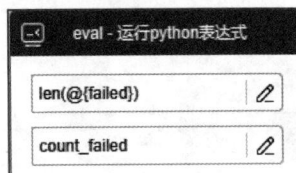

图 6-70 统计未成功订购人员的人数

（2）添加"条件分支"控件，设置"条件表达式"属性为"@{count_failed} > 0"。在"条件成立"分支，添加"eval-运行 python 表达式"控件，设置"导包语句"属性为"import datetime"，设置"表达式"属性为"datetime.datetime.now().date()"，设置"执行结果"属性为"nowdate"，如图 6-71 所示，其作用为获取当日期。

图 6-71 获取当日日期

（3）继续添加"创建文件/目录"控件，设置"文件或目录"属性为
"@{WORK_DIR}\@{nowdate}未订购信息.docx"，设置"创建类型"属性为"file"；
添加"打开 Word"控件，设置"文件路径"属性为"@{WORK_DIR}\@{nowdate}
未订购信息.docx"；添加"追加文本"控件，设置"待追加文本"属性为
"@{count_failed}名订购失败人员：@{failed}"；添加"关闭 Word"控件，如图 6-72
所示，其作用为在当前项目目录下创建一个 Word 文件，用来保存未成功订购人员
的微信名。

（4）添加"消息窗口"控件，设置"消息框内容"属性为"@{count_failed}名
订购失败人员：@{failed}请核对！"

（5）在"条件不成立"分支，添加"消息窗口"控件，设置"消息框内容"属
性为"所有人员已订购完毕！"。

7. 微信通知已订购人员子脚本

该子脚本的任务是将已购车票的信息通过微信发送给相关人员。

操作步骤如下：

（1）添加"遍历/计次循环"控件，设置"数据集合"属性为"@{succeed}"，
设置"条目名称"属性为"keyname"，如图 6-73 所示，其作用为遍历字典变量
succeed。

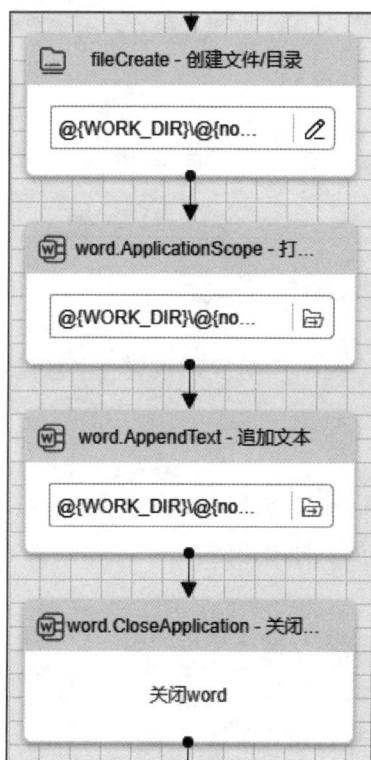

图 6-72 创建 Word 文件保存数据

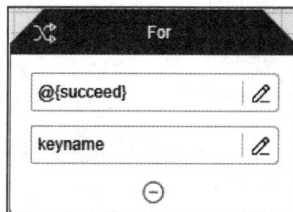

图 6-73 "遍历/计次循环"控件

227

（2）在"进入循环体"分支，使用 UI 自动化中基于图像的自动化控件，模拟人工在微信中搜索微信名、发送信息的过程。添加"单击图片"控件，从屏幕中截取微信的搜索框；添加"输入字符串"控件，单击微信搜索框，然后从屏幕中截取微信的搜索框，设置"输入值"属性为"@{keyname}"；添加"键盘动作"控件，设置"操作类型"属性为"press"，设置"输入键值"属性为"{Enter}"；添加"等待图片出现"控件，从屏幕中截取微信输入框；添加"输入字符串"控件，从屏幕中截取微信输入框，设置"输入值"属性为"已为您成功购买车票：@{succeed[keyname]}"；添加"单击图片"控件，从屏幕中截取发送按钮。以上流程如图 6-74 所示。

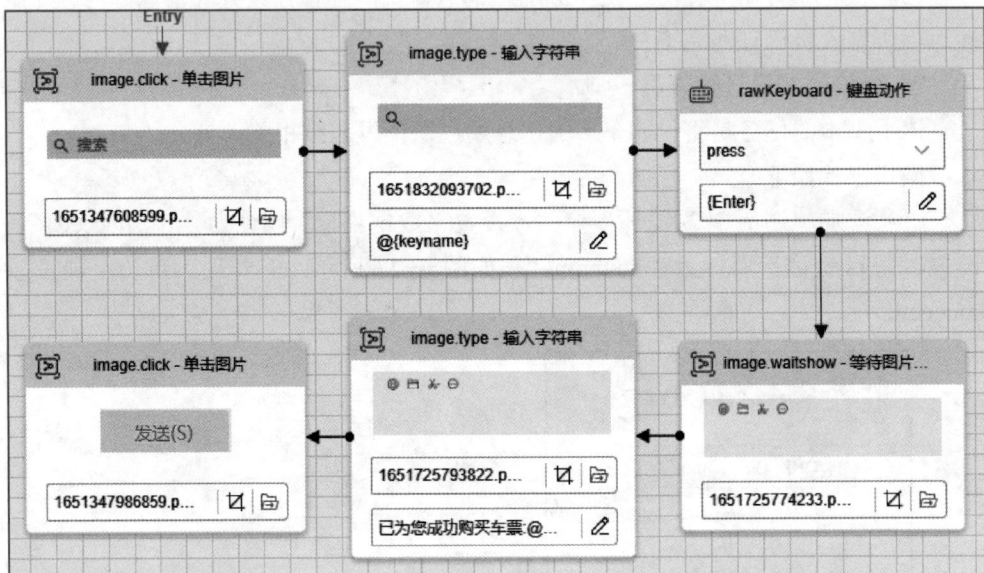

图 6-74　通过微信发送信息

（3）添加"消息窗口"控件，作为"退出循环体"分支，设置"消息框内容"属性为"车票信息已通知完毕！"

8．微信通知未订购人员子脚本

该子脚本的任务是遍历列表变量 failed，通知没有成功订购车票的人员，以便后续人工订购。设计逻辑与微信通知已订购人员子脚本相同。

9．运行脚本

保存各子脚本，运行主脚本。本案例中的脚本受网络环境的影响比较大，可适当延长控件的超时时间和执行前延迟，以保障流程顺利进行。

综上所述，机器人流程自动化所提供的流程自动化解决方案，可以低成本、高效率地完成重复性工作，并且应用广泛。华为 WeAutomate 还具有易学、易用的优

点，通过综合应用华为 WeAutomate 的自动化技术，可以设计、开发各领域的软件
机器人，提升办公效率。

习 题 六

1. 自动化流程设计：发送信息机器人。其主要任务是根据文件"邮件客户名单.xlsx"发送会议通知和参会人员信息统计表；根据文件"微信客户名单.xlsx"发送会议通知和在线填表小程序。

2. 自动化流程设计：信息处理机器人。其主要任务是下载邮件附件和微信填报信息文件，将参会人员信息汇总到汇总文件中，并依据预订需求将人员信息分别保存到各个文件中。

3. 自动化流程设计：预订酒店机器人。其主要任务是根据酒店名称、入住和退房时间和房型等信息，预订酒店。

4. 自动化流程设计：预订机票机器人。其主要任务是根据出行时间、航班号等信息，预订航班。

参 考 文 献

[1] 水藏玺，吴新平，刘志坚. 流程优化与再造[M]. 3 版. 北京：中国经济出版社，2013.

[2] 教育部高等学校大学计算机课程教学指导委员会. 大学计算机基础课程教学基本要求[M]. 北京：高等教育出版社，2016.

[3] 郝兴伟. 大学计算机：计算思维的视角[M]. 3 版. 北京：高等教育出版社，2014.

[4] 郝兴伟. 大学计算机：计算机应用的视角[M]. 山东：山东大学出版社，2018.

[5] 王言. RPA：流程自动化引领数字劳动力革命[M]. 北京：机械工业出版社，2020.

[6] 陈虎，孙彦丛，郭奕，等. 财务机器人：RPA 的财务应用[J]. 财务与会计，2019（16）：57-62.

[7] 朱龙春，刘会福，柴亚团，等. RPA 智能机器人：实施方法和行业解决方案[M]. 北京：机械工业出版社，2020.

[8] 达观数据. 智能 RPA 实战[M]. 北京：机械工业出版社，2020.

[9] 王玉荣，葛新红. 流程管理[M]. 5 版. 北京：北京大学出版社，2016.

[10] 水藏玺. 业务流程再造[M]. 5 版. 北京：中国经济出版社，2019.